Business plan guide
for start-up

# 창업을 위한 사업계획서 작성 가이드

김상수 · 김형선 · 심종규
김지은 · 박근혜 저

도서출판
시대가치

# 서 문

사회와 경제구조의 변화에 따라 취업난이 가중되고 평생직장의 개념이 사라지면서 창업에 대한 관심이 그 어느 때보다도 높아지고 있습니다. 젊음과 패기를 가지고 도전하는 대학생에서부터 오랜 경험과 전문성을 기반으로 제2의 경제활동을 추구하는 중년에 이르기까지 창업은 점점 선택이 아닌 필수가 되어 가고 있는 상황입니다. 그런데 창업은 생각만큼 쉬운 일이 아니면서 성공가능성도 매우 낮습니다. 창업에 성공할 경우 창업자는 많은 부를 얻고 자아실현의 계기가 되며, 일자리 창출과 함께 경제발전에 기여하게 됩니다. 반면에 창업에 실패할 때 창업자는 경제적 손실을 얻게 되고, 가계경제가 흔들리는 등 사회적 문제가 야기되기도 합니다. 이처럼 창업은 모든 경제 주체들에게 피할 수 없는 도전이면서 동시에 큰 위험을 가지고 있습니다.

창업의 성공과 실패는 절대적으로 창업자의 노력과 능력에 달려 있습니다. 다시 말해서 창업자가 창업에 대해서 얼마나 철저히 준비하고, 뛰어난 능력을 가지고 있느냐에 따라서 창업의 성공과 실패가 결정됩니다. 그러므로 창업자는 독창적인 창업 아이템을 찾고, 체계적인 창업 추진계획을 수립하고, 창업에 영향을 주는 위험요소들을 관리할 수 있는 능력 등 창업의 전 단계를 체계적으로 추진할 수 있는 능력을 갖추어야 합니다.

이 책은 창업자가 창업에 대해서 명확하게 이해하고 사업계획서를 스스로 작성할 수 있는 능력을 갖추기 위해서는 체계적이고 실용적인 교육과정과 그에 따른 도서가 필요하다는 데에서 출발되었습니다. 이 책은 한양대학교 경영컨설팅대학원 교수들과 한국창업교육센터의 연구진들이 산학 협동으로 창업자의 사업계획서 작성능력을 향상하기 위해 집필되었습니다.

이 책은 3개의 파트와 13단계로 구성되었습니다. 이를 살펴보면, 『창업을 위한 사업계획서 작성 가이드』는 크게 "창업의 이해", "창업 아이템 및 비즈니스 모델 개발", "사업추진계획의 수립"이 3개의 파트에 해당합니다.

첫 번째 파트 "창업의 이해"에서는 창업의 기본적인 개념들에 대한 이해, 사업계획서를 이해하는 내용으로 구성되어 있습니다. 이 파트를 통해서 초보 창업자분들이 최대한 쉽고 간단하게 기초적인 창업의 개념들을 숙지하는 데 도움을 드리고자 하였습니다.

두 번째 파트 "창업 아이템 및 비즈니스 모델 개발"에서는 창업 아이템을 개발하는 방법, 비즈니스 모델을 개발하는 방법, 창업 아이템과 비즈니스 모델의 타당성을 분석하는 내용으로 구성되어 있습니다. 이 파트를 통해서 창업을 시작하기 위해 가장 핵심이 되는 아이템과 BM에 대한 이해를 하고 최대한 쉽고 빠르게 만들어보고, 만들어진 아이템과 BM에 대해 스스로 타당성 여부를 확인하여 추후 상세한 창업계획으로 가기 전의 방향성을 설정하는 데 많은 도움을 드리고자 하였습니다.

마지막 세 번째 파트 "사업추진계획의 수립"에서는 고객, 산업 및 시장, 경쟁사를 분석하고 제품개발, 마케팅계획, 생산운영계획, 인적자원계획, 재무계획을 수립하고 최종적으로 경제성까지 분석할 수 있도록 구성하였습니다. 첫 번째, 두 번째 파트가 간단히 창업에 대한 감을 잡고 방향성을 수립하는 과정이었다면 마지막 파트에서는 앞선 과정을 바탕으로 구체적으로 가지를 쳐나가며 상세한 창업계획을 수립해 나가는 과정에 많은 도움을 드리고자 하였습니다. 물론, 최대한 초보 창업자분들도 쉽게 이해하실 수 있게 내용을 간결하게 담다 보니 모든 내용을 담았다고 할 수는 없지만, 적어도 이 책의 내용을 충실히 따라 하신 분들이라면 창업에 중요한 부분을 누락시키는 경우는 없도록 구성하였습니다.

더불어 앞서 언급했듯이 최대한 쉽고 친근하고 유용한 책이 되기 위하여 각 장의 도입부분에 실제 대화를 듣는 듯한 텍스트를 넣어서 이 장이 어떤 부분에 도움이 되는지 쉽게 받아들일 수 있게 구성하였습니다.

또한 각 장의 마지막에는 창업의 창의적인 발상 도출에 도움이 되는 방법론들을 넣어 놓았고, 따라 하기 쉽게 간단한 템플릿을 만들어 놓았습니다. 창업을 진행하시면서 새로운 생각을 만드는 데 막히신다면 이러한 방법론을 따라 해보시면 많이 도움이 되실 거라 믿습니다.

마지막으로 각 장의 학습내용과 관련된 최신 사례들과 실습 템플릿도 충실히 구성해 놓았습니다. 책을 전부 읽기 힘드신 분은 실습 템플릿만 그대로 따라 해도 많은 도움을 받을 수 있습니다.

본서를 집필한 ㈜B2L Soft의 한국창업교육센터(www.bizincubator.co.kr)에서는 한양대학교 경영컨설팅대학원 교수진과 ㈜영화조세통람 등과 산학 협동으로 시뮬레이션 기반의 창업 교육 프로그램(Biz-Incubator), 창업 사업계획서를 작성할 수 있는 창업 사업계획서 작성 시스템(Business Plan Simulation System), 창업 성공가능성을 분석하는 창업 성공확률 진단 시스템(Biz Success System) 등 다양한 창업지원 콘텐츠를 개발하였습니다. 또한 창업자의 기업 경영능력 향상을 위해 가상기업을 경영해 보는 국내 최고의 경영시뮬레이션 게임 Biz-Master를 기반으로 많은 기업과 학교에 창업 교육 서비스를 제공하고 있습니다. 이 외에도 창업 사업계획서 코칭, 창업 컨설팅 등 창업에 관련된 다양한 서비스를 제공하여 창업자들에게 도움을 드리고자 노력하고 있습니다. 본서뿐만 아니라 한국창업교육센터가 제공하는 다양한 창업 교육 및 컨설팅 서비스가 창업자의 창업능력을 실질적으로 향상하는 데 큰 도움이 되었으면 합니다. 이를 통해서 창업자의 창업능력을 향상하고 창업 성공가능성을 높여서 창업자 개인뿐만 아니라 경제 발전 및 일자리 창출에도 기여했으면 하는 바람입니다.

끝으로 지난 1년 동안 이 책을 집필하는 데 참여한 모든 연구진들에게 감사의 마음을 전하고 싶습니다. 책 전체 집필과정 동안 코디네이터 역할을 수행하는 데 크게 기여한 한양대학교 김형선 박사 과정, 창업 전문가로서 디테일한 창업 지식 작성에 힘을 쓴 심종규 석사 과정, 바쁜 본업이 있음에도 불구하고 시간을 투자해 완성도 높은 책을 만드는 데 도움을 준 김지은 과장, 박근혜 님 모두에게 감사의 마음을 전하고 싶습니다. 끝으로 이 책을 보시면서 창업의 큰 꿈을 꾸고, 준비하시는 창업자들의 미래에 큰 영광이 함께 하기를 진심으로 기원합니다.

2022년 2월

한양대학교 김상수 교수 및 저자 일동

# 차 례

## P·A·R·T 01 창업의 이해

PART 01

# 창업의 이해

CHAPTER 01

# 창업을 이해하라

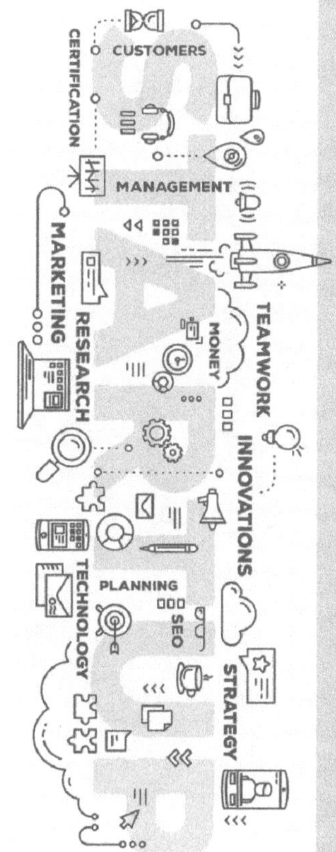


Ⅰ. 창업의 개념

Ⅱ. 창업의 유형

Ⅲ. 종합 실습: 창업의 유형 선택

Ⅳ. 창업과 창의성: ERRC를 활용해서 새로운 시장을 창출하라

## 도입 대화

[형선] 나는 창조적인 걸 만들어내고 이걸 다른 사람들도 많이 사용하게 하고 싶어. 이런 내 꿈을 이룰 방법은 창업밖에 없는 것 같은데……. 그런데 창업이랑 정말 대단한 사람들만 도전하는 것 같고 솔직히 창업이 뭔지 명확히 말하기가 힘든 것 같아. 완전 창업 초보인 나 같은 사람은 창업과 관련된 아주 기초적인 정보부터 알고 싶어.

[종규] 창업은 그렇게 어려운 개념이 아니야. 법에서 정의하는 창업의 개념이 있으니 해당 내용만 알아도 창업이 뭔지 명확히 설명할 수 있고, 창조하고자 하는 대상에 따른 창업 유형 분류만 할 줄 안다면, 창업에 대한 기초적인 정보는 이해할 수 있어.

[형선] 오! 듣고 보니 정말 그 정도만 알아도 창업을 처음 시작하는 사람들에게는 방향성이 잡힐 수 있겠다. 창업의 개념 정의와 창업의 유형 파악만 끝나면 초반에 창업을 시작하기 위한 어느 정도의 방향성은 잡힐 것 같아!

[종규] 그럼 PART 1 창업의 이해 파트를 공부해보자! 개념, 유형 그리고 마지막은 실습 순서대로 차근차근 준비해봤으니 많은 도움이 될 거야.

**창업의 이해의 구성**

창업의 개념 → 창업의 유형 → 종합실습: 창업 유형의 선택

# Ⅰ 창업의 개념

## 1. 창업의 정의

### 1) 개념

창업은 새로운 아이디어를 가진 창업자가 영리를 목적으로 개인이나 법인회사를 만들어서 사업 활동을 시작하는 일이다. 법률적인 정의에서 살펴보면 창업이란 중소기업을 새로이 설립하여 사업을 개시하는 것으로서 새로운 업(業)을 시작하는 것을 의미한다(중소기업창업 지원법 제2조). 예를 들어, 기술 기반의 벤처기업, 지식과 전문성을 기반으로 하는 1인 창조기업, 주로 생계를 위해 시작하는 외식업, 소매업, 유통업 등이 전형적인 창업의 유형이다. 하지만 다음과 같은 경우에는 창업으로 인정하고 있지 않다.

1. 타인으로부터 사업을 승계하여 승계 전의 사업과 같은 종류의 사업을 계속하는 경우
2. 개인사업자인 중소기업자가 법인으로 전환하거나 법인의 조직변경 등 기업형태를 변경하여 변경 전의 사업과 같은 종류의 사업을 계속하는 경우
3. 폐업 후 사업을 개시하여 폐업 전의 사업과 같은 종류의 사업을 계속하는 경우

또한, 부도 또는 파산 등으로 중소기업을 폐업하고 중소기업을 새로 설립하는 경우는 "재창업"으로 창업과는 다르게 정의하고 있다.

### 2) 창업의 의미

창업은 창업자 개인뿐만 아니라 사회적, 국가적 차원에서 다음과 같은 의미를 가지고 있다.

〈표 1-1〉 창업의 의미

| 구분 | 내용 |
|---|---|
| 개인적 차원 | • 창업은 창업자에게는 생활 수단의 근원이 되고, 성공할 경우 많은 경제적 부를 창출할 수 있다.<br>• 창업 활동을 통해 창업자 개개인이 가지고 있는 삶의 중요 가치와 비전을 실현할 수 있다. |
| 사회적 차원 | • 창업을 통하여 다양한 제품과 서비스가 개발되기 때문에 사회가 풍족해지고, 고용창출과 생산활동이 증가되어 사회적 안정에 기여한다.<br>• 사회가 가지고 있는 문제에 대한 해결책을 제시함으로써 개개인의 삶, 더 나아가 사회 전체에 영향을 미친다. |
| 국가적 차원 | • 창업이 활성화되면 일자리 창출 및 세수 증가로 국가 발전과 안정에 기여하고, 신기술 기반의 기업들로 인해 국가 경쟁력이 향상된다.<br>• 침체된 경제 성장에 새로운 활력을 불어넣고 글로벌 리더십을 견고히 한다. |

## 2. 창업의 동향

최근 들어서 창업은 경제와 사회 발전의 견인차뿐만 아니라 취업난 해소 등의 측면에서 더욱 중요해지고 있다.

### 1) 청년 실업난 해소의 대안

2009년 이후 경제 위기, 일자리 감소 등의 이유로 인해 취업난이 가중됨에 따라서 창업이 청년 실업의 중요한 대안으로 떠오르고 있다. 정부도 청년 실업률을 해소하기 위한 대안으로서 청년 창업 활성화를 위한 정책을 적극 추진하고 있다.

### 2) 제2의 일자리 창출의 대안

조기 퇴직으로 정년의 개념이 사라지고 인간의 수명이 늘어남에 따라 노후 대책으로써 창업이 중요해지고 있다. 창업이 활성화되면 일자리를 창출하여 고용을 확대할 수 있기 때문에 사회적 안정을 추구할 수 있다.

### 3) 창업 기회의 다양화

IT의 발전, 스마트폰과 SNS의 활성화, 사회 문화의 다양화 등으로 인해 창업 기회가 증가하고 있고 정부와 지자체 및 대학이 제공하는 다양한 지원 프로그램(자금, 교육, 공간)으로 일반인들과 대학생들의 창업 마인드가 높아지고 있다.

### 4) 국가 경제 발전의 견인차

창업은 일자리 창출, 실업률 해소, 수출 등으로 국가 경제의 발전에 기여할 수 있다. 나아가서 기술 기반의 창업 기업들이 개발하는 혁신적인 신기술과 신제품은 국가 과학발전에 기여할 수 있으며 국가 위상 제고에 도움이 된다.

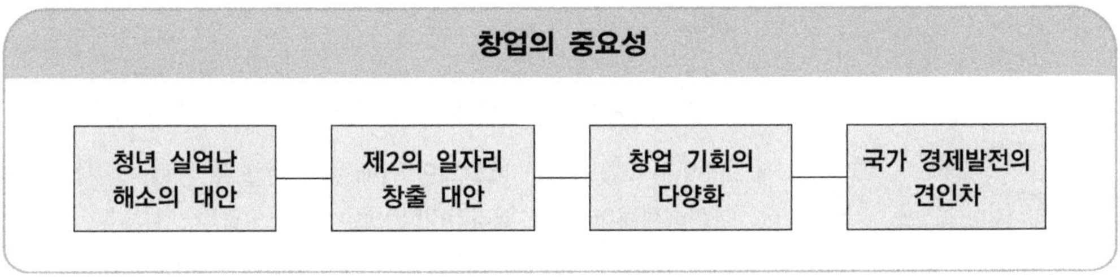

## 사례 1-1 창업의 일자리 창출 및 경제적 파급 효과

### 1. 배달앱 생긴 후 3만 3,000명 일자리 창출

- ‘배달의민족’, ‘요기요’ 같은 배달앱이 도입된 이후 약 3만 3,000명의 배달원 일자리를 창출해냈다.

  프렌차이즈 카페 한 귀퉁이에서 시작한 ‘배달의 민족’은 스마트폰에서도 이용할 수 있는 배달 서비스가 있으면 좋겠다는 아이디어로 시작했다. 전단지를 주워 일일이 입력하고 아파트 단지에 직접 발품을 팔며 별 볼일 없이 시작한 서비스는 우리나라 생활 스타일을 바꾼 거대한 성공 스토리를 만들어냈다.

### 2. 한국 전체를 들썩이게 만든 ‘배달의민족’ 인수

- 2019년 12월 13일, ‘배달의민족(배민)’ 브랜드로 배달 앱 사업을 벌여온 우아한형제들이 독일 딜리버리히어로에 매각되었다.

  딜리버리히어로가 매긴 우아한형제들의 기업가치는 40억 달러(약 4조 7,500억원)에 이른다. 국내 스타트업(신생 벤처기업)과 인터넷 업체를 대상으로 한 인수합병(M&A) 중 가장 큰 규모다.

출처: 이데일리(2019.12)

### 생각해보기

- 스타트업의 성공은 개인의 경제적 부분뿐만 아니라 많은 사람에게 일자리를 제공해서 국가 경제 발전에 크게 기여한다.

## 3. 창업의 핵심 요소

창업을 시작하고, 창업에 성공하기 위해서는 기본적으로 다음과 같은 네 가지 요소가 필요하다.

### 1) 창업자의 능력

창업에 성공하기 위해서는 새로운 사업 기회를 찾아내고, 창업을 추진하는 주체인 창업자의 능력이 절대적으로 중요하다. 따라서 창업자는 창업하고자 열정과 노력, 전문성과 지식, 경험 등을 갖추어야 한다.

### 2) 창업 아이템

창업에 성공하기 위해서는 우수하고 매력적인 창업 아이템이 매우 중요하다. 따라서 창업 아이템은 시장성, 기술성, 수익성, 독창성을 모두 갖추어야 한다.

### 3) 창업전략과 계획

창업하고자 하는 창업 아이템을 구체화하고, 사업화하는 데 필요한 구체적이고 합리적인 창업전략과 사업계획이 필요하다. 따라서 제품과 서비스의 개발, 생산, 판매, 자금 조달, 직원 관리 등의 창업계획을 수립해야 한다.

### 4) 창업 자금

창업을 시작하고, 기업을 운영하기 위한 자금이 필요하다. 따라서 자기자본, 정부지원 자금, 투자 유치, 외부 차입 자금 등 다양한 형태로 자금을 조달해야 한다.

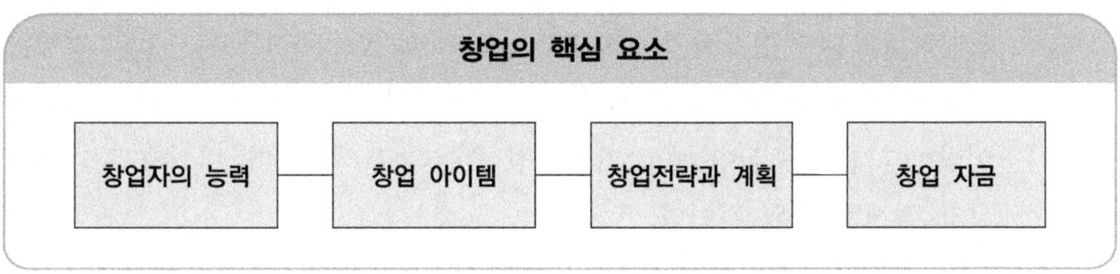

## 4. 창업과 기업가정신

앞서 창업의 성공요인에서 창업자의 역량을 중요 요소로 꼽았다. 창업자의 역량을 좀 더 넓은 의미로 바라보면 '기업가정신'이라는 말로도 표현할 수 있다. 기업가정신은 글자로만 보면 기업가에게 필요한 소양으로 보이지만, 현대에는 누구에게나 필요한 '시대정신'으로 강조되고 있다.

### 1) 기업가정신의 등장 배경

세계 각국에서 경제 성장이 둔화하는 현상이 일어나고, 이러한 현상은 이미 많은 경제 성장을 이룩한 선진국일수록 빠르게 나타났다. 이런 상황에서 미국, 영국, 이스라엘 등을 비롯한 나라에서는 기존의 전통적인 기업이 아닌 새로운 창업 기업에 의해 고용이 창출되고 국가 경제가 크게 성장하는 사례들이 나타났다. 그리고 이런 창업 기업들이 등장할 수 있었던 원동력으로 '기업가정신'을 꼽으면서 그 중요성이 더욱 강조되었다.

또한 기업가정신은 세계 경제의 흐름에 따라서도 의미가 커질 수밖에 없었다. 왜냐하면 현대 경제시스템은 관리적 경제(Managerial economy)에서 기업가적 경제(Entrepreneurial economy)로 이동하는 중이기 때문이다. 보유하고 있던 자원을 어떻게 하면 효율적으로 활용할지를 고민하던 기존의 경영 시스템이 아니라, 새로운 가치를 창출하는 경영 시스템이 필요하게 된 것이다. 최근의 기업 경쟁은 포화된 시장 속에서 날이 갈수록 치열해지고 있고 그 속의 틈새시장을 찾아내어 개척해 나가거나 끊임없는 연구개발로 새로운 가치를 제시하는 기업만이 살아남고 있다. 새로운 가치를 발견하고 만들어내는 조직을 위해 구성원의 기업가정신은 필수적인 역량이 되었다.

조지프 슘페터는 "끊임없이 새로운 제품을 개발하고, 신사업에 도전하며, 시장을 확장해나가는 기업가적인 벤처(Entrepreneurial Venture)를 자본주의 경제를 움직이는 근본 엔진"이라 하였고, 피터 드러커는 "기업가는 끊임없이 혁신을 추구해야 한다. 이러한 혁신의 중심이 바로 기업가정신"이라고 강조했다. 바야흐로 기업가정신은 곧 국가 경쟁력이 된 것이다.

### 2) 기업가정신의 정의

기업가정신에 대한 정의를 알아보기 전에 '기업가'의 의미를 이해하는 것이 도움이 된다.

**〈표 1-2〉 기업가에 대한 사전적 정의**

| 출처 | 정의 |
|---|---|
| 위키백과 | '기업(起業)'이라는 단어를 한자의 뜻으로 해석하여 '일을 새롭게 만든다', '사업을 일으켜 시작함'으로 정의. 따라서 기업가란 '기존에 존재하지 않았던 가치와 일자리를 만드는 사람'이다. |
| 네이버 HRD 용어사전 | 사업체를 설립, 조직, 관리하고 내포된 위험을 감수하는 개인으로 주로 제1세대 경영자를 칭함. 변화를 탐구하고 대응하며, 변화를 기회로 이용하는 사람을 의미한다. |
| 네이버 두산백과 | 영리를 목적으로 기업에 자본을 제공하고 경영하는 사람 또는 위험을 감수하면서도 비전, 추진력, 창의성 등을 이용해 기존에 없었던 새롭고 혁신적인 가치를 만들어내는 자 |

기업가의 의미로 여러 가지가 있지만 공통적으로 '기존에 존재하지 않았던 새로운 가치를 만드는 사람(Value Creator)'의 뜻을 내포하고 있다. 이는 기업가정신의 정의에도 똑같이 적용된다. 일반적으로 기업가정신은 다음과 같은 의미로 통용된다.

- 기업가의 개인적인 태도와 역량, 가치 창출 행동 등을 총괄하는 의미
- 제한된 자원과 불확실성, 위험을 감수하며 진취적이고 혁신적인 사고로 새로운 가치를 만들어내는 의지 또는 태도 및 행동양식

### 3) 기업가정신의 구성 요소

그렇다면 기업가정신이란 어떤 특성으로 구성되어 있을까? 어떤 특성을 가진 사람이 기업가정신을 가진 사람이라고 할 수 있을까? 이에 대해서도 명확한 정답은 없다. 하지만 많은 학자들이 연구를 통해 기업가정신의 구성 개념을 다양하게 제시하였으며 대표적인 구성 요소들은 다음과 같다.

**〈표 1-3〉 기업가정신의 구성 요소**

| 구성 요소 | 설명 |
|---|---|
| 혁신성 (Innovativeness) | '창조적 파괴'라는 말로 대표되며 미국의 경제학자 조지프 슘페터가 제안하였음. 기존의 불편함과 문제를 포착하고 이를 해결하기 위해 새로운 기술, 공정의 혁신, 디자인 개발 등을 적극적으로 추진하려는 성향 |
| 위험 감수성 (Risk taking) | 위험을 예측하고 통제하며, 불확실한 결과에도 불구하고 예상되는 기회와 이익을 잡기 위해 과감히 도전하는 성향 |
| 진취성 (Proactiveness) | 경쟁자들보다 한발 앞서 시장 변화를 이끌어 나가고자 하는 적극적인 행동 또는 환경 변화에 선제적으로 대응하는 태도 |
| 자율성 (Autonomy) | 개인이나 팀이 독립적으로 움직이며 새로운 가치와 아이디어를 추구하는 기업가적인 독립성 |
| 경쟁적 공격성 (Competitive aggressiveness) | 시장에서의 경쟁에서 승리하기 위해 집중적으로 경쟁하려고 하는 성향 |

기업가정신은 타고나는 것이 아니라, 충분한 훈련이나 학습을 통해 만들어질 수 있다. 이 책을 통해 창업에 대해 진취적으로 고민하고 학습하려는 당신은 이미 충분한 기업가정신을 가지고 있다고 할 수 있다.

# Ⅱ 창업의 유형

일반적으로 창업은 창업의 목적, 창업의 특징, 창업 기업의 법적 구조, 창업의 형태에 따라서 다양하게 분류될 수 있다.

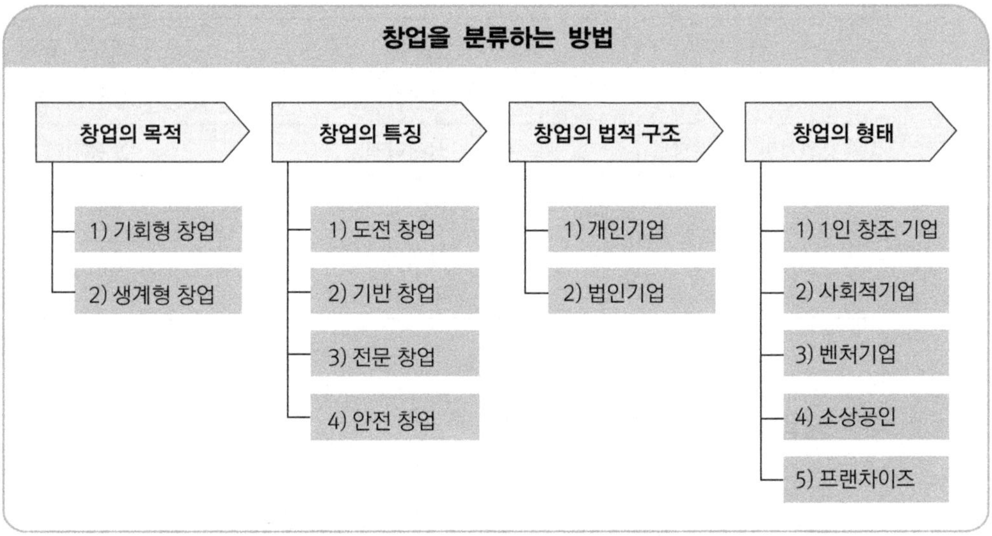


## 1. 창업 목적에 따른 분류

창업자가 창업하는 목적에 따라서 기회형 창업과 생계형 창업으로 나누어진다.

### 1) 기회형 창업

기회형 창업은 창업자가 새로운 사업 기회를 실현하기 위해 자발적으로 창업하는 것을 의미한다. 기회형 창업은 새로운 기술이나 새로운 아이디어를 기반으로 창업하기 때문에 위험은 많으나 성공하면 큰 수익을 기대할 수 있다. 또한 기회형 창업은 경제성장에 직접적으로 기여하기 때문에 매우 중요하다.

### 2) 생계형 창업

생계형 창업은 창업자의 생계유지를 위해서 창업하는 경우를 의미한다. 생계형 창업은 최소비용을 투자해 안정적인 수익을 창출하는 것을 목적으로 하고, 기회형 창업과는 달리 노동집약적이며 비자발적으로 이루어지는 것이 특징이다.

**〈표 1-4〉 창업 목적에 따른 분류**

| 구분 | 기회형 창업 | 생계형 창업 |
|---|---|---|
| 목적 | 자신의 아이디어를 실현 | 생계유지 |
| 창업기반 및 특징 | 기술 · 지식집약적 | 노동집약적 |
| 동기 | 자발적 | 비자발적 |
| 형태 | 벤처 창업, 사회적기업,<br>1인 창조기업 | 소상공인, 프랜차이즈 |

## 2. 창업 특징에 따른 분류

창업은 창업의 본질적인 특징에 따라서 네 종류로 분류할 수 있다.

① 아이디어 창업은 간단한 사업 아이템과 열정, 도전정신을 바탕으로 이루어지는 창업이다.

② 기반 창업은 직장생활을 통한 경험, 지식, 인맥 등을 기반으로 이루어지는 창업이다.

③ 전문 창업은 특정분야에 오랜 근무경력과 전문 지식을 바탕으로 이루어지는 창업이다.

④ 안전 창업은 생계 수단 및 노후 대책으로 안전성을 바탕으로 이루어지는 창업이다.

**〈표 1-5〉 창업 특징에 따른 분류**

| 유형 | 아이디어 창업 | 기반 창업 | 전문 창업 | 안전 창업 |
|---|---|---|---|---|
| 기반 | 사업 아이디어<br>도전정신 | 적성과 취미<br>직장 경험 | 전문 지식과 경력 | 안전성<br>생계수단 |
| 업종 사례 | App 개발업<br>WEB 서비스<br>IT 관련업종 | 제조<br>정보 제공<br>Web 기반 등<br>기술개발 업종 | 제조<br>컨설팅<br>기술개발<br>음식점 등 | 외식업<br>제과점<br>스크린 골프 등 |
| 형태 | 사회적기업<br>1인 창조기업 | 스타트업<br>1인 창조기업 | 스타트업<br>소상공인<br>프랜차이즈 | 소상공인<br>프랜차이즈 |

## 3. 법적 구조에 따른 분류

창업은 창업 기업의 법적 구조에 따라 개인사업자와 법인사업자로 나누어진다.

### 1) 개인사업자

창업 기업의 소요자본의 전부 또는 대부분을 한 개인이 출자하고, 그 자본운영에 관한 책임을 출자자가 전적으로 지는 형태로서, 소규모 자본을 투입하여 적은 인원이 운영하기에 알맞은 형태이다.

### 2) 법인사업자

대표자는 회사 운영에 대해 일정한 책임을 지며, 주주는 주금 납입을 한도로 채무자에 대해 유한책임을 지는 형태로, 일정 규모 이상으로 성장 가능한 유망사업의 경우에 적합한 형태이다.

**〈표 1-6〉 법적 구조에 따른 분류**

| 구분 | 개인사업자 | 법인사업자 |
|---|---|---|
| 자본 조달 | 소요 자본 대부분을 개인이 출자<br>자본조달의 한계 | 다수 출자자를 통해 대규모 자본 확보 가능 |
| 이윤 분배 | 이윤의 전부가 개인에 귀속 | 출자자의 지분에 따라 분배 |
| 경영 | 경영활동에 대한 무한 책임<br>개인 역량 의존에 따른 경영의 한계 | 회사의 형태에 따라 무한 또는 유한책임<br>소유와 경영의 분리<br>전문 경영인 등에 의한 경영 한계 극복 |
| 세제 | 종합소득세 부과<br>2018년 기준 소득세율 6~42% | 법인세 과세<br>2018년 기준 10~25% |
| 장단점 | 외부감사 대상에 적용되지 않음<br>법인 전환 시 신규법인 설립보다 까다로움 | 출자금 회수가 쉽고<br>대외 신용도가 높음<br>자산총액이 100억 이상이면 외부감사의 대상 |

## 4. 창업 형태에 따른 분류

창업은 창업의 형태에 따라서 스타트업, 사회적기업, 1인 창조기업, 소상공인, 프랜차이즈로 나눌 수 있다.

① 스타트업은 첨단 기술이나 새로운 아이디어를 사업화하는 창조적이고 기술집약적인 창업 형태이다.

② 사회적기업은 기업의 이윤뿐 아니라 사회적 가치를 추구하고 삶의 질을 향상시키기 위한 목적을 가지는 사업 형태이다.

③ 소상공인은 외식업, 소매업, 유통업 등 규모가 작은 점포형태의 창업이다.

④ 프랜차이즈는 브랜드를 가지고 있는 본사와 가맹점 계약을 체결하고 상표, 서비스 등을 제공받아서 동일한 이미지를 갖고 사업을 하는 형태이다.

〈표 1-7〉 창업의 형태에 따른 분류

| 형태 | 스타트업 | 사회적기업 | 소상공인 | 프랜차이즈 |
|---|---|---|---|---|
| 창업 목적 | 기회형 창업 | 사회 공헌, 삶의 질 향상 | 생계형 창업 | 생계형 창업 |
| 창업 기업의 형태 | 개인, 법인 | 법인 | 개인 | 개인 |
| 규모 | 1인 이상 | 1인 이상 | 1인 이상 (가족형태) | 1인 이상 (가족형태) |
| 특징 | 기술, 지식집약적 | 사회적 가치 추구 | 노동집약적 | 노동집약적 |

## 4.1 스타트업

### 1) 개념

- 스타트업은 첨단 기술이나 새로운 아이디어를 사업화하는 창조적이고 기술집약적인 중소기업을 의미한다.
- 기술집약형 사업으로 매출액과 당기순이익에서 높은 성장률을 기대할 수 있으나, 반면에 위험성이 높은 유형이다.

### 2) 사업영역

- WEB 서비스, SNS, 모바일 서비스, 소프트웨어 등 IT 분야
- 신약 개발, 백신 개발, 유전자 치료 등 BT 분야
- 초정밀 소재, 반도체 소재 개발 등 NT 분야

### 3) 장점

- 기술력을 인정받으면 자금 조달이 상대적으로 유리하고, 대외적인 신뢰도가 높다.
- 코스닥시장에 상장할 수 있으면 빠르게 성장이 가능하다.

### 4) 단점

- 기술개발 및 사업화 과정에 큰 자금이 필요하므로 실패 시 타격이 크며, 기술개발을 위해 고급 인력이 필요하지만 인력을 확보하기가 어렵다.

IT 서비스

백신개발

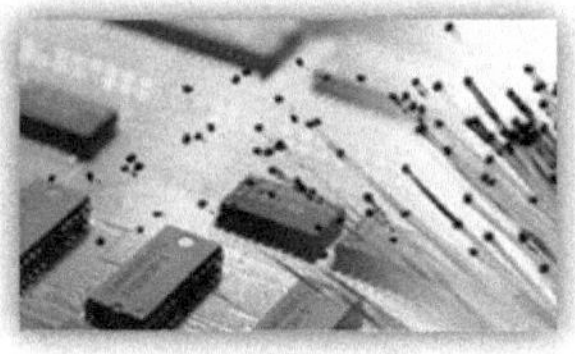

반도체 소재

## 사례 1-2 벤처기업 - 당근마켓

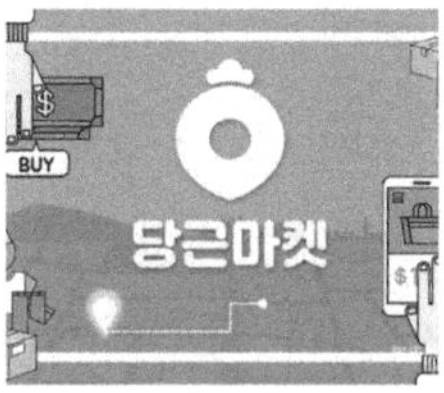


### 1. "한 번만 쓴 적은 없다" 당근마켓, 동네를 묶다

- 중고거래 플랫폼 업체 당근마켓이 빠른 속도로 '동네 상권'을 장악하고 있다. 최근 당근마켓 주간 이용자 수는 1,000만 명을 넘어섰다. 국민 5명 중 1명은 일주일에 한 번 이상 당근마켓을 이용했다는 의미다.

  당근마켓은 기존 중고거래 시장을 활성화했다. 더불어 '지역 생활 커뮤니티'를 조성하려 한다는 점에서 업계의 주목을 받고 있다. 기존에는 없던 시장을 새로 창출하고 있다는 것을 고려하면 성장 가능성이 크다는 분석이다.

출처: 비즈니스워치(2021.4)

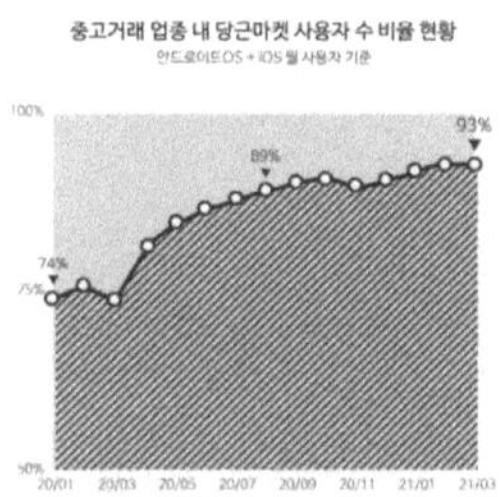


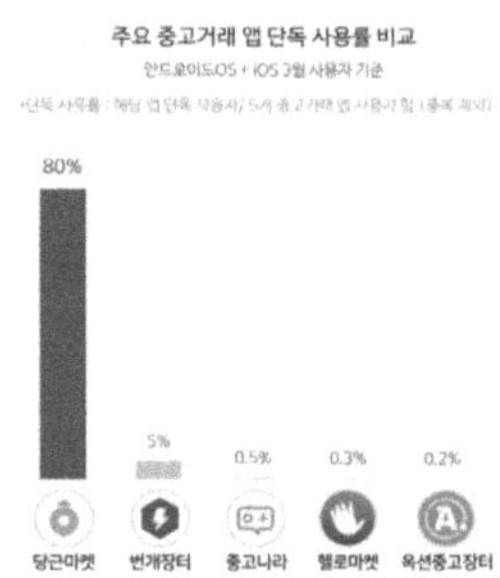


### 2. '중고거래' 업종 뚜렷한 성장세… 당근마켓 점유율 93%

- 2021년 3월 기준 '중고거래' 앱 사용자 수는 1년 새 141% 증가한 1,640만 명을 돌파했으며 이 중 당근마켓이 1,518만 4,659명의 MAU(전체 사용자 수)로 93%의 점유율을 차지했다.

  또한 단독 사용률(해당 앱 단독 사용자/5개 중고거래 앱 사용자 합) 또한 80%로 시장 내 독보적인 것으로 나타났다.

출처: 플래텀(2021.4)

### 생각해보기

- 벤처기업은 수익성이 높은 반면에 위험성이 높은 전형적인 High Risk High Return 창업이다.

## 4.2. 사회적기업 창업

### 1) 개념

사회적기업은 취약 계층에게 일자리를 제공하거나 지역 사회에 공헌함으로써 지역주민의 삶의 질을 높이는 등의 사회적 목적을 추구하면서 재화 및 서비스의 생산·판매 등 영업활동을 하는 기업으로서 사회적기업으로 인증을 받은 자를 말한다(사회적기업 육성법 제2조 제1호). 즉, 기업의 목적 자체가 이윤의 극대화가 아닌, 특정한 사회 경제적 목표 달성에 있으며 그렇기에 보통 영리기업과 비영리 기업의 중간 형태라고 한다.

### 2) 사업영역

- 문화/예술, 청소, 교육, 사회복지, 환경, 보건, 보육 등 다양함.

### 3) 장점

- 이윤 추구만이 아닌 사회적 목적 달성을 통해 기업의 존재 가치를 증명
- 사회적기업 진흥을 위한 다양한 제도와 지원 사업이 존재

### 4) 단점

- 기업의 사회적 목적 추구에 대해 인증받아야 함.

| Food & Trees For Africa www.trees.co.za | LearntoEarn Celebrating 30 years of creating opportunities and changing lives. | the broccoli project good for the world |
|---|---|---|
| 녹색 사업 | 직업 훈련 | 기부 문화 조성 |

## 사례 1-3 SK 육성 '우시산 · 소무나' 우수 사회적기업 선정

### 1. 바다를 보호하는 '우시산'

- 친환경 사회적기업 '우시산'과 '소무나'가 정부가 발표하는 '이달의 한국판 뉴딜'과 신용보증기금의 '퍼스트펭귄'에 각각 선정됐다.

  우시산은 고래와 바다 생태계보호, 취약계층 일자리 창출을 도모하는 사회적 기업이다. 작년 5월부터 바다에 버려지는 폐플라스틱을 업사이클링해 친환경 제품을 판매하고 있다.

  우시산은 폐자원을 수거해 업사이클링하는 것에 그치지 않고 선순환 생태계 플랫폼을 구축한다는 점이 높은 평가를 받았다. 업사이클링 제품을 판매한 수익금을 일자리 창출, 바다 생태계 보호, 사회 취약계층 지원으로 환원한다.

### 2. 공회전 줄여 지구를 보호하는 '소무나'

- 친환경 소셜벤처 '소무나'는 시동이 꺼져도 트럭의 냉장 및 냉동 성능을 유지하는 기술을 개발했다. '무(無)시동 차량 배터리 전장제어 시스템'을 개발하기 위해 차량용 무시동 냉 · 난방 기기와 자체 개발한 '듀얼하이브리드 배터리'를 결합했다. 리튬 배터리 두 개를 탑재한 '듀얼하이브리드 배터리'는 기존 배터리 대비 수명이 길고 급속 충전이 가능하다.

  무시동 차량 배터리 전장제어 시스템을 이용하면 기존 냉장 · 냉동 트럭 대비 연간 260만원의 연비 절감이 가능하다. 또한 냉장 · 냉동 온도 유지를 위해 불가피했던 공회전이 줄어 트럭 1대당 연간 3톤에 달하는 탄소 및 미세먼지 저감 효과가 예상된다.

출처: EBS 산업경제신문(2021.10)

**생각해보기**

- 사회적기업은 이윤뿐만 아니라 사회적 목적을 달성하는 데에 존재 의의가 있다.

## 4.3 소상공인 창업

### 1) 개념

소상공인 창업은 외식업, 소매업, 유통업 등 규모가 작은 점포 형태의 창업으로서 생업을 목적으로 하는 자영업자 창업 형태이다. 즉, 생계를 영위하기 위한 사업으로 상대적으로 영세하고 사업주와 경영인이 동일한 개인기업 형태이다.

### 2) 사업영역

- 식당, 분식점, 커피숍 등 외식업
- 문구점, 화장품, 슈퍼마켓, 의복 등 소매업
- 미용실, 피부관리 숍, 네일아트 숍 등 서비스업

### 3) 장점

- 업종의 폭이 넓고 특별한 기술이나 전문지식을 필요로 하지 않아 상대적으로 소규모 자금으로 창업이 가능하다.

### 4) 단점

- 누구나 쉽게 시작할 수 있기 때문에 경쟁이 치열하고 폐업률이 높으며 외식업, 서비스업이 대부분을 이루기 때문에 휴식시간과 개인 시간이 상대적으로 부족하다.

외식업

슈퍼마켓

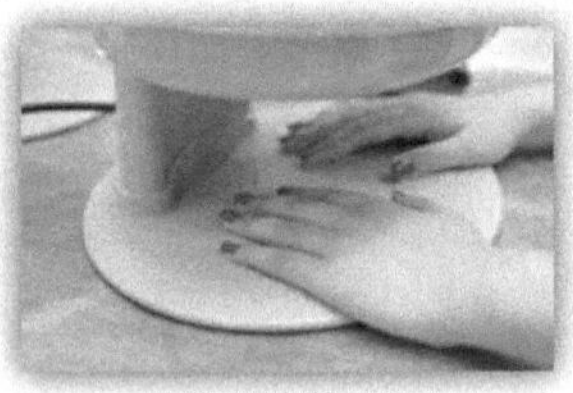
네일아트 샵

## 4.4 프랜차이즈 창업

### 1) 개념

프랜차이즈 창업은 창업자가 기존의 브랜드를 가지고 있는 본사와 가맹점 계약을 체결하고 상호, 상표, 서비스 등을 제공받아서 동일한 이미지를 갖고 창업을 하는 형태이다.

### 2) 사업영역

- 치킨, 피자, 패스트푸드, 커피 등 외식업
- 헤어숍, PC방, 네일아트 숍 등과 같은 서비스업
- 24시 유통, 건강식품, 화장품, 문구점 등 유통업

### 3) 장점

- 사업 경험이 부족한 초보 창업자가 본사로부터 경영지도 및 영업 노하우 등에 대한 도움을 받을 수 있으며 유명한 브랜드나, 상호 등을 내걸고 사업을 시작하므로 일반 소비자들에게 신뢰와 인지도가 높다.
- 프랜차이즈 본사의 지원과 인프라, 브랜드 가치 등에 힘입어 더 수월하고 실패 가능성이 낮은 창업을 시작할 수 있다.

### 4) 단점

- 일부 본사의 무분별한 가맹점 유치로 인하여 가맹점이 피해를 입을 수 있으며 로열티가 다소 비싸며 본사의 간섭이 심해 독자적인 경영을 할 수 없다.

# Ⅲ 종합 실습: 창업의 유형 선택

## 목적

창업자가 창업하고자 하는 창업의 유형을 선택해보고, 창업의 유형을 선택한 이유가 타당한지를 분석한다.

## 진행방법

① 설립하고자 하는 기업의 이름과 주요 제품 및 서비스를 선택한다.
② 4종류의 분류 방법에 따라서 창업의 유형을 선택한다.
③ 선택한 창업의 유형에 따른 특징을 이해하고, 타당성을 검토해본다.

〈종합 실습〉 창업의 유형 선택

| 1. 창업 기업명 | | |
|---|---|---|
| 2. 주요 제품 및 서비스 | | |
| 분류 방법 | 형태 | 선택 이유 |
| 창업 목적에 따른 분류 | 기회형 \| 생계형 | |
| 창업 특징에 따른 분류 | 아이디어 \| 기반 \| 전문 \| 안전 | |
| 법적 구조에 따른 분류 | 개인 \| 법인 | |
| 창업 형태에 따른 분류 | 스타트업 \| 사회적기업<br>소상공인 \| 프랜차이즈 | |

## [종합 실습사례] 창업의 유형 선택

**〈종합 실습사례〉 창업의 유형 선택**

| 1. 창업 기업명 | 써니 컨설팅 | |
|---|---|---|
| 2. 주요 제품 및 서비스 | 창업자 역량 진단, 창업 BM 진단, 창업 사업계획 진단 | |
| 분류 방법 | 형태 | 선택 이유 |
| 창업 목적에 따른 분류 | <u>기회형</u> \| 생계형 | 창업자의 성공과 주체적인 삶을 위해 창업을 시작함 |
| 창업 특징에 따른 분류 | 아이디어 \| 기반 \| <u>전문</u> \| 안전 | 전문적인 챗봇 개발 지식을 이용하여 새로운 가치를 제시하는 아이디어 창업을 시작함 |
| 법적 구조에 따른 분류 | <u>개인</u> \| 법인 | 창업회사의 규모가 작았고 자본도 적었기에 개인기업을 선택함 |
| 창업 형태에 따른 분류 | <u>스타트업</u> \| 사회적기업<br>소상공인 \| 프랜차이즈 | 기존의 없던 신제품을 개발하고 기술개발을 하고자 했기에 스타트업 창업을 선택하게 됨 |

## Ⅳ 창업과 창의성: ERRC를 활용해서 새로운 시장을 창출하라

블루오션 ERRC 기법이란 경쟁자가 없는 새로운 시장(Blue Ocean)을 창출해서 경쟁을 피하고 새로운 수요를 창출하기 위한 가치혁신 전략 기법이다.

고객 가치 분석을 기반으로 제거, 증가, 감소, 창조의 방법을 적용하여 새로운 경쟁전략을 수립하게 된다.

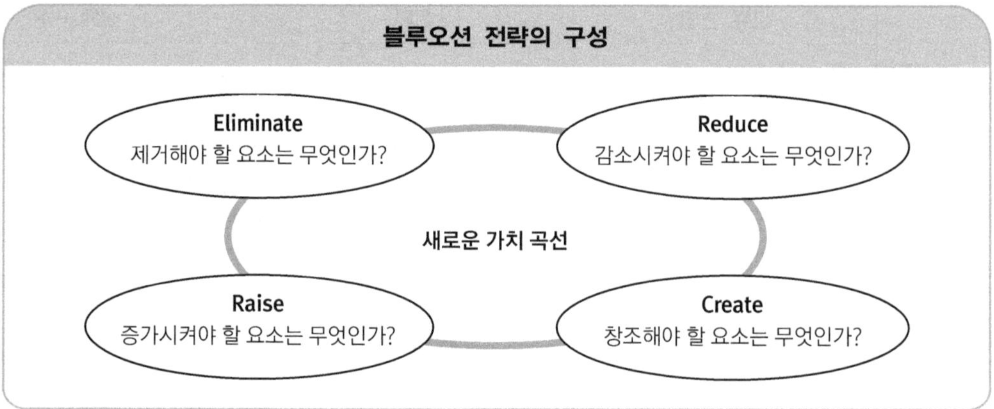


ERRC에는 4가지 개념이 있다. 제거(Eliminate)는 업계에서 당연한 것으로 받아들이는 요소 가운데 제거해야 할 가치 요소, 증가(Raise)는 가치곡선 중에서 업계의 표준 이상으로 증가시켜야 할 가치 요소, 감소(Reduce)는 가치곡선 중에서 업계의 표준 이하로 내려야 할 가치 요소, 창조(Create)는 업계가 아직 한 번도 제공하지 못한 것 중 창조해야 할 가치 요소를 의미한다.

경쟁력 분석 측면에서는 고객 가치 관점에서 산업 내 경쟁 기업들과의 상대적 비교를 통해 자사의 강점과 약점을 분석할 수 있고, 경쟁전략 및 신규 비즈니스 발굴 측면에서는 ERRC 방식을 적용하여 경쟁전략 수립을 위한 insight를 얻을 수 있을 뿐만 아니라 새로운 비즈니스 모델과 시장을 창출할 수 있는 아이디어를 얻을 수 있다.

적용 방법은 전략 캔버스를 활용하여 해당 산업 내에 있는 자사와 경쟁사들의 가치곡선을 그려보고 ERRC 방법을 활용하여 새로운 경쟁방식을 찾아내면 된다.

전략 캔버스 작성을 통해 해당 산업에서 고객들에게 제공하는 핵심적인 가치 요소가 무엇인지를 찾아내고 자사와 경쟁사들의 가치곡선을 비교 분석하고 ERRC 적용을 함으로써 자사의 전략적 위치에 따른 강점과 약점을 기반으로 ERRC 키워드를 적용하여 경쟁력 강화를 위한 아이디어들을 도출하게 된다.

## ■ ERRC 실습 템플릿

**전략 캔버스**

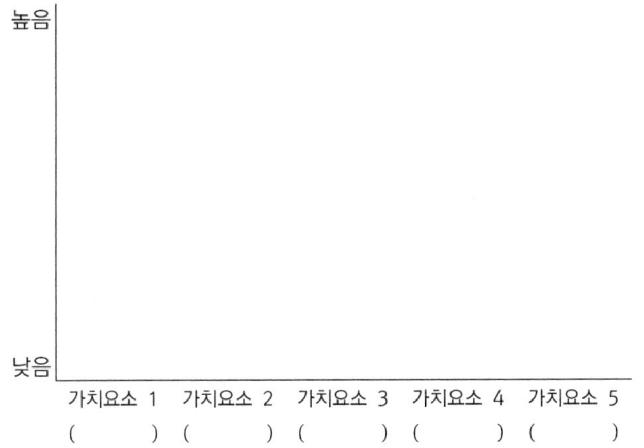


**ERRC 프레임워크**

| 제거(Eliminate) | 증가(Raise) |
|---|---|
| | |
| 감소(Reduce) | 창조(Create) |
| | |

## ■ 실습사례 - 스마트 기기

**ERRC 프레임워크**

| 제거(Eliminate) | 증가(Raise) |
|---|---|
| 1. 불필요한 기능<br>2. | 1. 디자인<br>2. 사용자 편의성 |
| **감소(Reduce)** | **창조(Create)** |
| 1. 가격<br>2. | 1. 판매 방식<br>2. 홍보 |

## 블루오션 분석 Simulation

| 창업 아이템 | 스마트 기기 |
|---|---|

### 1. 경쟁사 제품 및 서비스 평가

| 경쟁 요소 | 가중치 | 자사 | 경쟁사A | 경쟁사B | 경쟁사C |
|---|---|---|---|---|---|
| 가격 | 0.2 | 9 | 4 | 6 | 8 |
| 품질 | 0.2 | 8 | 6 | 8 | 8 |
| 기능 다양성 | 0.2 | 8 | 6 | 4 | 8 |
| 디자인 | 0.2 | 7 | 6 | 6 | 6 |
| 고객서비스 | 0.2 | 5 | 8 | 10 | 7 |
| 경쟁력 점수 | | 7.4 | 6 | 6.8 | 7.4 |
| 경쟁력 순위 | | 2 | 4 | 3 | 1 |

⬇

1. 경쟁사의 제품 및 서비스에 비해 비교적 높은 경쟁력을 확보하고 있음.
2. 고객서비스 부분에 대한 개선이 필요함.

### 2. 경쟁사 비교 분석

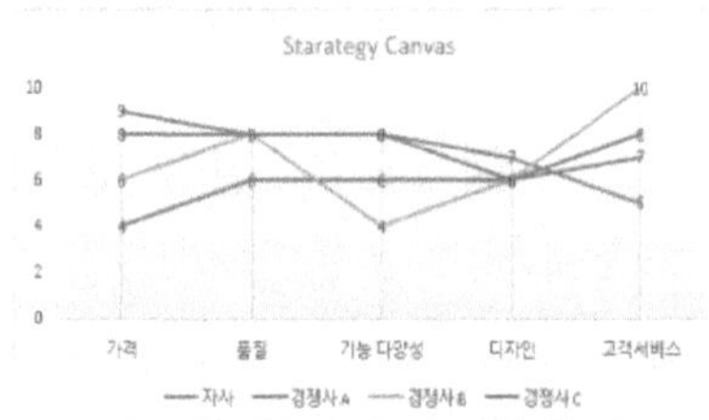


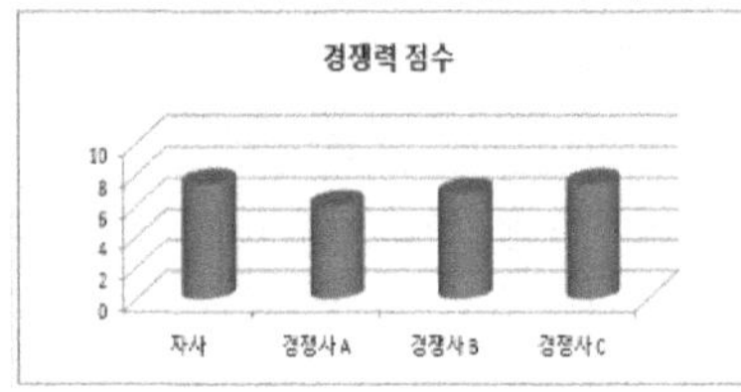

CHAPTER 02

# 사업계획서를 이해하라

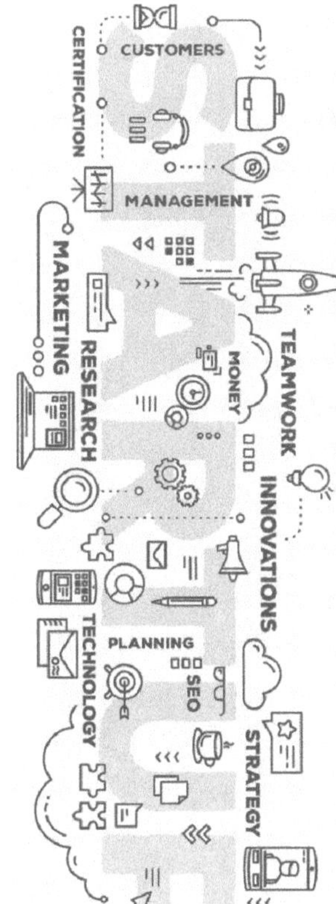

## 도입 대화

[형선] 창업을 할 때 사업계획서를 작성해야 한다고 알고 있어. 말만 들어도 너무 어렵게 느껴지는데 쉽게 배울 수 없을까?

[종규] 일단 이번 장에서 간단히 창업 사업계획에 어떤 내용이 들어가야 하는지 간략하게 확인해보자. 전체적인 개념을 잡고 개별적인 내용에 대해서는 뒷장에서 배워나가기 시작하면 이해가 빠를거야.

# I 창업 사업계획서의 개념

창업을 하기 전, 창업하고자 하는 사업이 무엇인지, 창업하고자 시장은 어떤 상황인지, 창업 아이템은 무엇인지, 창업을 통하여 달성하고자 하는 목표가 무엇인지, 창업을 어떤 방법으로 추진할 것인지, 창업의 수익성이 어떻게 되는지 등에 대한 체계적인 계획을 수립하고, 이를 기반으로 구체적인 사업계획서를 작성해야 한다.

창업 사업계획서는 창업자뿐만 아니라 창업 동료들과 계획을 공유하는 중요한 도구이며, 정부와 기관, 투자자로부터 창업에 관한 지원 및 투자를 받기 위한 중요한 도구로써 활용 가능하다.

2장은 사업계획서의 개념과 사업계획서의 구성 요소로 구성되어 있다.

**창업 사업계획서 준비의 구성**

사업계획서의 개념 → 사업계획서 구성 요소

## 1. 사업계획서의 의미

### 1) 개념

사업계획서란 창업하고자 하는 사업에 관한 전체적인 개요와 계획을 체계적으로 정리한 문서이다. 사업계획서에서는 창업의 목적, 창업 아이템, 창업 아이템의 타당성, 창업을 추진하는 구체적인 전략과 계획, 창업의 수익성과 타당성 등을 기술해주어야 한다.

사업계획서는 제3자에게 창업자와 창업자의 사업을 소개하는 얼굴과 같기 때문에 객관성, 정확성, 전문성과 독창성을 갖추어야 한다.

### 2) 작성 목적

내부적으로 예비창업자의 사업계획을 구체화 및 실천 여부를 점검하여 자신의 사업에 대한 확실성을 갖게 하고, 창업 팀원들에게 사업에 대한 의견 교환 및 내용 공유를 위해 작성한다. 외부적으로 투자자, 보증기관, 정부기관 등 외부기관이나 제3자에게 사업의 설명, 투자 유치와 창업보육센터 입주, 각종 인허가 신청 등을 위해 작성한다.

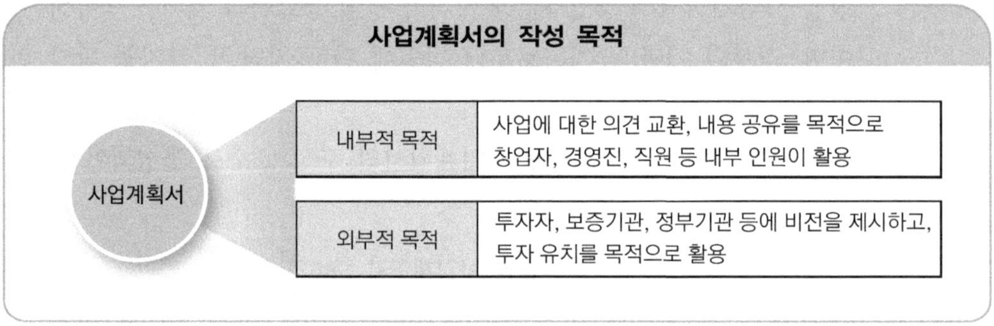


## 2. 사업계획서의 종류

사업계획서의 용도 및 목적에 맞추어 사업계획서의 유형을 결정하는 것이 중요하다. 또한 사업계획서는 요약 사업계획서, 내부 업무 추진용 사업계획서, 외부 발표용 사업계획서로 나눌 수 있다.

**〈표 2-1〉 사업계획서의 종류**

| | 요약 사업계획서 | 내부 업무 추진용 사업계획서 | 외부 발표용 사업계획서 |
|---|---|---|---|
| 용도 | • 사업의 콘셉트를 결정<br>• 제3자로부터의 투자 유치 | • 내부 사업 운영<br>• 내부 업무 추진 | • 외부 발표 및 정부 지원 사업, 투자 유치 등 공식적 발표를 위한 계획서 |
| 특징 | • 사업의 개요, 필요한 자금, 마케팅계획 및 재무계획을 한눈에 파악할 수 있도록 핵심 내용을 쉽고 재미있게 작성된 요약서 | • 내부적 운영을 위한 계획서<br>• 내용은 구체적으로 작성<br>• 시각적이고 표면적인 측면은 생략 가능 | • 내용과 어휘가 형식과 규칙을 갖추어야 함<br>• 차트, 도표, 그림, 사진과 같은 그래픽 요소를 활용 |

## 3. 사업계획서의 작성 절차

사업계획서는 목적과 용도에 따라서 내용상 차이가 있으며, 작성 전에 미리 기본 계획과 작성순서를 정해야 시간과 노력을 절약할 수 있고, 내용도 충실해질 수 있다. 또한 본인이 직접 작성할 것인가 전문가에게 의뢰할 것인가도 결정해야 한다.

일반적으로 사업계획서는 다음과 같은 절차를 통하여 작성한다.

**| 작성 절차 |**

| | |
|---|---|
| 1. 작성 목적 및 작성 방향 설정 | 사업계획서의 작성 목적을 결정해서 방향을 결정<br>그에 따라서 사업계획서의 종류를 선택 |
| 2. 소정 양식 및 요건의 확인 | 제출기관에 요구하는 양식이 존재하는지 확인<br>정해진 양식이 없다면 적절한 양식 선택 |
| 3. 작성계획 수립 및 자료 준비 | 사업계획서 작성에 필요한 객관적 자료를 수집<br>사업계획서와 함께 제출할 첨부 자료 및 서류 확보 |
| 4. 사업계획서 작성 | 사업계획서의 세부내용 및 사업전략 작성<br>작성한 내용을 바탕으로 사업 요약 계획서를 작성 |
| 5. 편집 및 재검토 후 제출 | 사업계획서 작성 뒤 반드시 재검토 후 수정<br>오탈자 및 논리적 오류 수정 |

## 4. 사업계획서 작성 과정의 유의사항

### 1) 핵심 내용 중심으로 작성하라

사업계획서에 너무 많은 내용을 담거나 너무 자세하게 작성하면 보고서를 읽는 사람은 이해하기 어려울 수도 있다. 따라서 창업 아이템의 필요성, 경쟁제품과의 차별성, 시장성 및 수익성 등의 내용을 중심으로 명료하게 설명해야 한다.

### 2) 논리성과 객관성을 확보하라

사업계획서는 자신의 사업계획을 남에게 설득하는 보고서이기 때문에 논리성과 객관성을 갖추어야 한다. 따라서 추상적인 개념보다는 구체적인 데이터를 기반으로 신뢰성을 확보할 필요가 있다.

### 3) 잠재시장과 수익성을 제시하라

시장 분석을 통하여 잠재적인 시장의 존재와 성장 가능성을 부각시켜야 한다. 따라서 잠재적인 수익모델과 수익성, 왜 투자를 해야 하는지에 대한 이유를 소개할 필요가 있다.

### 4) 사업 모델을 명확하게 제시하라

무슨 사업을 어떻게 수행하여 수익을 창출할 것인지에 대한 방법을 명확하게 제시해야 한다. 특히 IT와 기술 창업의 경우에는 사업하는 방식이 이해하기가 힘들기 때문에 사업 모델을 명확하게 제시할 필요가 있다.

### 5) 현실적인 자금 조달 방안 및 운용을 계획하라

사업 운영에 있어 필요한 소요 자금을 정확하게 산정하고, 구체적인 자금 조달 방안 및 운용 계획을 수립해야 한다. 따라서 창업자가 현실적으로 조달 가능한 자기자본을 기술할 필요가 있다.

### 6) 예상되는 문제점과 극복 방안을 기술하라

사업계획서에 너무 긍정적이고 장밋빛 내용만 포함하면 설득력이 떨어진다. 따라서 사업을 추진하는 과정에 발생할 수 있는 문제점과 극복 방안을 제시하여 설득력을 높일 필요가 있다.

### 7) 독창성을 가져라

사업계획서의 가장 중요한 목적 중 하나는 투자를 유치하는 것이기 때문에 진부한 사업계획서는 설득력이 떨어진다. 따라서 창업 아이템 및 창업자 능력과 창업 아이템, 창업 팀, 사업 내용의 독창성이 드러나도록 작성할 필요가 있다.

### 8) 전문적인 용어의 사용을 자제하라

사업계획서를 읽는 제3자의 경우 해당 분야에 대한 전문가가 아닌 경우가 많기 때문에 전문용어 사용을 자제해야 한다. 따라서 전문적인 내용은 최대한 이해하기 쉽게 구체적으로 작성할 필요가 있다.

### 9) 과장하거나 숫자를 부풀려서는 안 된다

사업계획서가 신뢰를 주기 위해서는 투자를 위해 재무제표를 부풀리거나 과장되게 쓰는 것은 금물이다. 따라서 사업계획서에 장점만 작성하는 것보다는 약점도 인정하고 어떻게 극복할 것인지를 제시할 필요가 있다.

### 10) 지속적으로 수정 · 보완하라

사업계획서 작성은 한 번에 끝나는 것이 아닌 지속적인 수정 및 보완이 이루어져야 한다. 따라서 사업계획서에 잠재되어 있는 문제점과 향후 발생 가능한 위험 요소를 분석하고 대응 방안을 수립할 필요가 있다.

# Ⅱ 창업 사업계획서의 구성 요소

사업계획서는 용도와 사용 목적에 따라 구성 요소의 차이를 보이지만 공통적으로 다음과 같은 요소들이 포함되어야 한다.

〈표 2-2〉 사업계획서의 구성 항목과 주요 내용

| 주요 항목 | 주요 내용 |
|---|---|
| 1. 회사 개요 | 회사소개, 주요 제품과 서비스, 대표자 및 경영진, 핵심 역량, 재무 현황 |
| 2. 사업 개요 | 창업 아이템 소개, 창업 배경 및 동기, 창업 목표, 창업 아이템의 기여도 |
| 3. 제품 및 서비스 | 제품 및 서비스의 개요, 구성, 용도 및 특성, 장단점, 지적재산권, 관련 산업의 기술동향 |
| 4. 시장 분석 | 시장 특성, 동향, 규모, 고객 특성, 경쟁사 및 경쟁제품 |
| 5. 개발계획 | 고객의 요구사항, 개발목표, 보유 기술, 리스크 관리 방안 |
| 6. 생산 및 운영 계획 | 생산량, 인원, 설비, 원자재 구매 |
| 7. 마케팅계획 | 목표시장 세분화, 시장 선정, 포지셔닝, 제품, 가격, 채널, 통제 |
| 8. 재무계획 | 소요 자금, 조달계획, 상환계획, 예상 손익 |
| 9. 인적자원계획 | 창업 팀 소개, 소요 인력 추정, 추가 채용계획, 급여 및 보상 정책 |
| 10. 추진계획 | 최종 목표, 일정계획, 추진체계 |

## 1. 회사 개요

### 1) 의미

창업하고자 하는 회사에 관한 객관적인 정보를 제공하는 것으로서, 사업계획서를 읽는 투자가, 정부기관, 금융기관 등과 같은 외부 이해당사자들이 회사에 대한 정확한 정보를 갖게 하는 데 목적이 있다.

### 2) 주요 내용

회사의 소개 및 제품과 서비스, 대표자 및 경영진, 핵심 역량, 재무 현황 등에 관한 기본적인 정보를 간략하게 기술한다.

**〈표 2-3〉 회사 개요의 구성 항목과 주요 내용**

| 항목 | 주요 내용 |
|---|---|
| 회사 소개 | 회사명, 업종과 업태, 소재지, 연락처 등은 무엇인가? |
| 주요 제품과 서비스 | 판매하고자 하는 주요 제품과 서비스는 무엇인가? |
| 대표자 및 경영진 | 대표자와 경영진의 현황 및 이력은 무엇인가? |
| 핵심 역량 | 기술력, 마케팅 능력 등과 같은 회사의 주요 핵심 역량은 무엇인가? |
| 재무 현황 | 매출액, 순이익 등의 재무 상태(창업의 경우 추정 재무 현황 기술)는 어떠한가? |

## 2. 사업 개요

### 1) 의미

사업에 관한 전반적인 내용을 기술하는 것으로서, 창업 아이템의 개념과 특징을 설명하고 사업의 전체 개요에 대한 정보를 제공하는 데 목적이 있다.

### 2) 주요 내용

창업 아이템, 창업 배경 및 동기, 창업 목표, 창업 아이템의 기술적, 경제적, 사회적 기여도 등에 관한 내용을 기술한다.

**〈표 2-4〉 사업 개요의 구성 항목과 주요 내용**

| 항목 | 주요 내용 |
|---|---|
| 창업 아이템 소개 | 창업 아이템의 개념과 특징은 무엇인가? |
| 창업 배경 및 동기 | 왜 창업을 하게 되었는가? |
| 창업 목표 | 창업을 통해 달성하고자 하는 목표는 무엇인가? |
| 창업 아이템의 기여도 | 창업 아이템이 주는 기술적, 경제적, 사회적 가치는 무엇인가? |

## 3. 제품과 서비스

### 1) 의미

창업하고자 하는 제품과 서비스에 대한 내용을 기술하는 것으로서, 제품과 서비스의 개념과 기술 등을 중심으로 제품과 서비스의 상세 정보를 제공하는 데 목적이 있다.

### 2) 주요 내용

제품과 서비스의 개요, 용도 및 특성, 지적재산권, 구성, 산업의 기술 동향, 장·단점 등의 관점에서 기술한다.

**〈표 2-5〉 제품과 서비스의 구성 항목과 주요 내용**

| 항목 | 주요 내용 |
|---|---|
| 제품과 서비스의 개요 | • 고객에게 제공하고자 하는 제품과 서비스는 무엇인가?<br>• 제품과 서비스를 통해 고객에게 어떤 가치를 제공할 수 있는가? |
| 제품과 서비스의 구성 | • 제품과 서비스는 어떤 요소들로 구성되어 있는가?<br>• 구성 요소들의 주요 사양은 무엇인가? |
| 용도 및 특성 | • 제품과 서비스가 어떤 기능을 가지고 있는가?<br>• 어떤 영역에서 활용될 수 있는가? |
| 장·단점 | • 제품과 서비스의 장점과 특징은 무엇인가?<br>• 제품과 서비스의 단점은 무엇이고 어떻게 극복할 것인가? |
| 지적재산권 | • 제품과 서비스를 개발하기 위해서는 어떤 기술이 필요한가?<br>• 필요한 기술 중에서 자사는 어떤 기술을 보유하고 있는가? |
| 관련 산업의 기술 동향 | • 해당 기술은 어떻게 변화하고 있는가?<br>• 기술의 변화가 자사에게 미치는 영향은 무엇인가? |

## 4. 시장 분석

### 1) 의미

창업 아이템을 판매하고자 하는 시장에 관한 내용을 기술하는 것으로서, 시장과 고객, 경쟁사 등에 관한 분석을 중심으로 시장의 현황을 설명하는 데 목적이 있다.

### 2) 주요 내용

목표시장의 특성, 시장의 동향, 시장 규모, 고객 특성, 경쟁사 및 경쟁제품 등의 관점에서 시장 동향을 기술해야 한다.

**〈표 2-6〉 시장 분석의 구성 항목과 주요 내용**

| 항목 | 주요 내용 |
|---|---|
| 시장 특성 | • 진입하고자 하는 시장은 어디인가?<br>• 시장은 어떠한 특성을 가지고 있는가? |
| 시장 동향 | • 시장의 트렌드와 최근 이슈는 무엇인가?<br>• 트렌드 변화와 이슈가 자사에게 미치는 영향은 무엇인가? |
| 시장 규모 | • 시장의 규모는 어느 정도인가?<br>• 시장 규모는 어떤 방법으로 추정하였는가? |
| 고객 특성 | • 우리의 고객은 누구인가?<br>• 고객은 어떤 특성을 가지고 있는가? |
| 경쟁사 및 경쟁제품 | • 주요 경쟁자와 잠재적 경쟁자는 누구인가?<br>• 자사 제품 판매에 영향을 주는 경쟁제품은 어떤 것들이 있는가? |

## 5. 개발계획

### 1) 의미

제품과 서비스를 개발하기 위한 계획을 기술하는 것으로서, 창업하고자 하는 제품과 서비스의 특성은 무엇이고, 어떤 기술을 활용할 것인가, 어떻게 개발할 것인가에 대한 전반적 개요를 설명하는 데 목적이 있다.

### 2) 주요 내용

고객의 요구사항, 개발목표, 보유 기술 및 개발과정에서 예상되는 문제점과 해결 방안 등을 중심으로 기술한다.

**〈표 2-7〉 개발계획의 구성 항목과 주요 내용**

| 항목 | 주요 내용 |
|---|---|
| 고객의 요구사항 | • 제품과 서비스에 대한 고객의 니즈는 무엇인가?<br>• 고객의 니즈를 어떻게 반영할 것인가? |
| 개발목표 | • 최종적으로 개발하고자 하는 것은 무엇인가?<br>• 세부적으로 개발되어야 하는 것은 무엇인가? |
| 보유 기술 | • 제품개발에 필요한 핵심 기술은 무엇인가?<br>• 자사가 보유한 기술과 핵심 역량은 무엇인가? |
| 리스크 관리 방안 | • 개발과정에서의 발생할 수 있는 문제점은 무엇인가?<br>• 문제가 발생했을 때 해결할 수 있는 방안은 무엇인가? |

## 6. 생산 및 운영 계획

### 1) 의미

개발한 제품과 서비스의 생산 및 운영 계획을 기술하는 것으로서, 제품과 서비스를 얼마나, 어떻게 생산하고 효율적으로 운영할 것인가에 대한 전반적인 개요를 설명하는 데 목적이 있다.

### 2) 주요 내용

생산량과 생산원가와 같은 생산관리계획, 생산설비, 원자재 확보 방안 등을 중심으로 기술한다.

〈표 2-8〉 생산 및 운영 계획의 구성 항목과 주요 내용

| 항목 | 주요 내용 |
|---|---|
| 생산량 | • 몇 개의 제품을 생산할 것인가?<br>• 제품을 생산하는 데 소요되는 비용과 예상 원가는 얼마인가? |
| 인원 | • 필요한 인원과 현재 보유 인원은 몇 명인가?<br>• 부족한 인원은 어떻게 확충할 것인가? |
| 생산설비 | • 어디에서 생산할 것인가?<br>• 생산에 필요한 설비와 자사가 보유한 설비는 무엇인가? |
| 원자재 구매 | • 제품 생산에 필요한 원자재는 무엇인가?<br>• 원자재를 누구로부터 어떻게 조달할 것인가? |

## 7. 마케팅계획

### 1) 의미

생산한 제품과 서비스의 판매계획을 수립하는 것으로서, 제품과 서비스의 판매를 위한 목표시장과 구체적인 마케팅전략에 관한 정보를 기술하는 데 목적이 있다.

### 2) 주요 내용

목표시장의 세분화 및 선정(STP 분석), 제품, 가격, 유통채널, 프로모션(4P) 계획 등을 중심으로 기술한다.

〈표 2-9〉 마케팅계획의 구성 항목과 주요 내용

| 항목 | 주요 내용 |
|---|---|
| 목표시장(Market) | 어느 시장에서 어떤 콘셉트로 제품과 서비스를 판매할 것인가? |
| 제품(Product) | 어떠한 제품을 판매할 것인가? |
| 가격(Price) | 판매할 제품의 가격은 얼마로 책정할 것인가? |
| 유통채널(Place) | 어디에서 판매할 것인가? |
| 프로모션(Promotion) | 고객들에게 제품을 어떤 방법으로 알릴 것인가? |

## 8. 재무계획

### 1) 의미

창업을 위해 필요한 자금에 관한 내용을 기술하는 것으로서, 필요한 자금이 얼마인지, 어떻게 조달할 것인지, 언제 얼마만큼의 금액을 상환해야 할지에 대한 정보를 제공하는 데 목적이 있다.

### 2) 주요 내용

소요 자금 분석, 자금 조달계획, 상환계획, 예상 손익 등을 중심으로 기술한다.

**〈표 2-10〉 재무계획의 구성 항목과 주요 내용**

| 항목 | 주요 내용 |
|---|---|
| 소요 자금 | • 회사에 필요한 시설을 구매하기 위해서는 얼마의 자금이 필요한가?<br>• 회사를 운영하기 위해서는 얼마의 자금이 필요한가? |
| 조달계획 | • 필요한 자금을 조달할 수 있는 총 금액은 얼마인가?<br>• 자금을 조달할 때 들어가는 비용은 얼마인가? |
| 상환계획 | • 조달한 자금은 언제까지 상환해야 하는가?<br>• 조달한 자금을 어떤 방법으로 상환할 것인가? |
| 예상 손익 | • 언제 손익분기점을 달성할 것인가?<br>• 예상되는 매출액과 순이익은 얼마인가? |

## 9. 인적자원계획

### 1) 의미

창업 기업의 운영에 필요한 인적자원에 관한 내용을 기술하는 것으로서, 창업에 필요한 핵심 인력의 확보계획 및 조직 구성 계획에 관한 정보를 제공하는 데 목적이 있다.

### 2) 주요 내용

창업 팀 소개, 소요 인력 추정, 추가 채용계획, 급여 및 보상, 조직 구성 등을 중심으로 기술해야 한다.

**〈표 2-11〉 인적자원계획의 구성 항목과 주요 내용**

| 항목 | 주요 내용 |
|---|---|
| 창업 팀 소개 | • 현재 확보된 창업 팀원들은 몇 명인가?<br>• 팀원들의 전공 분야와 경력은 무엇인가? |
| 소요 인력 추정 | • 창업을 위해 필요한 핵심 업무는 무엇인가?<br>• 주요 업무에 필요한 인원수는 몇 명인가? |
| 추가 채용계획 | • 어떤 업무에서 몇 명을 더 채용할 것인가?<br>• 어떤 방식으로 채용할 것인가? |
| 급여 및 보상 정책 | • 급여 수준은 어떻게 책정할 것인가?<br>• 성과에 따른 보상은 어떻게 해줄 것인가? |
| 조직 구성 | • 창업 팀은 어떤 조직 형태로 운영할 것인가? |

## 10. 추진계획

### 1) 의미

창업의 추진 일정과 추진 주체에 관해 기술하는 것으로서, 창업의 최종 목표와 일정 및 목표 달성을 위해 필요한 주요 활동과 파트너들에 관한 정보를 제공하는 데 목적이 있다.

### 2) 주요 내용

최종 목표, 일정계획, 추진체계를 중심으로 구체적인 추진계획을 수립한다.

**〈표 2-12〉 추진계획의 구성 항목과 주요 내용**

| 항목 | 주요 내용 |
|---|---|
| 최종 목표 | • 달성하고자 하는 최종 목표는 무엇인가?<br>• 목표 달성을 위해 필요한 주요 활동은 무엇인가? |
| 일정계획 | • 최종 목표의 달성 시점은 언제인가?<br>• 주요 활동들의 예상 소요 일정은 얼마나 되는가? |
| 추진체계 | • 최종 목표 달성을 위해 참여하는 파트너들은 누구인가?<br>• 파트너들의 역할과 책임은 무엇인가? |

# Ⅲ 종합 실습: 창업 준비 상황 확인

## ◎ 목적

창업 준비 상황을 확인하여 부족한 부분과 개선방안을 찾는 것이 목적이다.

## ◎ 진행방법

① 진단 항목에 따라 창업의 목표, 아이템, 창업자의 역량, 창업 자금, 팀을 확인한다.

② 확인한 내용을 바탕으로 개선할 점을 찾아본다.

**〈종합 실습〉 창업 준비 상황 확인**

| 진단 항목 | 주요내용 | | 개선할 점 |
|---|---|---|---|
| 1. 창업 목표 | 경제적 목표 | | |
| | 개인적 목표 | | |
| | 사회적 목표 | | |
| 2. 창업 아이템 | 시장성 | | |
| | 기술성 | | |
| | 수익성 | | |
| | 독창성 | | |
| | 사회적 기여도 | | |
| 3. 창업자 역량 | 적성 | | |
| | 지식 | | |
| | 경험 | | |
| | 인간관계 | | |
| | 창업가 정신 | | |
| 4. 창업 자금 | 필요자금 | | |
| | 확보자금 | | |
| 5. 창업 팀 | 필요업무 및 인원 | | |
| | 추가 확보 인원 | | |

## [종합 실습사례] 창업 준비 상황 확인하기

챗봇 기반 컨설팅 시스템을 개발하는 업체의 창업 준비 상황을 요약하고, 이를 기반으로 개선할 점을 찾았다.

**〈종합 실습사례〉 창업 준비 상황 확인 사례**

<table>
<tr><th>진단 항목</th><th colspan="2">주요 내용</th><th>개선할 점</th></tr>
<tr><td rowspan="3">1. 창업 목표</td><td>경제적 목표</td><td>창업 후 3년 이내 매출 30억, 10년 이내 매출 100억 달성</td><td rowspan="3">매출 목표가 지나치게 크게 잡혀 있기 때문에 이에 대한 검토가 필요</td></tr>
<tr><td>개인적 목표</td><td>챗봇 기반의 컨설팅 분야의 최고 권위자로서, 국내 최고의 IT TOOL 기반의 컨설팅 사업을 영위</td></tr>
<tr><td>사회적 목표</td><td>창업자들에게 실용적인 컨설팅을 제공하여, 대한민국의 창업의 질을 향상하고자 함</td></tr>
<tr><td rowspan="5">2. 창업 아이템</td><td>시장성</td><td>창업교육시장이 존재하고 갈수록 증가하고 있음</td><td rowspan="5">챗봇 기반 컨설팅은 독창성은 좋으나 시장이 초기 단계이기 때문에 이에 대한 철저한 준비가 필요</td></tr>
<tr><td>기술성</td><td>챗봇 등 IT TOOL 개발 분야에서 최고 수준의 기술을 보유함</td></tr>
<tr><td>수익성</td><td>컨설팅 서비스 및 솔루션 판매 단가가 매우 높음</td></tr>
<tr><td>독창성</td><td>국내 최초의 챗봇기반의 솔루션임</td></tr>
<tr><td>사회적 기여도</td><td>컨설팅 효과가 매우 높아 인재 양성에 도움이 됨</td></tr>
<tr><td rowspan="5">3. 창업자 역량</td><td>적성</td><td>솔루션 개발 및 컨설팅에 대한 적성이 매우 적합</td><td rowspan="5">창업을 하기 위해서는 보다 치열한 사업가 정신과 마케팅 능력이 필요함</td></tr>
<tr><td>지식</td><td>컨설팅 분야 지식 및 IT TOOL 개발 지식이 매우 높음</td></tr>
<tr><td>경험</td><td>현업 경험 및 컨설팅 경험이 풍부</td></tr>
<tr><td>인간관계</td><td>마케팅 분야의 인적 네트워크가 다소 부족</td></tr>
<tr><td>창업가 정신</td><td>도전의식과 기업가정신이 확고함</td></tr>
<tr><td rowspan="2">4. 창업 자금</td><td>필요자금</td><td>약 1억 정도</td><td rowspan="2">창업에 필요한 자금을 보다 확실하게 확보할 수 있는 방안이 필요</td></tr>
<tr><td>확보자금</td><td>현재 2,000만원 초과 확보</td></tr>
<tr><td rowspan="2">5. 창업 팀</td><td>필요업무 및 인원</td><td>기술 개발, 마케팅, 교육, 관리 등의 영역에서 7명 정도 필요</td><td rowspan="2">창업에 필요한 핵심 인력이 확보되었음. 향후 기술 개발과 마케팅 영역의 인력이 추가적으로 필요함</td></tr>
<tr><td>추가 확보 인원</td><td>현재 4명 확보</td></tr>
</table>

## Ⅳ 창업과 창의성 : SCAMPER를 활용해서 기존 아이디어를 변형하라

창의적인 생각은 무조건 새로운 것이어야만 하는 것은 아니다. 기존에 좋은 아이디어가 있었다면 이것을 조금씩 변형시키는 것만으로도 좋은 아이디어를 만들 수 있다.

SCAMPER 방법론 이름은 많이 들어봤을 것이다. 혹시 몰랐다면 간단한 인터넷 검색만으로도 쉽게 찾아볼 수 있다. 특별할 내용들이 아니다. 기존 아이디어들을 마치 레고 블록 조립하듯이 일부 내용을 빼보기도 하고, 두 가지 내용을 붙여보기도 하고, 일부 내용을 추가하기도 하는 것이다. 오히려 위의 방법론처럼 딱딱한 틀을 이용해 아이디어를 변형하는 것보다도, 브레인스토밍 하듯이 기존의 아이디어를 적어놓고 일정 시간을 두고 고민을 하거나, 간단히 토의를 진행하는 등 자유로운 방식으로 변형하는 게 더 효과가 클 수도 있다.

방식은 조직에서 선호하는 방식을 이용하되 제일 핵심은 기존 아이디어들을 다시 생각해보고 조금씩만 변형시켜 보자는 개념이다.

■ **SCMAPER 실습 템플릿**

| 해결하고자 하는 문제 | |
|---|---|
| 단계 | 아이디어 |
| Substitute<br>(무엇으로 대체할 수 있을까?) | |
| Combine<br>(무엇을 결합할 수 있을까?) | |
| Adapt<br>(다른 아이디어를 적용할 수 있을까?) | |
| Magnify or Minify<br>(확대하거나 축소할 것은 없을까?) | |
| Put to other uses<br>(다른 용도로 사용할 수 있을까?) | |
| Eliminate or Elaborate<br>(제거할 수 있는 것이 있을까?) | |
| Rearrange or Reverse<br>(순서, 역할, 위치 등을 바꿀 수 있을까?) | |

■ **실습사례: 은행 서비스 개선**

| 해결하고자 하는 문제 | 은행 서비스 개선 |
|---|---|
| 단계 | 아이디어 |
| Substitute<br>(무엇으로 대체할 수 있을까?) | 은행 창구에서 행해지는 많은 서비스를 인터넷 뱅킹, ATM으로 대체 |
| Combine<br>(무엇을 결합할 수 있을까?) | 보험과 예금을 결합하여 우대 금리를 제공하는 상품 개발 |
| Adapt<br>(다른 아이디어를 적용할 수 있을까?) | 놀이 시설을 은행창구에 설치하여 주부 고객들에게 편의 제공 |
| Magnify or Minify<br>(확대하거나 축소할 것은 없을까?) | 복잡한 인증 절차 및 대출 승인 절차를 간소화시킴 |
| Put to other uses<br>(다른 용도로 사용할 수 있을까?) | 은행의 홈페이지를 금융지식을 제공하는 교육 사이트로 활용 |
| Eliminate or Elaborate<br>(제거할 수 있는 것이 있을까?) | 고객이 이해하지 못하는 약관 및 불필요한 Paper-work를 제거 |
| Rearrange or Reverse<br>(순서, 역할, 위치 등을 바꿀 수 있을까?) | 은행 업무를 사전에 신청해놓고, 은행에서 대기시간을 줄임 |

PART 02

# 창업 아이템 및 비즈니스 모델 개발

CHAPTER 03

# 창업 아이템을 개발하라

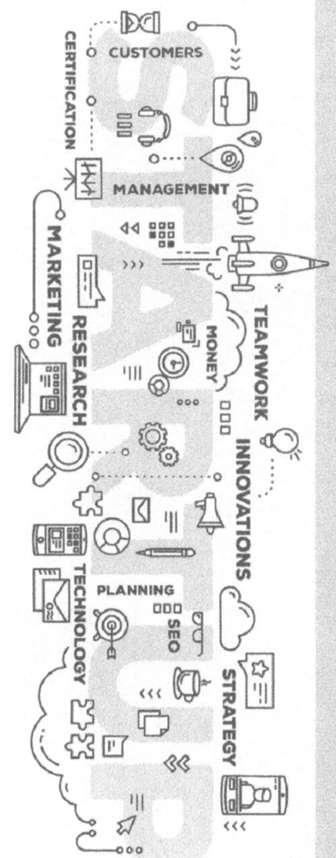


Ⅰ. 창업 아이템 발굴의 개념

Ⅱ. 창업 아이템을 나로부터 찾는 방법

Ⅲ. 창업 아이템을 외부로부터 탐색하는 방법

Ⅳ. 종합 실습: 창업 아이템의 발굴

Ⅴ. 창업과 창의성: 다이아몬드 기법을 활용해서 단어를 변화시켜 보자

## 도입 대화

[형선] 1~2장을 통해서 창업에 대한 기본적인 이해는 할 수 있게 됐어. 이제 본격적으로 창업 아이템을 구체화해야 할 것 같은데 조금 막막하네. 지능형 챗봇을 이용해서 창업에 도움이 되는 콘텐츠를 만들어보고 싶긴 한데…… 사업할 때 실패하지 않으려면 명확하고 가능성 있는 창업 아이템을 선정해야 하는데 말이지.

[종규] 보통 머리에 딱 떠오르는 아이디어를 가지고 창업을 하는 경우도 있겠지만, 사실 그런 케이스는 매우 드물 거야. 여러 가지 경로를 통해 창업 아이템을 찾고, 여러 기준을 통해 그 창업 아이템이 현실성 있는지 알아봐야 하지.

[형선] 그런데 그런 경로나 기준을 어떻게 알 수 있을까? 가이드가 있으면 좋을 것 같아.

[종규] 창업 아이템은 우연에 의해서나 체계적으로 찾는 방법 두 종류가 있어. 각 종류별 기술된 내용을 그대로 따라서 정리하다 보면 꽤 구체화된 창업 아이템을 정리할 수 있을 거야.

[형선] 정말 좋은데? 어서 내 머릿속에 흩어져 있는 창업 아이템을 정리해볼게!

**창업 아이템 탐색의 구성**

창업 아이템 발굴의 개념 → 창업 아이템을 우연하게 찾는 방법 → 창업 아이템을 체계적으로 탐색하는 방법 → 종합 실습: 창업 아이템의 발굴

# Ⅰ 창업 아이템 발굴의 개념

## 1. 창업 아이템 발굴의 중요성

창업 아이템을 찾는 활동이란 창업을 위한 창업 아이템을 찾아내는 활동을 의미한다. 창업 아이템은 창업의 성공을 좌우하는 가장 결정적인 요소이기 때문에 창업 아이템을 찾는 일은 매우 중요하다.

창업 아이템을 찾아서 최종적인 사업 아이템을 결정하기 위해서는 세 단계의 절차가 필요하다.

① 1단계 : 창업을 하기 위한 다양하고 좋은 창업 아이템 후보들을 찾아내야 한다.
② 2단계 : 창업 아이템들의 타당성을 시장성, 기술성, 수익성, 독창성 등의 측면에서 분석해야 한다.
③ 3단계 : 창업자의 능력과 상황에 적합한 최종 창업 아이템을 선정해야 한다.

**창업 아이템의 발굴 절차**

| 창업 아이템의 발굴 | | 창업 아이템의 타당성 검토 | | 창업 아이템의 선정 |
|---|---|---|---|---|
| • 우연한 발견<br>• 체계적 탐색 | ➡ | • 시장성<br>• 기술성<br>• 수익성<br>• 독창성 | ➡ | • 제품<br>• 서비스 |

## 사례 3-1 삼성전자 C랩

### 1. 임직원 혁신 아이디어 발굴

- C랩은 2012년 삼성전자 사내벤처 프로그램으로 시작됐다. 정식 명칭은 'C랩 인사이드'다. 임직원의 혁신 아이디어를 발굴하는 게 목적이다. 2015년 8월부터는 C랩 인사이드 과제들이 스타트업으로 독립할 수 있도록 지원하는 'C랩 스핀오프' 제도를 함께 운영하고 있다. 이 제도를 통해 현재까지 182명의 임직원이 독립해 52개 스타트업을 설립했다. 이들 스타트업은 750억원의 투자금을 유치하고 416명을 고용하는 성과를 냈다.

### 2. 법인 등록전부터 글로벌 무대로

- C랩 과제로 선정되면 법인 등록 전부터 글로벌 무대를 경험할 수 있다. 삼성전자는 올해 초 열린 세계 최대 정보기술(IT)·가전 전시회인 'CES 2021'에 C랩 과제 4개를 소개했다. 그 중 △스마트폰을 활용해 영화관 화질을 집에서 즐길 수 있도록 한 화질 조정 솔루션 '이지칼(EZcal)' △산소를 간편히 휴대하는 기기 '에어포켓(Air Pocket)' 등이 글로벌 무대에서 제품과 서비스를 알릴 기회를 얻었다.

### 3. 사회공헌 활동에 접목

- C랩은 2018년 변곡점을 맞았다. 외부 스타트업을 지원하는 'C랩 아웃사이드' 프로그램이 새로 만들어졌다. 당시 삼성은 향후 5년간 이 프로그램을 통해 외부 스타트업 300개를 육성하겠다고 발표했다. 국내 스타트업의 저변을 넓히고 새로운 일자리를 창출하겠다는 의도였다. 스타트업 지원 프로그램을 통해 사회공헌 활동에 나선 셈이다.

출처: 한국경제(2021.5)

**생각해보기**

- 이 사례는 사내에서 습득한 경험 지식을 기반으로 창업에 성공한 대표적인 사례이다.
- 여러분 주위에서 창의적인 아이템으로 성공한 사례를 찾아보시오.

## 2. 창업 아이템을 찾는 두 가지 방법

일반적으로 창업자는 창업 아이템을 우연하게 발견하거나 혹은 체계적인 탐색을 통하여 찾을 수 있다.

① 우연한 발견 방법이란 창업자가 예상치 않았던 우연한 기회에 창업 아이템을 얻게 되는 경우로서, 주로 과거의 경험과 지식, 외부에서 얻은 정보, 취미 활동 등을 통하여 창업 아이템을 얻게 된다. 본인이 기존에 잘 알고 있는 영역에서 창업을 진행하기 때문에 성공 가능성이 높다는 장점이 있다.

② 체계적인 탐색 방법이란 창업자가 창업을 목적으로 창업 아이템을 체계적인 방법에 의하여 찾는 경우로서, 소비자 니즈 분석, 기존 제품과 서비스 분석, 기술의 변화 분석, 정부 정책 분석, 메가 트렌드 분석 등의 방법을 통하여 창업 아이템을 찾을 수 있다. 체계적 탐색을 지원하는 많은 방법론들이 존재한다. 대기업, 컨설팅회사에서 유용하게 사용하는 신규 아이디어 도출 방법론들을 이용할 경우, 단기간에 많은 창업 아이템 아이디어를 얻을 수 있기 때문에 효율적인 장점이 있다.

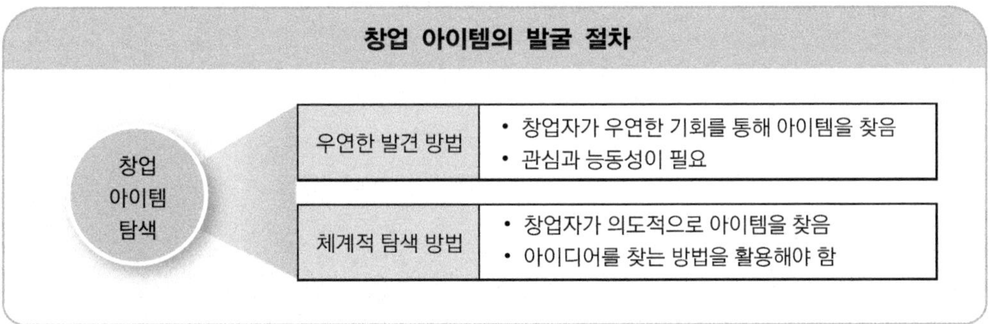

## 사례 3-2 아이템으로 승부하는 스타트업

### 1. 버려지는 젖소의 초유를 재활용하여 화장품 개발

- '팜스킨'은 젖소 초유(출산 직후 나오는 우유)를 활용해 화장품을 만든다. 농가에서 연간 2만 톤씩 버려지는 초유를 부가가치 높은 상품으로 탈바꿈시켰다. 대표 상품은 '슈퍼푸드 샐러드 포 스킨'이다.

### 2. 주부의 불편함에서 얻은 아이디어 - 자연분해 싱크대 거름망

- '3651'은 자연분해 싱크대 거름망이나 전자레인지 60초 클리너 같은 아이디어 생활용품 등을 내놓는다.

  자연분해 싱크대 거름망의 경우 단순히 배수대 음식물 거름 구조에 장착한 후 음식물이 다 쌓이면 그대로 음식물 쓰레기 봉투에 넣으면 된다. 전자레인지의 경우 청소하기 난해하지만 60초 클리너를 이용하면 매우 간편해진다.

### 3. 제품의 휴대성을 증대시한 제품 - 가정, 차량용 소화공구

- '세이프티랩'은 다양한 화재 위험 상황에 대비하기 위해 가정 · 차량용 소화용구, 화재손수건 등을 판매한다.

  일반 소화기는 사이즈가 크기 때문에 휴대가 어려웠으나 휴대성을 중시하는 새로운 제품을 통해 위급한 상황을 대비할 수 있게 했다. 화재 손수건을 이용하면 화재가 발생한 급박한 상황에 호흡기를 보호할 수 있어 유용하다

출처: 머니투데이(2019.4)

### 생각해보기

- 이 사례는 창의적인 아이템과 실험정신으로 창업에 성공한 대표적인 사례이다.
- 여러분 주위에서 창의적인 아이템으로 성공한 사례를 찾아보시오.

# Ⅱ 창업 아이템을 나로부터 찾는 방법

## 1. 경험과 지식을 활용한 창업 아이템 발굴

경험과 지식을 활용한 창업 아이템 발굴 방법이란 창업자가 본인의 전공 및 전문적 지식, 직장에서 얻은 업무 지식과 기술 및 노하우 등을 활용하여 창업 아이템을 얻게 되는 경우를 말한다.

특히 스타트업 창업의 경우에는 창업자의 전문적 지식, 직장에서 얻은 노하우 및 기술과 지적자산을 통하여 아이디어를 얻게 되어 창업을 하는 경우가 많다. 또한 1인 창조기업의 경우에도 창업자의 전문성과 경험을 기반으로 창업 아이템을 얻어서 창업을 하는 경우가 많다.

창업자 본인이 잘 알고 전문성이 있는 분야에서 창업을 진행하므로 성공 확률도 높다. 따라서 최근 주요 대기업에서는 사내 스타트업 양성 프로그램을 통해 회사의 사업을 확장하려는 움직임도 많이 보여주고 있다. 현대자동차 53개 사내 스타트업 중 23개사가 분사 창업하였고, 적지 않은 수의 스타트업들이 현재까지 살아남아 훌륭한 기술성을 자랑하며 수익 구조를 유지하고 있다.

주요 대기업의 사내 스타트업 사례만 보더라도 본인이 가지고 있는 고유한 경험 및 지식을 바탕으로 한 창업 아이템이 얼마나 경쟁력 있는지 알 수 있다. 즉 우연한 창업 아이템 발견 방법 중에서도 가장 강력한 것이 본인의 경험 및 지식 기반 발굴 방법이다.

평소에 본인이 하고 있는 업무나 역량, 자격들을 꾸준히 정리해 나간다면 큰 도움이 될 것이다. 본서의 8장과 9장에서 살펴볼 만다라트 표 등을 이용해 자신들이 할 줄 알거나, 전문 지식을 가진 내용들을 작성해보면 기존에 가지고 있던 지식 중 어떤 것을 활용해 창업할지 판단할 수 있다.

**〈표 3-1〉 주요 기업 사내 스타트업 현황**

| | 현대자동차<br>H START UP | 삼성전자 C-LAB | LG<br>계열사별 운영 | SK<br>계열사별 운영 | 네이버<br>CIC | 카카오<br>CIC |
|---|---|---|---|---|---|---|
| 현황 | 2000년 시작<br>2020년까지 총 53개 스타트업이 육성되었고 23개 사내스타트업이 분사 창업 | 2012년 시작<br>2020년 1월 기준, 145명의 사내 임직원이 도전해 40개 기업을 분사 창업 | 2016년 제한적 시행<br>2020년 본격적으로 시행 추진 진행중 | 2019년 시행중<br>6개 기업 분사중 | 별도 사내벤처 프로젝트 미운영 | |
| 선발 과정 | 온라인 공모를 통해 임직원들로 팀을 구성하여 아이디어를 제안하고 지원할 수 있다.<br>사내외 임직원 평가단을 통해 진행되는 심사 | | | | | |
| 지원 내용 | 1. 최대 3억원의 개발비용 지원<br>2. 1년간 제품, 서비스 개발, 사업화 기회<br>3. 프로젝트별로 사무실, 실험실을 제공하며 팀 내 행정업무 최소화 스타트업 업무에 집중 가능한 환경을 조성 | 1. 제품, 서비스 개발&운영 비용을 최대 1억원까지 지원<br>2. 해당 아이디어를 실현할 수 있는 최대 1년간의 기회<br>3. 자율근무와 함께 독립된 별도 근무 공간을 보장받는다.<br>4. 함께 할 팀원은 프로젝트 리더가 자유롭게 구성<br>5. '스핀오프(spin-off)' 제도를 적용하여 별도의 스타트업 회사로 독립 지원 | 1. 별도의 사무공간과 개발사업을 추진할 수 있도록 회사와 정부에서 지원금 1억원 수준 제공. 1년 기간<br>2. 수익이 발생하면 영업이익의 일정 부분을 개발에 참여한 멤버들에게 3년간 지급하도록 제도화<br>3. 아이디어를 낸 사람을 리더로 임명하고, 5인 이내의 구성원을 리더가 직접 채용<br>4. 인사고과 비대상으로 분류 | 1. 2억의 지원금 제공<br>2. 2년간 기존 소속에서 분리돼 별도의 전담 조직. 근무시간 자율제와 절대평가 기준 인사평가 실시<br>3. 창업 혹은 SK하이닉스 사내 사업화 선택 최종 사업화 과정에서 창업이 아닌 사내 사업화를 선택하면 이를 통해 발생한 이익의 일부를 해당 임직원에게도 일정 부분 배분 | CIC는 Company-In-Company의 약자로 사내독립기업<br>문자 그대로 기업 내부에 소규모 회사 형태로 존재한다. 회사인 만큼 각 CIC에도 대표가 있다. 계층 구조가 비교적 단순해 신속한 의사결정이 가능하고 자신이 맡은 핵심 사업에 집중할 수 있는 것이 장점<br>사내에서 운영되던 서비스가 분사까지 가능할 정도로 경쟁력을 갖췄다면 해당 조직을 CIC로 운영한다. 비록 회사 내부이지만 대표를 둔 별도 조직으로 독립적인 경영이 가능하도록 보장해 경쟁에서 앞서나갈 수 있도록 지원하자는 취지 | |

출처: 파이낸셜뉴스(2020.4)

## 사례 3-3 직장 경험 잘 살리면 최고의 창업자산

### 1. 자동차 연구소 직장 경험 기반 창업

- '폴레드(Poled)'는 '아빠의 마음을 담은 안전한 카시트'를 개발하고자 하는 취지로 2015년부터 자동차 분야에서 10년 이상의 연구개발 경력을 가진 현대 · 기아차 연구원들이 모여 만든 주니어 카시트 전문 브랜드다.

  3년여 간의 연구기간을 통해 2018년 1월 선보인 폴레드의 주니어 카시트는 벨트 꼬임을 방지하는 회전형 볼가이드 기술을 적용해 사고 발생시 상해를 감소시키고 아이들이 편안하게 카시트 벨트를 착용할 수 있게 하는 등 아이디어 기술이 돋보인다. 지난달에는 국내 최초로 신생아부터 12세까지 한 번에 사용가능한 회전형 주니어 카시트 제품을 출시해 좋은 반응을 얻고 있다.

  특히, '폴레드'의 카시트 제품은 현대 · 기아차 연구소 내 실증 테스트 설비를 이용해 일반 카시트 인증을 뛰어넘는 자동차 개발 수준의 가혹하고 엄격한 시험을 거쳐 탄생해 국내인증(KC)뿐만 아니라 유럽(EURO-NCAP)에서도 안전성을 인정받았다.

출처: 오토헤럴드(2019.5)

### 2. IT 업무 경험 기반 창업

- '단비'는 챗봇 제작 플랫폼을 개발하여 현재 꾸준히 수익성을 확보하고 있는 스타트업이다. 외부 벤처의 경우 개발자 채용과 개발한 기술을 테스트할 수 있는 환경 조성에 매우 어려움을 겪는 데 반해 단비는 LG CNS 사내 개발자들을 필요할 때마다 지원받을 수 있었다. 또한 LG CNS AI 빅데이터 플랫폼 디에이피(DAP)와 같은 디지털 IT 신기술에 단비가 개발한 챗봇을 직접 적용해 테스트하는 등 기술의 완성도를 높일 수 있었다.

  단비 서문길 대표는 "사내벤처에 독립적인 의사 결정 권한을 부여하고 별도 사무 공간을 제공하는 등 회사의 전폭적 지지와 구성원들의 열정이 빠르게 분사할 수 있었던 가장 큰 요인"이라고 말했다.

출처: 데이터넷(2018.8)

### 생각해보기

- 이 사례는 직장에서 얻은 경험과 지식을 활용해 창업에 성공한 사례이다.
- 여러분의 주위에서 직장에서 얻은 경험과 지식을 활용해서 창의적 아이디어를 얻어서 성공한 사례를 찾아보시오.

## 2. 외부 정보를 활용한 창업 아이템 발굴

외부 정보를 활용한 창업 아이템 발굴 방법이란 일상생활 속에서 접하는 만나는 사람, 미디어 매체, 각종 전시회와 세미나 등으로부터 얻은 정보를 기초로 창업에 관한 아이템을 우연하게 발견하는 방법을 의미한다.

창업자는 개인 혼자 정보를 얻을 수 있는 범위와 깊이가 제한되어 있기 때문에 다양한 사회적 네트워크, 미디어, 전시회 등에서 얻은 정보를 기초로 창업 아이템을 얻는 것이 바람직하다.

특히 전문가 집단, 업계의 실무자, 행정가, 컨설턴트 등이 제공하는 새로운 사업에 관한 정보, 새로운 기술의 변화, 정책의 변화, 업계의 현황 등에 관한 정보를 통해서도 창업 아이템을 우연하게 얻을 수 있다.

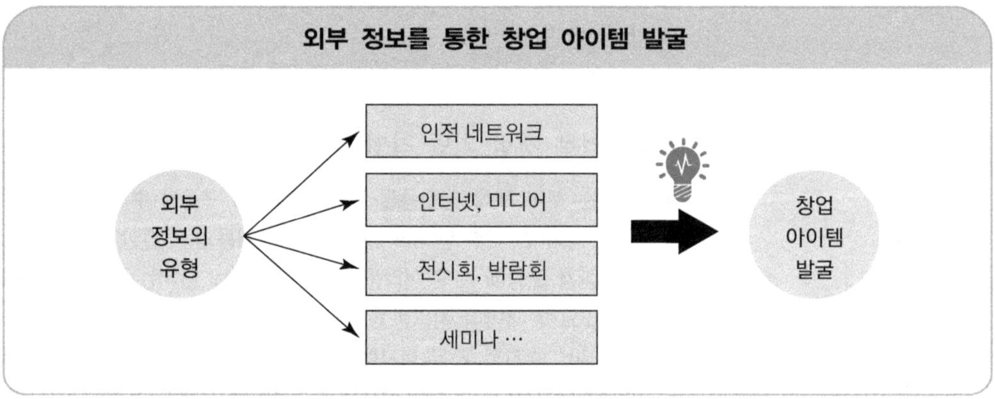


## 3. 취미활동을 통한 창업 아이템 발굴

취미활동을 통한 창업 아이템 발굴 방법이란 개인의 취미나 관심 활동에 몰입하다가 자연스럽게 전문적 지식을 갖게 되고, 다양한 아이디어를 접하면서 자연스럽게 창업 아이템을 얻게 되는 경우를 의미한다.

오랜 기간 동안에 특정 분야에서 취미활동을 하게 되면, 자연스럽게 그 분야의 특성, 관련 업계의 동향, 고객의 니즈, 제품과 서비스의 제조 및 유통 등에 대하여 전문가적 안목을 갖추게 되어 창업에 관한 많은 아이템을 찾을 수 있다. 특히 최근에는 카페, 블로그 형태의 커뮤니티나 페이스북, 인스타그램 등의 SNS를 통하여 자연스럽게 창업에 관한 아이템을 찾는 경우가 많다.

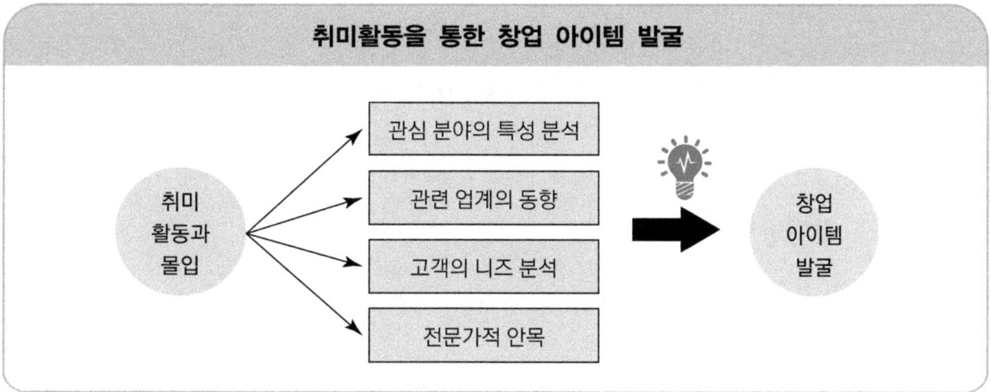


## 4. 기타 방법을 통한 창업 아이템 발굴

창업자는 이외에도 여러 가지 방법에 의하여 창업 아이템을 얻게 된다.

### 1) 사업의 확장

창업자가 사업 중에 또 다른 사업 기회에 대한 아이디어를 포착하여 새로운 유형의 사업을 확장하는 경우를 의미한다. 예를 들어, 메신저 영역으로 시작한 카카오가 많은 사용자를 확보한 인프라를 기반으로 금융, 모빌리티 등으로 진출하는 것이 이에 해당한다. 카카오는 거대 기업이긴 하지만 이러한 기업의 사업확장 사례를 참고해 스타트업도 기존에 운영하던 사업으로 쌓인 특정 데이터들을 다양한 방향으로 응용해 새로운 먹거리를 찾아 나갈 수 있겠다.

### 2) 예상하지 못한 발견

이외에도 매우 드문 경우이기는 하지만 연구개발 과정에서 예상치 않게 파생된 원리나 기술을 이용하여 세상에 없는 제품이나 서비스를 만들어내는 경우도 있다. 3M의 Post-it도 실패한 실험에서 아이디어를 얻어서 성공한 사례이다.

## [실습 1] 우연한 발견 방법으로 창업 아이템 발굴하기

### ◎ 목적

창업 아이템을 우연하게 찾는 네 가지 방법을 이해하고, 직접 창업 아이템을 찾아보는 것이 목적이다.

### ◎ 진행방법

우연하게 창업 아이템을 얻게 되는 네 가지 방법에 의하여 아이디어를 찾는다.

**〈실습 1〉 우연한 발견 방법**

| 아이템 발굴 방법 | 아이디어 원천 | 창업 아이템 |
|---|---|---|
| 1. 경험과 지식 | | |
| | | |
| 2. 외부의 정보 | | |
| | | |
| 3. 취미 활동 | | |
| | | |
| 4. 기타 | | |
| | | |

## [실습사례 1] 우연한 발견 방법으로 창업 아이템 발굴하기

아래의 표는 필자가 최근 1년 사이에 우연하게 창업에 관한 아이디어를 얻은 사례이다.

**〈실습사례 1〉 우연한 발견 방법**

<table>
<tr><th>아이템 발굴 방법</th><th>아이디어 원천</th><th>창업 아이템</th></tr>
<tr><td rowspan="2">1. 경험과 지식</td><td>파이썬 공부</td><td rowspan="7">챗봇 컨설팅 서비스</td></tr>
<tr><td>챗봇 개발 3회 이상</td></tr>
<tr><td rowspan="2">2. 외부의 정보</td><td>챗봇 도입 기업 증가</td></tr>
<tr><td>챗봇 개발플랫폼 업체 증가</td></tr>
<tr><td rowspan="2">3. 취미활동</td><td>창의적 문제해결 방법론</td></tr>
<tr><td>챗봇 개발</td></tr>
<tr><td>4. 기타</td><td>컨설팅 박사 학업</td></tr>
</table>

# Ⅲ 창업 아이템을 외부로부터 탐색하는 방법

창업을 결심한 예비창업자가 필요한 시기에 창업 아이템을 우연하게 발견할 가능성은 상대적으로 낮다. 대부분 경우에는 창업 아이템을 체계적인 방법을 통하여 찾아야 한다.

존 케이스(John Case)는 창업 아이템을 발견하는 것은 번쩍이는 영감이라기보다는 곰곰이 짚어보고 논리적으로 설명될 수 있는 경우가 대부분이라고 말하고 있다(이상석, 창업론 2011). 다시 말해서, 창업 아이템을 우연하게 찾게 되는 경우보다는 체계적인 방법을 통하여 적극적으로 찾는 경우가 많다는 뜻이다.

본 장에서는 창업 아이템을 체계적으로 찾을 수 있는 대표적인 다섯 가지 방법을 소개하고자 한다.

창업 아이템의 체계적 탐색 방법

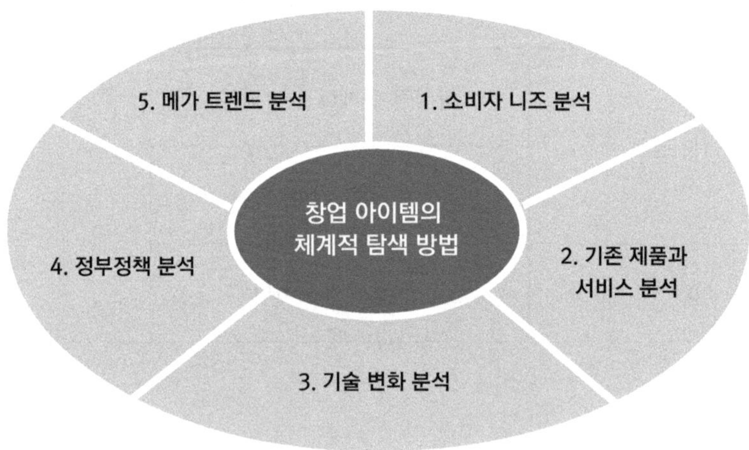

# 1. 소비자 니즈 분석을 통한 창업 아이템 발굴

## 1) 소비자 니즈 분석의 개념

소비자 니즈 분석이란 목표하고자 하는 소비자의 니즈를 체계적으로 분석하여 창업 아이템을 찾는 방법을 의미한다.

소비자의 니즈란 소비자들이 불편함을 느껴 간절히 해결하고 싶은 잠재된 욕구를 말하는데, 이러한 잠재된 욕구들은 창업자에게 중요한 창업의 기회를 제공한다. 그러나 소비자는 그들의 욕구를 드러내지 않고 불편함에 대해 인내하는 경향이 있기 때문에 관심을 가지고 관찰하지 않으면 소비자의 숨은 니즈를 찾아내기는 쉽지 않다. 그러므로 소비자를 깊이 관찰하여 고객의 숨겨진 욕구와 니즈를 체계적으로 찾아내고, 이를 사업화할 수 있는 창업 아이템을 발굴해야 한다.

**소비자 니즈 분석을 통한 창업 아이템 발굴**

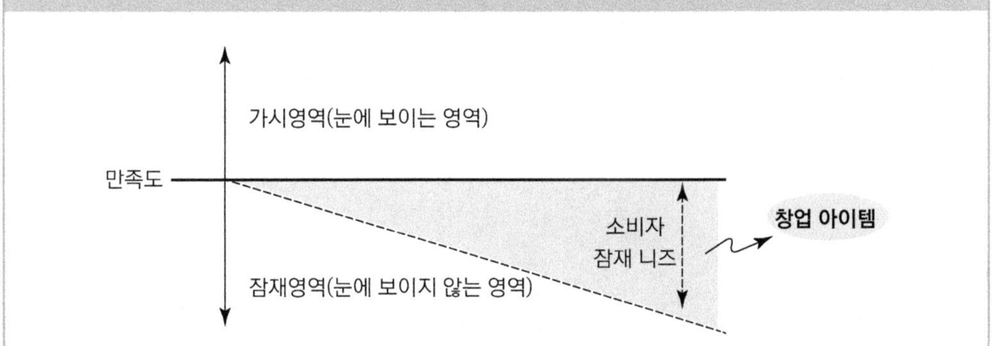

## 사례 3-4 소비자의 심리에서 찾은 창업 기회

### 1. 맞벌이 부부의 장보기 고민

- 김 대표는 미 웨슬리대를 졸업하고 골드만삭스, 맥킨지에서 근무했다. 김 대표는 애널리스트로 일하던 당시 맞벌이 부부의 장보기 고민을 새벽에 현관 앞까지 신선식품을 배송해주는 창업으로 연결시켰다.

### 2. 새벽에 현관 앞에 신선식품을 배송

- 쿠팡에 이어 미국 뉴욕증시 상장을 추진하는 김슬아 마켓컬리 대표(38)가 국내 최대 신선식품 물류센터를 세웠다. 마켓컬리의 주무기인 '새벽배송' 분야에서 외형을 키워 독보적 경쟁력을 확보하겠다는 것이다.

  적자를 감수하며 투자를 늘려 시장점유율을 높이고 후발 주자를 따돌리는 방식이 쿠팡과 닮은꼴이다. 이 전략이 먹히면 투자자들로부터도 긍정적인 평가를 받을 수 있지만 쿠팡의 모델을 따라하는 정도에 그쳐서는 차별성을 확보하기 어렵다는 지적도 나온다.

  김 대표는 "국내 식품 전체 시장에서 온라인 점유율이 아직 20%도 되지 않는다"며 "국내 시장도 기회가 충분하지만 필요하다면 글로벌화도 고려하겠다"고 말했다.

출처: 동아일보(2021.3)

### 생각해보기

- 이 사례는 불안감 해소라는 부모들의 숨은 니즈 속에서 창업 기회를 발견한 사례이다.
- 여러분의 주변에서 고객들의 숨어 있는 니즈를 분석해보고 창업 아이템들을 찾아보시오.

### 2) 소비자 니즈 분석방법

관심을 가지고 있는 업종의 소비자 군을 세부적으로 정의한 다음, 소비자들이 겪는 불편함이나 숨은 니즈를 찾아 그 원인과 해결 방안을 분석해 보아야 한다.

**| 분석방법 |**

| | |
|---|---|
| 1. 목표 소비자 정의 | 창업하고자 하는 관심 업종의 소비자들을 정의 |
| 2. 숨겨진 니즈 분석 | 소비자들이 가지고 있는 불편함이나 충족 욕구를 기반으로 숨겨진 니즈를 분석 |
| 3. 니즈의 원인과 해결 방안 분석 | 소비자들이 니즈를 갖게 된 원인을 찾아보고, 해결 방안을 분석 |
| 4. 창업 아이템 발굴 | 숨겨진 니즈에 대한 해결방안을 중심으로, 창업 아이템을 찾음 |

### 3) 소비자 니즈 분석 연관 방법론

**〈표 3-2〉 소비자 니즈 분석방법의 종류**

| 소비자 니즈 분석방법론 | 방법론 내용 |
|---|---|
| 페르소나 기반 시나리오 | • 가상의 고객 특성을 설정한다. 이때 나이, 소득, 가족관계 등의 구체적인 조건까지 고려하여 설정하는 것이 중요하다. 이러한 가상 고객들이 실제로 제품을 사용한다고 가정하여 여러 가지 시나리오를 만들어보며 소비자 니즈를 분석한다.<br>• 구체화시킨 사용자 조건 기반 분석이므로 보고 시 설득력이 높은 방법론 중의 하나이며 실제로 다수 대기업의 보고서에서 실제로 사용되는 대표적인 방법론이기도 하다. |
| 악마의 옹호자 기법 | • 일종의 역할 연기법으로, 임의로 까다로운 소비자 또는 얼리어댑터 역할을 하는 인원을 선정하고 그 사람들 입장에서 현 제품에 어떤 불만이 있는지를 따져보는 방법론이다.<br>• 유사한 방법론으로 SIX THINKING HAT이 있는데, 악마의 옹호자 기법은 좀 더 소비자 불만에 집중해 연기를 한다는 점에서 차별화가 있어 소비자 니즈 분석 시 더 효과적이다. |

## [실습 2] 소비자 니즈에서 창업 아이템 찾기

### ◎ 목적

소비자 니즈를 분석하여 창업 아이템을 찾는 방법을 이해하고, 창업 아이템을 발굴하는 것이 목적이다.

### ◎ 진행방법

① 목표 소비자를 결정한 다음, 소비자의 숨겨진 니즈를 찾는다. 이때 목표 소비자는 두루뭉술하게 정의하는 것이 아니라 페르소나 기법을 이용하여 나이, 소득, 가족관계 등 세부 사항까지 모두 구체화시킨 소비자를 설정시킬 것을 추천한다. 목표 소비자를 구체적으로 설정할수록 정확한 니즈를 도출할 수 있다.

② 소비자의 숨겨진 니즈의 원인을 찾아보고, 이를 해결할 수 있는 해결 방안과 그에 따른 창업 아이템을 찾는다.

③ 숨겨진 니즈를 찾을 때 악마의 옹호자 방법론을 이용하여 정말 까다로운 소비자의 입장의 관점에서도 살펴볼 수 있도록 한다.

**〈실습 2〉 소비자 니즈 분석**

| 목표 소비자 | 숨겨진 니즈 | 원인과 해결 방안 | 창업 아이템 |
|---|---|---|---|
| 1. | | | |
| 2. | | | |
| 3. | | | |
| 4. | | | |

## [실습사례 2] 소비자 니즈에서 창업 아이템 찾기

컨설팅 사업에 관심이 있는 김 박사가 대학생과 회사원들의 교육 니즈를 분석하여 새로운 교육 사업 아이템을 찾은 사례이다.

**〈실습사례 2〉 소비자 니즈 분석 사례**

| 목표 소비자 | 숨겨진 니즈 | 원인과 해결 방안 | 창업 아이템 |
|---|---|---|---|
| 1. 대학생 페르소나: 20대 초반, 남자, 장학금을 받고 다님 | 재미와 몰입을 주는 방법론교육을 받고 싶음. | 강의 중심의 수업에 대하여 매우 지루해하기 때문에 직접 참여하면서 학습할 수 있는 방안이 필요 | IT 도구 활용 중심의 방법론 공부 |
| 2. 회사원 | 창의적 아이디어를 발굴할 수 있는 능력을 단기간에 향상하고 싶음 | 기존의 교육방식이 재미없고, 효과가 낮기 때문에 게임 형태의 교육이 필요 | 챗봇 기반의 창의 방법론 컨설팅 |

## 2. 기존 제품과 서비스 분석을 통한 창업 아이템 발굴

### 1) 기존 제품과 서비스 분석의 개념

기존 제품과 서비스 분석이란 기존의 제품과 서비스의 가격, 기능, 품질, 디자인, 유통 등의 특성을 분석하여 문제점과 개선 방안을 찾아낸 다음, 이를 해결할 수 있는 창업 아이템을 찾는 방법을 의미한다.

기존의 제품과 서비스를 분석하여 창업 아이템을 찾는 방법은 이미 시장이 형성되어 있고, 고정 고객들이 존재하므로 안정적으로 시장에 진입할 수 있다는 장점이 있다. 또한 전체 시스템을 처음부터 새로 하는 것이 아니라 내용 일부 수정 및 추가를 통해 인프라를 구축할 수 있어 실패 위험성이 낮아지며 들어가는 노력이 덜하다는 장점도 있다. 반면 기존의 제품과 서비스를 뛰어넘을 수 있는 차별화와 독창성을 찾아내지 못하면 성공하기가 힘들기 때문에 고객의 입장에서 기존 제품과 서비스를 차별화하여 가치를 창출할 수 있는 창업 아이템을 찾아야 한다.

**기존 제품과 서비스 분석을 통한 창업 아이템**

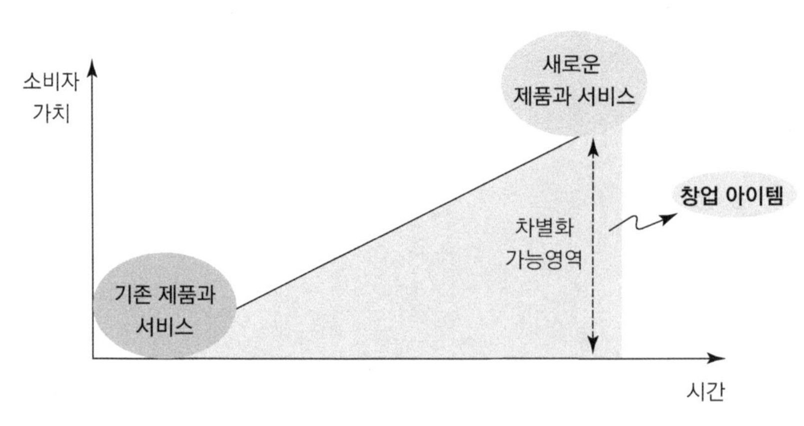

## 2) 기존 제품과 서비스 분석방법

창업자가 관심을 가지고 있는 분야의 기존 제품과 서비스를 분석하여 차별화할 수 있는 영역을 찾아내고, 이를 기반으로 문제점과 원인을 찾아 창업 아이템을 탐색한다.

**| 분석방법 |**

| | |
| --- | --- |
| 1. 제품과 서비스 정의 | 창업하고자 하는 관심 업종의 제품을 정의 |
| 2. 대상 고객과 니즈 분석 | 제품을 사용하는 대상 고객을 정의하고 그들이 가진 니즈를 분석 |
| 3. 차별화 분석 | 제품과 서비스에서 차별화시킬 수 있는 영역을 찾고, 기존 제품의 문제점과 원인을 찾아봄 |
| 4. 창업 아이템 발굴 | 문제점과 원인을 해결할 수 있는 창업 아이템을 발굴 |

## [실습 3] 기존 제품과 서비스에서 창업 아이템 찾기

### 목적

기존 제품과 서비스를 분석하여 새로운 창업 아이템을 찾는 방법을 이해하고, 창업 아이템을 발굴하는 것이 목적이다.

### 진행방법

① 기존 제품과 서비스를 선택하고, 그에 따른 고객을 정의한 다음 고객 니즈를 분석한다.

② 기존 제품과 서비스의 문제점과 원인을 찾아보고 그에 따른 새로운 창업 아이템을 찾는다.

**〈실습 3〉 기존 제품과 서비스 분석**

<table>
<tr><td>제품 /서비스</td><td colspan="3"></td></tr>
<tr><td>대상 고객</td><td colspan="3"></td></tr>
<tr><td>고객 니즈</td><td colspan="3"></td></tr>
<tr><td>차별화 영역</td><td>문제점</td><td>원인</td><td>창업 아이템</td></tr>
<tr><td></td><td></td><td></td><td rowspan="4"></td></tr>
<tr><td></td><td></td><td></td></tr>
<tr><td></td><td></td><td></td></tr>
<tr><td></td><td></td><td></td></tr>
</table>

## [실습사례 3] 기존 제품과 서비스에서 창업 아이템 찾기

아래의 사례는 IT 도구를 이용한 방법론 컨설팅 시장에 관심을 가지고 있는 김 박사가 기존 제품에 대한 차별화 방안을 통해 창업 아이템을 탐색해본 것이다.

**〈실습사례 3〉 기존 제품과 서비스 분석 사례**

<table>
<tr><td>제품 /서비스</td><td colspan="3">챗봇 이용 창업 컨설팅</td></tr>
<tr><td>대상 고객</td><td colspan="3">기업, 대학</td></tr>
<tr><td>고객 니즈</td><td colspan="3">단순한 상담 중심의 컨설팅이 아닌<br>체험하며 몰입할 수 있는 콘텐츠가 필요함</td></tr>
<tr><th>차별화 영역</th><th>문제점</th><th>원인</th><th>창업 아이템</th></tr>
<tr><td>컨설팅 환경</td><td>국내 기업의 현실을<br>반영하지 못함</td><td>고객 수준<br>파악 없이<br>일원화 교육</td><td rowspan="4">챗봇 기반의<br>창업 컨설팅</td></tr>
<tr><td>교육 대상</td><td>초보 창업자 대상으로<br>컨설팅 진행</td><td>내용이 딱딱해<br>집중도가<br>떨어질 수 있음</td></tr>
<tr><td>교육 효과</td><td>일회성 교육으로 끝남</td><td>반복 학습 가능<br>툴이 없음</td></tr>
<tr><td></td><td></td><td></td></tr>
</table>

## 3. 기술변화분석을 통한 창업 아이템 발굴

### 1) 기술변화분석의 개념

기술변화분석이란 기술의 변화를 지속적으로 모니터링을 통하여 기술변화가 가져다주는 기회를 찾아내고, 이를 기반으로 창업 아이템을 탐색하는 방법을 의미한다. 시간이 지남에 따라 기술은 발전하면서 진화하고 기존 기술과 비교될 수 없는 획기적인 기술이 개발되기도 한다. 이 과정에서 새로운 기술의 발전은 기존 제품과 서비스를 대체하기도 하고 전혀 새로운 제품과 서비스를 만들 수 있는 기회를 제공한다.

특히 벤처 창업 영역에서는 기술의 변화에 따라서 산업의 판도가 바뀌고, 기업의 생존이 달라지기 때문에 기술변화가 가져다주는 기회와 위협을 잘 분석하여 창업 아이템을 찾아야 한다.

**기술변화분석에서의 창업 아이템**

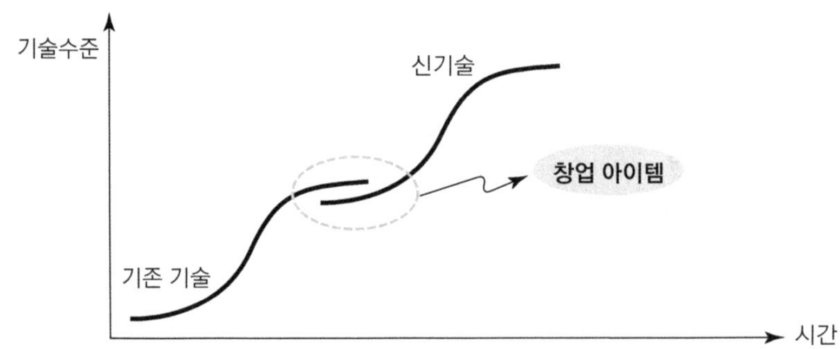

### 2) 기술변화분석방법

창업자가 관심을 가지고 있는 업종과 관련된 기술을 찾아 분석하고 관련 기술의 변화를 관찰해봄으로써 창업 아이템을 탐색한다.

**| 분석방법 |**

| | |
| --- | --- |
| 1. 관심 업종 정의 | 창업하고자 하는 관심 업종이나 제품 및 서비스를 정의 |
| 2. 핵심 기술 탐색 | 관심 업종과 관련된 핵심 기술들을 찾아냄 |
| 3. 기술변화분석 | 관련 기술의 변화를 찾아보고 변화에 대한 동인을 분석 |
| 4. 창업 아이템 발굴 | 기술변화와 변화 동인을 기반으로 창업 아이템을 발굴함 |

### 3) 기술변화분석 연관 방법론

| 기술변화 분석방법론 | 방법론 내용 |
|---|---|
| 산업생명주기 분석 | 모든 산업이나 제품은 도입기, 성장기, 성숙기, 쇠퇴기의 4단계를 거치면서 변화한다는 가정하에 산업 및 제품의 Life Cycle이 어떻게 변화하고 있는지를 분석하는 방법. 산업의 발달이 경쟁세력에 미치는 영향을 분석하는 데 유용하다.<br><br>• **도입기**(Introduction) – 해당 산업이 태동하는 시기로 산업 내 경쟁자가 거의 없고 제품과 산업의 성공여부가 불확실한 단계이며, 자사의 장점을 인식시키기 위해 강력한 마케팅이 필요함.<br>• **성장기**(Growth) – 소비자가 제품에 대해 인지함에 따라 매출과 수익이 증가하게 되어 산업 내 많은 경쟁자들이 등장하는 단계로 자사 제품과 브랜드의 차별화가 필요함.<br>• **성숙기**(Maturity) – 시장의 포화와 잠재적 소비자들이 이미 제품을 구입함에 따라 매출과 성장의 정체가 일어나기 시작하는 단계로 시장 확대보다는 유지에 초점을 맞추는 전략이 필요함.<br>• **쇠퇴기**(Decline) – 산업 내 극심한 경쟁으로 인해 산업 구조의 개편이 시작되는 단계로 투자의 최소화 및 철수를 고려해야 함.<br><br>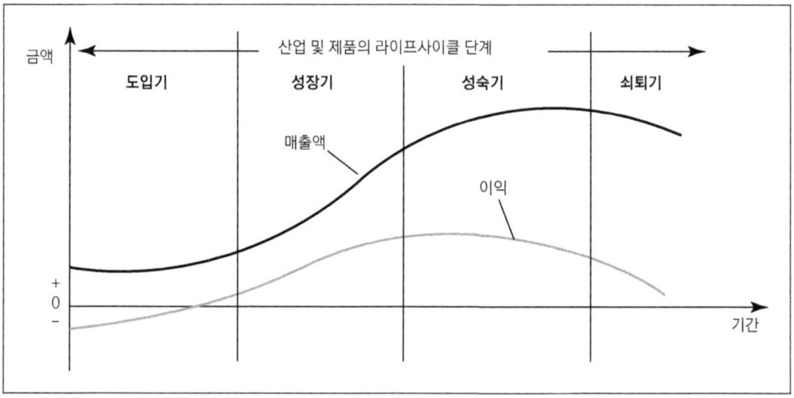<br><br>본인이 속한 산업의 매출이나 이익지표를 활용하여 산업생명주기를 분석하고 대응 전략을 도출해볼 수 있음. |

**산업생명주기 분석**

| 산업생명주기 분석 | | | | | | |
|---|---|---|---|---|---|---|
| 연도 | | | | | | |
| 매출액 | | | | | | |
| 매출성장률 (%) | | | | | | |
| 순이익 | | | | | | |
| 이익성장률 (%) | | | | | | |

**대응 전략**

1.

2.

3.

위의 템플릿을 이용해 아래의 사례와 같이 시사점 도출에 활용할 수 있다.

**2단계. 산업 생명 주기 그래프**

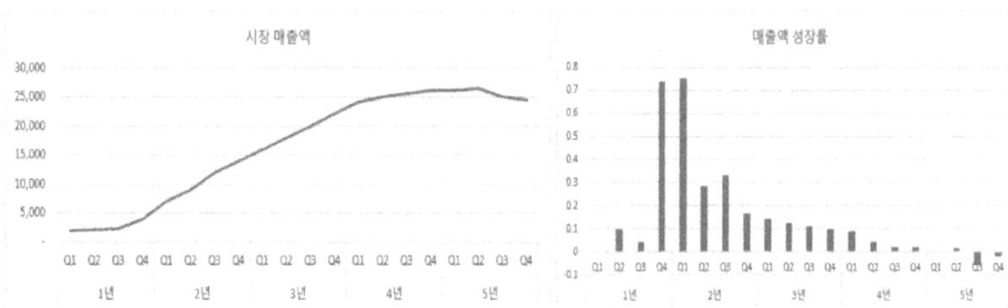


**3단계. 창업 시사점 도출**

1. 라이프 사이클에 대한 분석결과 성장기에서 성숙기,다시 쇠퇴기로 진입하고 있음
2. 매출과 판매가 증가하고 있으나 시장이 정체되고 있음
3. 경쟁사들과 차별화 할 수 있는 전략이 필요
4. 장기적으로 쇠퇴기에 대한 대비가 필요함
5. ..

## [실습 4] 기술변화에서 창업 아이템 찾기

### ◯ 목적

기술의 변화를 분석하여 창업 아이템을 발굴하는 방법을 이해하고, 창업 아이템을 발굴하는 것이 목적이다.

### ◯ 진행방법

① 관심을 가지고 있는 업종을 선정한 다음, 관련 기술을 나열한다.
② 기술의 변화를 찾은 다음, 새로운 창업 아이템을 찾는다.

**〈실습 4〉 기술변화분석**

<table>
<tr><th>관심업종</th><td colspan="2"></td></tr>
<tr><th>관련 기술</th><th>기술의 변화</th><th>창업 아이템</th></tr>
<tr><td></td><td></td><td rowspan="5"></td></tr>
<tr><td></td><td></td></tr>
<tr><td></td><td></td></tr>
<tr><td></td><td></td></tr>
<tr><td></td><td></td></tr>
</table>

## [실습사례 4] 기술변화에서 창업 아이템 찾기

아래의 방법은 챗봇 컨설팅에 관심이 많은 김 박사가 기술변화를 분석한 사례이다.

**〈실습사례 4〉 기술변화분석 사례**

<table>
<tr><th>관심업종</th><td colspan="2">경영교육 콘텐츠 개발</td></tr>
<tr><th>관련 기술</th><th>기술의 변화</th><th>창업 아이템</th></tr>
<tr><td>1. 챗봇</td><td>코로나로 인해 비대면 관련 기술들이 발전</td><td rowspan="2">비대면 창업 컨설팅이 가능한 구글 스프레드 시트 연계 지능형 챗봇 컨설팅</td></tr>
<tr><td>2. 구글 스프레드 시트</td><td>애자일하게 업무를 공유할 수 있는 업무 플랫폼 관련 기술들이 발전</td></tr>
</table>

## 4. 정부 정책 분석을 통한 창업 아이템 발굴

### 1) 정부 정책 분석의 개념

정부 정책 분석은 정부의 정책과 법률의 변화 속에서 창업에 도움이 되는 정보를 찾아내고, 이를 통하여 창업 아이템을 찾아내는 것을 의미한다.

정부는 정책과 법률을 제정하여 경제의 활성화를 유도하고 지속적인 국가의 성장 동력을 찾고자 노력하고 있다. 그러므로 창업자는 정부 정책의 방향에 따라 창업에 필요한 직간접적인 지원을 받을 수 있기 때문에 정부 정책의 변화를 모니터링 하는 것은 매우 중요하다.

예를 들어, 2020년부터 시작된 국내 코로나 바이러스로 인해 2021년 정부에서는 비대면 분야 창업기업을 키우는 계획 등을 내놓고 있다. 이런 정부 계획을 잘 이용하면 창업비용을 최소화시키고, 초기 인프라 구축 용이 및 실패 비용을 최소화하는 각종 혜택을 누릴 수 있다.

**정부 정책 분석에서의 창업 아이템**

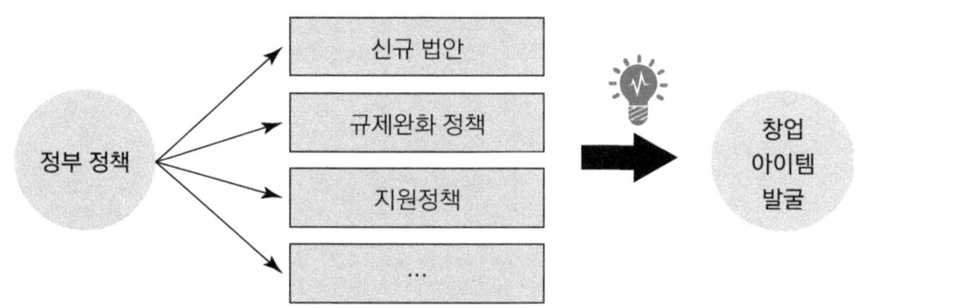

### 2) 정부 정책 분석방법

정부 정책에 관한 주요 내용과 정책의 목적을 정확하게 파악해 창업에 관한 새로운 창업 아이템을 도출할 수 있다.

**| 분석방법 |**

| | |
|---|---|
| 1. 관심 업종 정의 | 창업하고자 하는 관심 업종이나 제품 및 서비스를 정의 |
| 2. 관련 정책 및 법률 분석 | 관심 업종에 영향을 주는 정부의 정책이나 법률의 변화를 찾아냄 |
| 3. 주요 내용과 목적 분석 | 관련 정책이나 법률의 주요 내용을 기술하고 목적을 분석 |
| 4. 창업 아이템 발굴 | 정책의 내용과 목적을 기반으로 창업과 창업 아이템을 발굴 |

## [실습 5] 정부 정책에서 창업 아이템 찾기

### ◯ 목적

정부 정책의 변화를 분석하여 창업 아이템을 발굴하는 방법을 이해하고, 창업 아이템을 발굴하는 것이 목적이다.

### ◯ 진행방법

① 최근에 변화된 정부의 정책 및 법률을 찾아보고, 그에 따른 내용을 정리한다.
② 그런 다음 정책 변화의 목적이 무엇인지를 찾고 그에 따른 새로운 창업 아이템을 찾는다.

**〈실습 5〉 정부 정책 분석**

| 관심업종 | | | |
|---|---|---|---|
| 정부 정책 | 주요 내용 | 정책의 목적 | 창업 아이템 |
| | | | |
| | | | |
| | | | |
| | | | |
| | | | |

## 5. 메가 트렌드 분석을 통한 창업 아이템 발굴

### 1) 메가 트렌드 분석의 개념

메가 트렌드 분석이란 경제, 정치, 기술, 사회, 문화, 환경 등에서 큰 변화(메가 트렌드)의 흐름을 파악하여 창업의 아이템을 찾는 방법을 의미한다.

메가 트렌드는 특정 고객이 아닌 사회 전반에 걸쳐 일어나기 때문에 규모 있는 시장이 창출될 확률이 매우 높으므로 메가 트렌드를 빠르게 분석하여 창업 아이템을 포착하는 것이 매우 중요하다.

앞서 정부 정책에서도 언급됐지만, 코로나 바이러스로 인해 세상에는 비대면 문화가 급속도로 확산되고 있다. 기존 오프라인 음식점들은 막대한 손해를 보는 반면, 배달 업체의 엄청난 매출 증가 역시 이러한 비대면 문화 증가라는 메가 트렌드에 영향을 받는 현상이다.

**메가 트렌드와 창업 아이템**

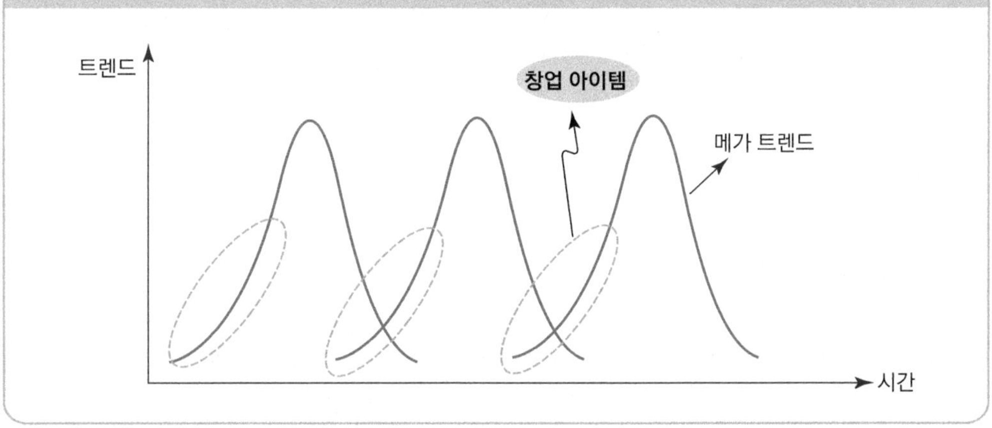

## 사례 3-5 늘어나는 1인 가구 - 1인 라이프 타깃 초소형 SUV

### 1. 1인 라이프에 최적화된 베뉴 출시

- 현대차는 경기도 용인에 위치한 더 카핑에서 신차 설명회를 갖고 국내 시장에 베뉴를 공식 출시했다. 이광국 현대차 국내영업본부장은 "베뉴는 첫 차 구매 고객을 위한 최적의 엔트리급 SUV이자 세계 시장을 향해 출시하는 글로벌 신차"라며 "혼라이프를 위한 동반자로서 베뉴는 최고의 선택이 될 것"이라고 말했다.

  현대자동차는 '1인 라이프'에 최적화된 베뉴의 실용성을 앞세워 밀레니얼 세대 소비자들의 마음을 사로잡는다는 전략이다. 국내 1인 가구 비중은 30%에 육박하고 있으며 매년 늘어나는 추세다. 이 부사장은 "1인 가구가 늘어나는 사회적 분위기에 맞춰 나에게 집중하며 즐거움을 찾는 라이프 스타일을 '혼라이프'로 부르기로 했다"며 "차량의 신차 개발부터 이 같은 콘셉트를 반영해 만들었다"고 말했다.

### 2. 1인 가구 & 밀레니얼 세대를 위한 사용자 맞춤 옵션 극대화

- 베뉴에는 개성을 강조하기 위한 디자인적 요소들이 곳곳에 추가됐다. 리어램프는 각도에 따라 다양한 패턴으로 반짝거리는 '렌티큘러 렌즈'가 적용돼 개성과 감각적인 디자인을 표현해냈다. 고객의 취향과 스타일에 따라 루프 컬러와 외장 컬러를 다르게 선택하는 색상 옵션은 무려 21가지다.

출처: 아시아경제(2019.7)

### 생각해보기

- 이 사례는 기존의 새로운 사회 트렌드를 분석해서 아이템 콘셉트를 발견한 사례이다.
- 우리 사회에서 발생하고 있는 새로운 트렌드를 분석해보고 창업 기회를 찾아보시오.

## 2) 메가 트렌드 분석방법

메가 트렌드 분석에서는 시대의 큰 변화를 주는 메가 트렌드를 찾고 그와 관련된 주요 키워드와 동인을 분석함으로써 창업 아이템을 발굴할 수 있다.

**| 분석방법 |**

| | |
|---|---|
| 1. 메가 트렌드 분석 | 사회 전반의 변화를 주는 메가 트렌드를 찾아봄 |
| 2. 트렌드의 키워드 분석 | 메가 트렌드와 관련된 주요 키워드들을 분석함 |
| 3. 트렌드의 동인 분석 | 메가 트렌드가 일으키고 있는 근본적인 동인을 분석함 |
| 4. 창업 아이템 발굴 | 주요 키워드와 동인을 기반으로 창업과 관련된 아이템들을 찾아봄 |

## [실습 6] 메가 트렌드에서 창업 아이템 찾기

### ○ 목적

메가 트렌드의 변화를 읽어내어서 창업 아이템을 발굴하는 방법을 이해하고, 창업 아이템을 발굴하는 것이 목적이다.

### ○ 진행방법

① 최근의 메가 트렌드의 변화를 찾아내고, 그에 따른 키워드를 찾는다.
② 그런 다음에 트렌드를 만들고 있는 동인을 찾아보고, 그에 따른 창업 아이템을 찾는다.

**〈실습 6〉 메가 트렌드 분석**

| 메가 트렌드 | 키워드 | 트렌드의 동인 | 창업 아이템 |
|---|---|---|---|
| | | | |
| | | | |
| | | | |
| | | | |
| | | | |

# Ⅳ 종합 실습 : 창업 아이템의 발굴

## ◎ 목적

창업 아이템을 발굴하는 방법을 이해하고, 이를 기반으로 창업 아이템을 발굴하는 데 목적을 두고 있다.

## ◎ 진행방법

① 우연한 발견방법과 체계적 탐색 방법을 통하여 창업 아이템들을 찾는다.

② 그런 다음 비슷한 개념의 창업 아이템들을 종합하여 구체적인 창업 아이템으로 정의한다.

**〈종합 실습〉 창업 아이템의 발굴**

| 발굴 방법 | | 창업 아이템 | 창업 아이템 종합 |
|---|---|---|---|
| 우연한 발견 | 1. 경험과 지식 | | |
| | 2. 외부 정보 | | |
| | 3. 취미 활동 | | |
| | 4. 기타 방법 | | |
| 체계적 탐색 | 1. 소비자 니즈 분석 | | |
| | 2. 기존 제품과 서비스 분석 | | |
| | 3. 기술변화 분석 | | |
| | 4. 정부 정책 분석 | | |
| | 5. 메가 트렌드 분석 | | |

## [종합 실습사례] 창업 아이템의 발굴

다음은 경영교육 분야에 관심을 가지고 있는 김 박사가 우연한 발견과 체계적 탐색 과정을 통해 도출된 창업 아이템들을 요약한 사례이다.

**〈종합 실습사례〉 창업 아이템의 발굴 및 분류**

<table>
<tr><th colspan="2">발굴 방법</th><th>창업 아이템</th><th>창업 아이템 종합</th></tr>
<tr><td rowspan="4">우연한<br>발견</td><td>1. 경험과 지식</td><td>경영교육 콘텐츠 개발 사업</td><td rowspan="9">1. 경영 시뮬레이션 게임<br>2. 창의적 문제해결 지식 사이트<br>3. 창의적 문제해결 온라인 게임</td></tr>
<tr><td>2. 외부 정보</td><td>시뮬레이션 기반의 경영교육 콘텐츠</td></tr>
<tr><td>3. 취미 활동</td><td>창의적 문제해결 지식 사이트</td></tr>
<tr><td>4. 기타 방법</td><td>–</td></tr>
<tr><td rowspan="5">체계적<br>탐색</td><td>1. 소비자 니즈 분석</td><td>체험중심의 경영 시뮬레이션 게임<br>MMORPG 기반의 창의적 문제해결 게임</td></tr>
<tr><td>2. 기존 제품과 서비스 분석</td><td>웹 기반의 종합 경영 시뮬레이션 게임</td></tr>
<tr><td>3. 기술변화 분석</td><td>경영 시뮬레이션 게임<br>창의적 문제해결 온라인 게임</td></tr>
<tr><td>4. 정부 정책 분석</td><td>기업 현실을 반영한 게임 기반의 경영교육 콘텐츠</td></tr>
<tr><td>5. 메가 트렌드 분석</td><td>IT 기반의 기업 경영교육 콘텐츠</td></tr>
</table>

## V 창업과 창의성 : 다이아몬드 기법을 활용해서 단어를 변화시켜 보자

문제를 구성하고 있는 단어들을 변화시켜서 문제의 속성을 바꾸고, 아이디어를 개발하는 방법이다. 사람은 본인이 사용하는 언어가 생각의 범위라고 말한다. 초기에 문제를 어떤 단어로 설정하느냐만으로도 아이디어의 범위가 크게 달라진다.

가장 사용하기 쉬운 방법에는 다이아몬드 기법이 있다. 일단 해결하고자 하는 문제를 명확히 결정한 후 문제를 구성하고 있는 네 개의 주요 단어나 문구를 선택하고 마지막으로 네 개의 단어나 문구를 자유롭게 조합하여 아이디어 개발을 진행한다.

예를 들어 판매량을 높일 수 있는 마케팅전략은 무엇인가를 문제로 정의하였다면 이 문제에서 네 개의 핵심 단어를 고객, 만족도, 판매량, 마케팅믹스로 정의를 하는 것이다. 그리고 이 네 개의 단어 중 두 개를 선택해서 새로운 아이디어를 만들어보는 것이다.

고객과 만족도를 선정했다면 고객의 만족도를 높일 수 있는 방안은 무엇일까라는 아이디어 방향이 있을 것이고, 제품과 만족도를 선택했다면 제품의 품질을 향상해서 고객 만족도를 높일 수 있는 방안은 무엇인가 등이 아이디어 방향으로 잡힐 것이다.

굉장히 간단한 방법이면서도 기존의 관성을 손쉽게 벗어날 수 있는 유용한 방법이다.

## ■ 다이아몬드 기법 템플릿

<table>
<tr><td>1. 문제 정의</td><td colspan="3"></td></tr>
<tr><td>2. 주요 단어</td><td></td><td>3. 단어 조합</td><td>4. 아이디어</td></tr>
<tr><td colspan="2" rowspan="4">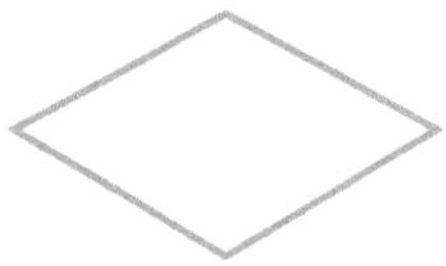</td><td></td><td></td></tr>
<tr><td></td><td></td></tr>
<tr><td></td><td></td></tr>
<tr><td></td><td></td></tr>
</table>

## ■ 다이아몬드 기법 사례 - 마케팅전략 수립 사례

<table>
<tr><td>1. 문제 정의</td><td colspan="3">"판매량을 높일 수 있는 마케팅전략은 무엇인가?"</td></tr>
<tr><td>2. 주요 단어</td><td>고객, 만족도, 판매량,<br>마케팅믹스</td><td>3. 단어 조합</td><td>4. 아이디어</td></tr>
<tr><td colspan="2" rowspan="4">
</td><td>제품+만족도</td><td>제품의 품질을 높여서 고객만족도를 높인다.</td></tr>
<tr><td>유통+만족도</td><td>유통채널을 다양하게 해서 고객만족도를 높인다.</td></tr>
<tr><td>제품+고객</td><td>다양한 제품을 개발해서 다양한 고객을 만족시킨다.</td></tr>
<tr><td>광고+고객</td><td>고객이 스스로 UCC 광고를 만들게 한다.</td></tr>
</table>

CHAPTER 04

# 비즈니스 모델을 개발하라

## 도입 대화

[형선]　제일 중요한 창업 아이템은 정해진 것 같아! 그런데… 일단 사업이란 걸 돈을 벌어야 하는 거고, 창업 아이템을 이용해서 어떤 식으로 돈을 벌지 시스템을 만들어야 할 거 같은데… 처음 하다 보니 전혀 감이 안 오는 걸.

[종규]　맞아. 창업 아이템을 이용해 어떤 방식으로 수익을 창출할지 구조화를 시켜봐야 하는데 그걸 비즈니스 모델이라고 말해.

[형선]　비즈니스 모델이란 이야기는 많이 들어봤어! 그런데 너무 어려울 것 같은데… 용어 자체가 너무 딱딱해서 어떻게 해야 할지 전혀 모르겠네.

[종규]　그럼 이번 장에서 창업 사업모델의 개발 파트 부분을 잘 공부해보자. 간단한 양식을 이용해서 수익을 창출할 수 있는 창업 사업모델, 즉 비즈니스 모델을 만드는 연습을 해볼 거야. 처음엔 막연해 보일 수 있지만 이번 장에서 소개하는 실습 양식 표를 차근차근 채워나가다 보면 전체 흐름이 한눈에 잡힐 거야.

**창업 사업모델 개발의 구성**

창업 사업모델 개발의 개념 → 창업 사업모델 개발 방법 → 종합 실습: 창업 사업모델 개발

# Ⅰ 비즈니스 모델 개발의 개념

## 1. 비즈니스 모델 개발의 이해

비즈니스 모델 개발이란 창업 아이템을 가지고 어느 시장(market)에서 누구(customer)에게 어떤 가치(value)를 어떤 방법(process)으로 전달하고 어떻게 수익(revenue)을 창출할 것인지에 관한 사업의 전반적인 방향과 방법을 구체화하는 과정을 의미한다.

쉽게 말해서, 내가 하고자 하는 사업에 대한 전체 청사진이라고 할 수 있다. 이 청사진이 제대로 짜여 있지 않으면 구체적인 사업계획을 수립하는 과정에 많은 혼란이 생기게 된다. 또한 내가 생각한 창업 사업모델이 잘 작동하는지 판별하기 어려울 뿐만 아니라, 수정 방향을 잡기도 힘들 것이다. 그러므로 창업 아이템에 대한 사업모델 개발 과정을 통해 사업의 전반적인 방향과 방법을 결정해야 한다.

비즈니스 모델은 살아 있는 생물과 같아서 계속해서 변화하고 진화한다. 하지만 변하지 않는 것이 있다면 대상으로 하는 고객이 존재하고, 기업이 그 고객에게 어떠한 가치를 전달하면 고객은 일정한 대가를 지불하고 그 가치를 구매한다는 것이다. 이것이 비즈니스 모델의 본질이고 위의 과정이 잘 작동하는 곳을 찾는 것이 우리의 목표이다.

### 사례 4-1 B2C부터 B2B까지… 일상생활 속 파고 든 '구독경제'

- 일정 비용을 지불하면 정기적으로 서비스를 제공받는 구독경제가 유망한 비즈니스 모델로 부상하며 기업들도 적극적으로 시장에 뛰어들고 있다. 최근에는 클라우드, 인공지능(AI), 빅데이터 등 IT 기술의 발달에 따라 B2C를 넘어 B2B 영역으로 범위를 넓혀가고 있다.
- 온라인 클래스 플랫폼으로 다양한 카테고리의 콘텐츠를 선보이고 있는 클래스101은 B2B 정기구독 서비스 '클래스101 비즈니스'를 통해 직원 복지와 교육 서비스를 제공하고 있다.
- 꾸까는 국내 최초로 꽃배달에 정기구독 개념을 도입해 주목을 받으며 현재까지 32만 명의 누적 회원을 확보했다. 꾸까는 코로나 19로 인한 경조사 감소에도 꽃 소비 트렌드에 힘입어 꾸준한 흑자를 내고 있는 만큼 올해 2019년 대비 200%에 달하는 매출 성장을 예상하고 있다.

출처: EBN(2021.7)

### 생각해보기

- 기술, 사회, 라이프스타일의 변화 등에 따라 비즈니스 모델은 변화합니다.

## 2. 비즈니스 모델의 구성 요소

비즈니스 모델은 우리가 흔히 이야기하는 '육하원칙'에 의해 설명할 수 있다. 어떤 사건이 일어났을 때 육하원칙에 따라 사건의 경위를 설명하는 것처럼 비즈니스 모델도 똑같이 적용할 수 있다. 어떠한 고객에게 기업이 가치를 전달하고 일정한 대가를 받는 일련의 사건을 육하원칙에 따라 설명한다고 생각하면 쉽다.

**〈표 4-1〉 육하원칙에 따른 비즈니스 모델 구성 요소**

| 육하원칙 | 5W1H | 내용 |
|---|---|---|
| 누가 | Who | 어떤 고객들을 대상으로 사업을 하는가? |
| 언제 | When | 가치를 전달하기에 효과적인 시점인가? |
| 어디서 | Where | 어떤 경로를 통해 가치를 전달하는가? |
| 무엇을 | What | 고객들에게 어떤 가치를 제공하는가? |
| 어떻게 | How | 가치를 어떻게 창출하는가? |
| 왜 | Why | 고객들은 왜 나의 아이템을 선택하는가? |

### ❒ 누가(Who)

비즈니스 모델을 이야기할 때 가장 중요한 요소를 뽑으라고 한다면 단연 '고객이 누구인가'일 것이다. 고객은 대가를 지불하고 나의 사업 아이템을 이용하는 사람이다. 그들이 누구인지를 아는 것이 비즈니스 모델의 출발이며 고객을 구체적이고 명확하게 정의할수록 그들의 욕구와 니즈를 파악하는 것도 더 쉬워진다.

### ❒ 언제(When)

'언제'라는 말로 표현됐지만 비즈니스 모델을 설명할 때는 날짜나 시간의 개념만을 말하는 것이 아니다. '고객이 내 아이템을 필요로 하는 순간'을 통틀어 표현한다. 내가 우산을 팔고 있다면 해가 쨍쨍한 맑은 날보다는 비가 내리는 날에 가판대를 펼치고 장사를 하는 편이 훨씬 많이 팔릴 것이다. 그리고 그냥 우산만 펼쳐놓고 기다리는 것보다 큰 간판을 세워두고 확성기로 홍보하는 편이 더 많이 팔릴 것이다. 이처럼 더 많은 판매를 일으키기 위해 시도하는 판매 촉진 전략에 대한 내용이 '언제'에 해당한다.

### ❐ 어디서(Where)

고객이 내 아이템을 구매하기 위해서는 먼저 그들에게 다가가야 하고 '어디서'는 그 장소가 어디인지를 말한다. 과거에는 사람들이 물건을 사러 모이는 재래시장이나 소매점들이 그 역할을 했지만, 지금은 수없이 많은 유통채널이 존재한다. 그 중에 내 아이템이 고객과 만나는 접점은 어디인지 그리고 고객에게 가기까지의 경로는 어떻게 되는지를 설명한다.

### ❐ 무엇을(What)

고객에게서 수익을 창출하기 위해 어떤 가치를 제공할 것인가에 해당한다. 제공 가치는 사업 아이템과는 다르며 고객이 제품/서비스를 구매하여 얻고자 하는 무형의 가치를 뜻한다. 제공 가치가 고객에게 매력적이고 대체 불가능할수록 좋은 사업 아이템이라 할 수 있다.

### ❐ 어떻게(How)

앞서 말한 제공 가치를 고객에게 어떻게 전달하는가를 뜻한다. 예를 들어 '빠르고 편하게 내 집을 청소할 수 있다'라는 가치를 전달하기 위해 어떤 기업은 '무선 진공 청소기'라는 제품을 제공한다. 무선 진공청소기는 고객의 청소를 돕기 위해 강력한 흡입력을 가진 진공 모터와 여러 가지 색깔을 가진 모델, 아름다운 외관, 오래가는 무선 전지를 가지고 있다. 또 다른 기업은 고객의 집에 직접 청소 전문가를 파견하여 집안 청소부터 정리까지 풀 서비스를 제공한다. 이처럼 제공 가치가 같더라도 그것을 어떻게 전달할 것인지에 따라 비즈니스 모델은 확연히 바뀐다.

### ❐ 왜(Why)

'고객은 왜 나의 제품/서비스를 사용하는가?'에 대한 답이 된다. 이 질문은 단순히 나의 제품/서비스가 가지는 가치가 무엇인가를 묻는 것이 아니라 다른 유사한 제품/

서비스 또는 대체재를 이용하지 않고 나의 제품/서비스를 선택할 이유를 나타낸다. 다시 말해 '경쟁우위'가 무엇인가를 묻는 것이다.

이렇게 육하원칙에 따른 '5W1H' 항목이 비즈니스 모델을 구성하는 기본적인 요소라고 할 수 있다.

# Ⅱ 비즈니스 모델의 개발 방법

## 1. 비즈니스 모델 캔버스(BMC)의 이해

앞서 비즈니스 모델의 기본적인 요소들을 살펴봤지만 실제 비즈니스 모델은 그 범위가 방대하고 각 요소들을 설명하기가 쉽지 않다. 그래서 이 비즈니스 모델이라는 개념을 보기 좋고 알기 쉽게 표현할 수 있는 기법인 Business Model Canvas (BMC)를 소개한다. BMC는 Business 9 Block이라고도 불리며, 비즈니스 모델을 정의하는 가장 기본적인 요소들을 종이 한 장으로 알기 쉽게 정리할 수 있다는 측면에서 널리 사용되고 있다. 창업을 위해 비즈니스 모델을 정리하고 지속적으로 발전시켜 나가기 위한 이정표로 활용하기에 충분히 유용하다.

비즈니스 모델 캔버스는 9개의 칸으로 이루어져 있고, 각 칸에 정해진 항목을 채워나가는 것으로 비즈니스 모델을 손쉽게 정리하고 각 요소 간의 관계를 이해할 수 있다. 이제 각 항목들에 어떤 내용이 들어가야 하는지 알아보자.

### 1) 고객 세분화(Customer Segmentation)

가장 첫 번째는 고객 세분화이다. 비즈니스 모델에서 가장 중요한 질문이었던 '우리의 고객은 누구인가?'에 대해 답을 해야 한다. 고객이란 실질적으로 기업이 이윤을 얻을 수 있도록 돈을 지불하는 주체를 가리킨다. 그리고 우리가 나누는 고객의 범위는 그 집단의 특징과 행동 방식 등을 구분할 수 있을 정도로 작고 구체적인 것이 좋다. 다음 질문들을 참고하여 나의 고객은 누구인지 생각해보자.

- 나의 제품/서비스에 기꺼이 돈을 지불할 사람은 누구인가?
- 우리가 창출하는 가치는 누구를 위한 것인가?
- 우리에게 가장 중요한 고객은 누구인가?
- 해당 고객들은 다른 고객들과 확실히 구분되는 특징이 있는가?

**〈표 4-2〉 비즈니스 모델 캔버스의 주요 내용**

<table>
<tr>
<td rowspan="2">핵심 파트너<br>(Key Partners)<br><br>• 핵심 파트너는 누구인가?<br>• 핵심 파트너가 어떤 활동을 수행하는가?</td>
<td>핵심 활동<br>(Core Activity)<br><br>• 가치제안을 위해 필요한 핵심 기업 활동은 무엇인가?</td>
<td rowspan="2">가치 제안<br>(Value Proposition)<br><br>• 고객에게 전달하는 가치는 무엇인가?<br>• 우리가 만족시키는 고객의 욕구와 니즈는 무엇인가?</td>
<td>고객관계<br>(Customer Relationship)<br><br>• 고객과 지속적인 관계를 유지하기 위해 어떤 노력을 하는가?</td>
<td rowspan="2">고객 세분화<br>(Customer Segmentation)<br><br>• 나의 제품/서비스에 기꺼이 돈을 지불할 사람은 누구인가?</td>
</tr>
<tr>
<td>핵심 자원<br>(Core Resource)<br><br>• 가치 제안을 위해 필요한 자원, 역량은 무엇인가?</td>
<td>유통채널<br>(Channel)<br><br>• 고객과의 접점이 되는 채널은 어디인가?</td>
</tr>
<tr>
<td colspan="2">비용 구조(Cost)<br><br>• 비즈니스 모델이 작동하기 위해 필요한 비용은 얼마인가?</td>
<td colspan="3">수익 흐름(Revenue)<br><br>• 고객이 어디에 얼마를 지불하고 있는가?</td>
</tr>
</table>

출처: Business Model Generation(Osterwalder, Alexander, Peigner, Ives)

### ❒ 고객 세분화의 예

- 집안일 할 시간을 절약하고 싶은 바쁜 직장인
- 간편하게 믿을 수 있는 택시 서비스를 이용하고 싶은 여성 고객
- 적은 비용으로 다양한 영상 콘텐츠를 구독하고 싶은 대학생

## 2) 가치 제안(Value Propositions)

두 번째는 BMC의 정중앙에 위치한 '가치 제안' 항목이다. 가치 제안은 앞서 정의한 고객이 필요로 하고, 우리가 그들에게 전달하고자 하는 가치를 뜻한다. 그 가치는 양적(시간, 가격 등)인 것일 수도 질적(감동, 경험, 미관 등)인 것일 수도 있다. 여기서 중요한 것은 고객이 돈을 지불하고 구매하는 제품/서비스가 아니라 그 제품/서비

스를 통해 얻으려고 하는 가치를 찾아내는 것이다. 다음 질문들을 참고하여 가치 제안은 무엇인지 생각해보자.

- 고객에게 어떤 가치를 전달하려고 하는가?
- 고객이 돈을 지불하고 얻으려고 하는 것은 무엇인가?
- 고객의 불편함, 니즈를 해결해주는가?

**❐ 가치 제안의 예**

－절감 / 간소화 효과(비용, 예산, 시간, 절차, 자원 등)
－고통, 불편의 해소
－심미적 효과
－새로운 경험, 즐거움, 재미, 감성 등
－맞춤화 : 적재, 적시, 적소

### 3) 채널(Channels)

세 번째 항목인 채널은 앞에서 정의한 가치 제안이 고객에게 어떻게 전달되는지를 나타낸다. 채널은 기업이 제공하는 상품이나 서비스에 대한 고객의 이해를 돕고 그것을 구매할 수 있도록 해주는 중요한 기능을 가지고 있다. 말 그대로 고객과 가치를 이어주는 통로의 역할을 하기 때문에 그 통로가 다양하고 접근성이 높을수록 고객은 우리의 제품/서비스에 접근하기 쉬워진다. 다음 질문들을 참고하여 채널은 무엇인지 생각해보자.

- 고객들은 어떤 채널을 통해서 자신에게 가치가 전달되기를 원하는가?
- 우리의 제품/서비스는 어떻게 고객에게 노출되는가?
- 어느 채널이 가장 고객에게 다가가기에 효과적인가?
- 고객은 해당 채널을 통해 쉽게 우리에게 접근할 수 있는가?
- 해당 채널을 통해 우리의 가치를 고객에게 효과적으로 전달할 수 있는가?

**❐ 채널의 예**

영업 전담 부서, 앱/웹/모바일 쇼핑몰, 직영 매장, 다른 기업 및 조직

### 4) 고객관계(Customer Relationship)

네 번째 항목인 고객관계는 쉽게 말해 기업이 지속적으로 수익을 낼 수 있도록 고객을 대상으로 쏟아붓는 모든 노력들을 의미한다. 이 노력은 크게 세 가지로 나눌 수 있는데 첫 번째로 새로운 고객을 확보하는 노력, 두 번째로 고객이 계속해서 우리의 제품/서비스를 이용하도록 유지하는 노력, 세 번째로 잠재고객을 유인해내 고객이 될 수 있도록 하는 노력이다. 이 세 가지 관점에서 고객관계를 정의하다 보면 많은 활동을 할수록 좋지만 그만큼 비용이 늘어나기 때문에 효율성을 따져서 결정해야만 한다. 다음 질문들을 참고해서 고객관계를 생각해보자.

- 우리는 고객을 확보하기 위해 어떤 노력을 하는가?
- 고객이 우리 제품/서비스를 계속 사용하도록 하기 위해 어떤 노력을 하는가?
- 고객관계를 관리하는 데 들어가는 비용은 얼마인가?

**❒ 고객관계 예**

| 개별 어시스트, 셀프서비스, 자동화 서비스, 커뮤니티 구성, 코-크리에이션, 고객 데이터 분석, 검색 엔진 최적화, 타깃형 이메일 광고, 전환 비용, 고객 감동 서비스, 마일리지 서비스, VIP 회원 등급 등 |
|---|

### 5) 수익 흐름(Revenue Streams)

지금까지 고객과 제안 가치, 그리고 그 둘을 잇는 채널과 고객관계를 정의했다. 수익 흐름은 이들로부터 수익이 어떤 방식으로 나오는지, 그리고 얼마나 나오는지를 말한다. 창업은 이윤을 창출하기 위해 하는 것임에도 수익 창출 계획에 대해서는 구체적으로 생각하지 않는 사람들이 많다. 다음 질문들을 참고하여 수익 흐름에 대해 생각해보자.

- 고객들은 어떤 형태로 돈을 지불하는가?
- 지불하는 돈의 금액은 어떻게 되는가?
- 돈을 지불하는 주기는 어떻게 되는가?

**❒ 수익 흐름의 예**

| 물품 판매, 이용료, 가입비, 대여료/임대료, 라이선싱, 중개수수료, 광고 등 |
|---|

### 6) 핵심 자원(Key Resources)

핵심 자원이란 이 비즈니스 모델이 작동하기 위해 반드시 필요한 무언가를 말한다. 제품/서비스를 제공하기 위해 필요한 것들은 많지만 그 중에서도 우리의 고유한 가치와 연결된 자원을 찾아보자. 다음의 질문들을 참고하여 핵심 자원에 대해 생각해보자.

- 고유의 가치를 만들어내는 데 필요한 자원은 무엇인가?
- 채널 운영을 위해 어떤 자원이 필요한가?
- 고객관계를 구축하기 위해 어떤 자원이 필요한가?

**❐ 핵심 자원의 예**

| 물적자원, 지적자원, 인적자원, 재무자원 |
|---|

### 7) 핵심 활동(Key Activities)

핵심 활동이란 가치를 고객에게 전달하기 위해 수행하는 중요한 활동들을 말한다. 핵심 자원처럼 기업이 수행하는 업무들이란 굉장히 많지만 그 중에서도 핵심 자원, 제안 가치 등 BMC의 다른 항목들과 연결되는 활동들을 중점적으로 살펴보자. 다음 질문들을 참고해서 핵심 활동을 생각해보자.

- 핵심 자원을 어떻게 이용하고 있는가?
- 핵심 자원을 가치로 바꾸기 위해 어떤 활동을 하고 있는가?
- 우리가 가장 최우선으로 해야 하는 일은 무엇인가?
- 다른 기업보다 우리가 잘할 수 있는 일은 무엇인가?

**❐ 핵심 활동의 예**

| 생산활동, 니즈 해결, 플랫폼/네트워크, 자원 확보 등 |
|---|

### 8) 핵심 파트너(Key Partners)

핵심 파트너는 앞서 우리가 정의했던 핵심 자원을 확보하고 핵심 활동을 수행하는 데 도움을 줄 수 있는 이해관계자들을 말한다. 하나의 기업이 해결해야 하는 업무는 너무나도 많다. 그렇기 때문에 대부분의 기업들은 파트너십을 구축해 더욱 효율적인 비즈니스 모델을 만든다. 핵심 파트너는 우리에게 없는 자원이나 역량을 제공해주는 역할을 할 수도 있고 우리가 제품/서비스를 생산하는 데 역량을 집중할 수 있도록 필요한 설비, 공간, 서비스를 제공해줄 수도 있다. 핵심 파트너는 다른 이해관계자이지만 우리의 비즈니스 모델이 작동하도록 하는 데 필수적이기 때문에 반드시 확보하고 신뢰할 수 있는 관계를 구축해야 한다. 다음 질문들을 참고해서 핵심 파트너를 생각해보자.

- 우리의 핵심 공급자는 누구인가?
- 우리의 핵심 자원은 누가 제공할 수 있는가?
- 우리의 핵심 활동을 도와줄 수 있는 파트너가 있는가?
- 우리가 필요로 하는 고객과 접점을 가지고 있는 파트너가 있는가?
- 우리에게 없는 자원이나 역량을 제공할 수 있는가?

**❒ 핵심 파트너의 예**

| 원자재 공급처, 유통 업체, 법무 및 회계법인, 설비 관리 업체 등 |
|---|

### 9) 비용(Costs)

핵심 자원을 획득하고 핵심 활동을 수행하며 핵심 파트너와 일하기 위해서는 모두 비용이 발생한다. 기업은 이윤추구를 목적으로 한다는 점에서 수익 흐름과 함께 비용을 파악하는 일도 반드시 동반되어야 한다. 비용을 파악하는 일은 비즈니스 모델이 '확장성(Scalability)'이 있는지를 아는 측면에서도 중요하다.

확장성은 고객의 규모가 증가하는 데 기업이 얼마나 유연하게 대응할 수 있는지를 뜻한다. 예를 들어, 게임 회사의 경우 하나의 게임 소프트웨어를 개발하는 데는 많은 시간과 비용이 들어가지만 일단 한 번 개발하고 나면 재생산과 배포를 하는 데에는 적은 비용만 있으면 가능하다.

그리고 고객이 적을 때는 비용이 높지만 고객의 규모가 늘어나면 늘어날수록 비용이 줄어드는 경우도 있다. 이를 '규모의 경제'라고 하며 대규모 설비의 경제성, 대량 구입에 따른 운임비나 재료비의 감축 등으로 인해 소요되는 비용은 점점 줄어들고 이익은 늘어나는 경우를 의미한다.

나의 비즈니스 모델이 앞서 말한 두 가지의 경우에 해당된다면 그렇지 않은 경우보다 훨씬 안정적인 성장을 할 수 있을 것이다.

- 비용을 들여 확보해야 하는 자원과 역량이 있는가?
- 핵심 활동을 수행하는 데 들어가는 비용은 얼마인가?
- 사업을 위해 필요한 공간, 장비 등 인프라는 무엇이 있고 얼마나 필요한가?

### ❒ 비용의 예

| 인건비, 재료비, 광고선전비, 관리비, 구매비 등 |
|---|

## 사례 4-2 카카오의 구독 플랫폼

### 1. 구독, 콘텐츠 사업에 불붙인 카카오

- 카카오가 하반기 구독, 콘텐츠 서비스를 강화한다. 여민수 카카오 공동대표는 2분기 실적발표 컨퍼런스콜에서 "카카오 뷰 출시로 정기구독 서비스인 '구독온'과 이모티콘플러스, 톡서랍플러스와 같은 디지털 아이템 구독을 포함한 카카오 구독 플랫폼의 큰 틀이 완성됐다"면서 이같이 밝혔다.

  콘텐츠를 구독하는 카카오톡 뷰탭에서 크리에이터들이 좋은 콘텐츠를 발행하고 기여도에 따라서 수익을 가져가는 선순환 구조를 만드는 데 집중한다. 현재 광고 수익 일부를 공유하는 모델에서 개인 간 후원이나 콘텐츠 정기 발행을 통한 유료 고객 모델 등 다양한 형태의 수익 모델을 순차적으로 도입할 예정이다.

출처: 전자신문(2021.8)

### 생각해보기

- 이 사례는 새로운 사업모델을 개발하여 도입한 대표적인 사례이다.
- 여러분의 주변에서 독특한 사업모델을 개발하여 성공한 사례를 찾아보시오.

## 2. 비즈니스 모델 사례 분석

비즈니스 모델은 정해져 있는 것이 아니라 시대의 변화에 따라 계속해서 새로운 모델들이 등장한다. 특히 최근에는 IT 기술, 인터넷의 발전으로 인해 플랫폼형 비즈니스 모델이 각광을 받고 있다. 플랫폼형 비즈니스 모델이란 상품, 서비스, 기술 등이 기반이 되어 다른 이해관계자들이 이 위에 더해 보완적인 상품, 서비스, 기술을 제공하는 생태계를 말한다. 여기서 일종의 토대가 되는 '기반'이 중요한데, 이 기반이 되는 것은 제품이나 부품 같은 유형의 것을 넘어 기술, 저작권, 콘텐츠 등 모든 무형의 자원도 가능하다.

이해관계가 성립하고 지속가능한 플랫폼을 구축할 수만 있다면 이 플랫폼 비즈니스는 새로운 지속적인 수익을 가져다주는 황금알을 낳는 거위에 비유할 수 있다. 그래서 현대에는 다양한 형태의 플랫폼 비즈니스가 시도되고 있다. 그 중 중개형, 공유경제형, 큐레이션형 비즈니스에 대해 대표 사례들을 알아보도록 하겠다.

이 책을 읽는 독자 분들은 이런 사례들을 통해 비즈니스 모델이 무엇이고, 고객에게 제공하는 가치를 수익구조로 치환하는 여러 가지 방법들이 있다는 것을 생각해 보았으면 한다.

### 1) 중개형 비즈니스 사례: 배달의 민족

배달의 민족은 우리나라에서 '배달앱' 하면 가장 먼저 떠오르는 대표적인 서비스이다. 배달의 민족은 기존에 고객들이 음식점에 전화해서 배달 주문하는 일을 앱을 통해 할 수 있게 해주는 '중개'하는 서비스로 시작했다. 하지만 현재는 지역 내 음식점의 홍보, 배달을 하지 않는 음식점에서도 배달을 할 수 있게 해주는 배민 라이더스, 요식업 교육 사업인 배민 아카데미, 거기에 실시간 인터넷 방송을 보면서 주문할 수 있는 라이브 커머스 사업으로까지 그 영역을 넓혀나가고 있다.

배달의 민족의 비즈니스 모델의 핵심 가치는 고객에게 '배달'이라는 서비스로 더 맛있는 음식을 더 빠르고 편하게 제공한다는 것에 있다. 이를 위해 배달의 민족은 주변 음식점을 빠르게 찾고 음식을 쉽게 주문할 수 있는 애플리케이션을 제공하며, 고객의 주문, 선호 데이터에 따라 음식점을 추천하기도 한다. 그리고 주문된 음식은 '배민 라이더스' 서비스를 통해 신속하게 고객에게 배달된다.

한편, 배달의 민족을 이용하는 음식점의 입장에서는 배달 서비스를 위한 인프라나 인력이 없어도 간편하게 배달 서비스를 시작할 수 있다. 또한 배달의 민족 앱에 음식점의 메뉴와 정보가 노출되어 효과적으로 마케팅도 할 수가 있다.

**〈표 4-3〉 배달의 민족과 배민 라이더스 Business Model Canvas**

<table>
<tr>
<td rowspan="2">핵심 파트너<br>(Key Partners)<br><br>• 프랜차이즈 식당<br>• 배달대행업체<br>• 카드사(배민카드)<br>• PG사</td>
<td>핵심 활동<br>(Core Activity)<br><br>• 식당 등록/관리<br>• 식당 추천/광고<br>• 애플리케이션 운영 및 관리</td>
<td rowspan="2">가치 제안<br>(Value Proposition)<br><br>주문자<br>• 주변 배달 음식점 검색<br>• 쉬운 주문<br>• 빠른 배달<br>• 쉬운 결제<br><br>음식점<br>• 매장 홍보<br>• 수익 증대<br>• 배달 서비스</td>
<td>고객관계<br>(Customer Relationship)<br><br>• 요일 할인 행사<br>• 쿠폰 지급<br>• 고객 참여 이벤트<br>• 광고(TV, 버스, 지하철 등)</td>
<td rowspan="2">고객 세분화<br>(Customer Segmentation)<br><br>주문자<br>• 스마트폰을 사용하는 젊은 세대<br>• 배달 음식을 자주 먹는 1인 가구<br><br>식당사장님<br>• 배달 인력이 없는 식당<br>• 매장을 홍보하고 싶은 식당<br>• 배달 영업을 손쉽게 하고 싶은 식당</td>
</tr>
<tr>
<td>핵심 자원<br>(Core Resource)<br><br>• 고객 데이터<br>• 배달원(배민라이더)<br>• 애플리케이션 서비스 개발 및 운영 인력</td>
<td>유통채널<br>(Channel)<br><br>• 모바일 애플리케이션</td>
</tr>
<tr>
<td colspan="3">비용 구조(Cost)<br><br>고정비<br>• 애플리케이션 운영 인력 인건비<br>• 고객센터 운영 인력/지원<br>• 라이더스 운영 인력/지원<br>• 사무실 임대/유지관리비<br>• 애플리케이션 인프라 유지관리비<br><br>변동비<br>• 이벤트 및 마케팅 등 판매관리비<br>• PG수수료</td>
<td colspan="2">수익 흐름(Revenue)<br><br>• 식당 광고 수익<br>• 배달대행수수료</td>
</tr>
</table>

### 2) 공유경제형 비즈니스 사례: 에어비앤비

공유경제는 이제 일상생활에서 쉽게 찾아볼 수 있을 정도로 보편적인 개념이 되었다. 그리고 공유하는 대상의 범위는 점점 넓어져 책, 자전거, 자동차, 카메라 같은 유형의 물건들부터 지식, 음악, 시간 등 무형의 가치들까지도 포함하고 있다. 에어비앤비는 그 중에서도 '주거공간'을 공유하는 플랫폼 기업이다.

에어비앤비는 사용자들이 일정 금액을 지불하고 서로의 집을 공유하는 대표적인 공유경제 비즈니스 모델을 가지고 있다. 에어비앤비를 이용하는 여행자들은 숙박시설이 아닌 실제 거주자의 집에서 지내면서 색다른 경험과 지역주민들의 실제 삶을 체험할 수 있다. 호텔보다 저렴한 가격에 지낼 수 있다는 점도 큰 가치이다. 공간을 제공하는 호스트는 개인적 공간을 다른 사람에게 제공하여 경제적인 이익을 얻을 수 있고, 이방인을 자신의 집에 초대하는 색다른 경험을 마찬가지로 할 수 있다.

에어비앤비는 공급자와 수요자 사이에서 숙박 서비스를 중개하는 역할에 최선을 다한다. 자신의 집을 제공하는 호스트와 그 집에 머물다 가는 게스트와의 연락, 관계 등을 잘 조율하고 보험이나 안전조항, 다른 제도들을 통해 고객들이 안심하고 주거공간을 이용할 수 있도록 노력한다. 또한 에어비앤비는 주거공간을 공유하는 것에서 더 나아가 여행지에서 현지 전문가가 직접 다양한 활동들을 즐길 수 있도록 하는 트립 상품도 제공한다.

**〈표 4-4〉 에어비앤비의 Business Model Canvas**

<table>
<tr>
<td rowspan="2">핵심 파트너<br>(Key Partners)<br><br>• 비즈니스 여행 파트너<br>• 여행 매니저<br>• 투자자<br>• 사진작가<br>• 여행 보험사<br>• PG사</td>
<td>핵심 활동<br>(Core Activity)<br><br>• 참가자 데이터 분석<br>• 플랫폼 참가자 모집<br>• 호스트와 손님에게 가치 제공</td>
<td rowspan="2">가치 제안<br>(Value Proposition)<br><br><u>호스트</u><br>• 수익 증대<br>• 쉬운 예약 관리<br>• 새로운 만남<br>• 방문자 유치<br><br><u>손님</u><br>• 적은 비용<br>• 쉬운 예약/결제<br>• 현지 생활 체험<br>• 새로운 만남<br>• 안전 보증</td>
<td>고객관계<br>(Customer Relationship)<br><br>• 상호작용 관리<br>• 호스트 추천<br>• 회사 이미지<br>• 인터넷 광고</td>
<td rowspan="2">고객 세분화<br>(Customer Segmentation)<br><br><u>호스트</u><br>• 새로운 사람과의 만남을 바라는 호스트<br>• 유휴 공간을 이용해 수익을 얻고 싶은 호스트<br><br><u>손님</u><br>• 싼값에 숙소를 구하고 싶은 여행객<br>• 색다른 경험을 원하는 여행객</td>
</tr>
<tr>
<td>핵심 자원<br>(Core Resource)<br><br>• 네트워크 효과<br>• 유저 콘텐츠<br>• 고객 데이터<br>• 알고리즘, 데이터 분석 역량 및 인력<br>• 브랜드, 앱</td>
<td>유통채널<br>(Channel)<br><br>• 모바일 애플리케이션</td>
</tr>
<tr>
<td colspan="3">비용 구조(Cost)<br><br>고정비<br>• 애플리케이션 운영 인력 인건비<br>• 고객센터 운영 인력/지원<br>• 보험료<br>• 사무실 임대/유지관리비<br>• 애플리케이션 인프라 유지관리비<br><br>변동비<br>• 이벤트 및 마케팅 등 판매관리비<br>• PG수수료</td>
<td colspan="2">수익 흐름(Revenue)<br><br>• 중개수수료</td>
</tr>
</table>

### 3) 큐레이션형 비즈니스 사례: 마켓컬리

마켓컬리는 식자재와 간편식을 엄선하여 신선한 제품들을 공급하는 식자재 기반의 큐레이팅 모델을 취하고 있다. 수많은 음식과 먹거리가 존재하고 이를 온라인으로 소비하는 문화가 정착하면서 소비자들은 선택의 어려움을 느낀다. 그 중 질 좋고 신선한 음식을 소비하고자 하는 사람들에게 엄선된 제품을 제공함으로써 그들의 니즈를 충족시키는 것이 마켓컬리의 비즈니스 모델의 본질이다.

기존 시장에서는 접하기 어려웠던 식자재들을 마켓컬리를 통해 접할 수 있으며 기존의 비싼 음식들을 마켓컬리에서는 비교적 저렴하게 구할 수 있는 부분도 있다. 마켓컬리는 꼼꼼한 제품 검수와 품질 관리를 통해 고품질의 제품을 제공한다는 이미지를 정립하는 데 성공하였으며, 이로 인한 고객 만족도는 재구매로 이어져 빠르게 성장하고 있다. 또한 식품 하나가 고객에게 제공되기까지의 과정을 스토리텔링(Storytelling) 방식으로 투명하게 공개하여 제품의 신뢰도를 높이고 다른 제품들과 차별화시키는 효과를 내고 있다.

그리고 또 하나 마켓컬리의 대표적인 제공가치는 '샛별 배송'에 있다. 샛별 배송은 밤 11시까지 주문한 제품은 다음 날 새벽까지 소비자에게 배송하는 서비스이다. 편하게 집에서 주문을 하면 다음 날 문 앞까지 배송이 완료되니 장 볼 시간이 없는 바쁜 사회인들에게 큰 사랑을 받고 있다. 배송비 멤버십을 가진 회원은 구매 금액에 상관없이 샛별 배송을 받을 수도 있다.

**〈표 4-5〉 마켓컬리의 Business Model Canvas**

<table>
<tr>
<td colspan="2" rowspan="2">핵심 파트너<br>(Key Partners)<br><br>• 신선식품 공급자<br>• 사업 투자자<br>• PG사</td>
<td colspan="2">핵심 활동<br>(Core Activity)<br><br>• 고객 만족도 관리 활동<br>• 우수한 공급처 확보<br>• 브랜드 홍보<br>• 제품 스토리텔링<br>• 샛별 배송<br>• 애플리케이션 운영 및 관리</td>
<td colspan="2" rowspan="2">가치 제안<br>(Value Proposition)<br><br>• 제품의 신선함<br>• 제품의 높은 질<br>• 집에서 구매<br>• 빠른 배송<br>• 믿을 수 있는 제품(스토리)</td>
<td colspan="2">고객관계<br>(Customer Relationship)<br><br>• 푸쉬알림<br>• 할인 행사<br>• 멤버십 가입<br>• 콜센터 서비스<br>• 제품 추천</td>
<td colspan="2" rowspan="2">고객 세분화<br>(Customer Segmentation)<br><br>• 질 좋은 음식을 찾는 사람<br>• 장보기를 집에서 해결하고 싶은 사람<br>• 제품의 가격보다 질에 민감한 사람</td>
</tr>
<tr>
<td colspan="2">핵심 자원<br>(Core Resource)<br><br>• 물류 시스템<br>• 대형 창고<br>• 제품 품질 관리 프로세스<br>• 고객 데이터 분석 역량 및 인력</td>
<td colspan="2">유통채널<br>(Channel)<br><br>• 모바일 애플리케이션<br>• 인터넷 웹사이트<br>• 샛별 배송</td>
</tr>
<tr>
<td colspan="5">비용 구조(Cost)<br><br>**고정비**<br>• 애플리케이션 운영 인력 인건비<br>• 고객센터 운영 인력/지원<br>• 사무실 임대/유지관리비<br>• 애플리케이션 인프라 유지관리비<br>• 물류 인프라 구축 및 유지관리비<br>**변동비**<br>• 이벤트 및 마케팅 등 판매관리비<br>• 판매제품 조달비<br>• 재고관리비<br>• PG수수료</td>
<td colspan="5">수익 흐름(Revenue)<br><br>• 제품 판매<br>• 월정액 멤버십 서비스<br>• 상품중개수수료</td>
</tr>
</table>

## Ⅲ 종합 실습: 창업 사업모델의 개발(비즈니스 모델 캔버스)

### ◯ 목적

비즈니스 모델의 요소들을 분석하여 비즈니스 모델을 한 장의 그림으로 시각화하는 것이 목적이다.

### ◯ 진행방법

① 비즈니스 모델 캔버스에서 제시하고 있는 9개의 요소를 중심으로 여러분의 사업모델을 정리한다.

② 한 장에 표현된 비즈니스 모델 캔버스를 바탕으로 사업모델의 타당성을 검토한다.

**〈종합 실습〉 비즈니스 모델 캔버스의 작성**

<table>
<tr><td rowspan="2">핵심 파트너<br>(Key Partners)<br>•</td><td>핵심 활동<br>(Core Activity)<br>•</td><td rowspan="2">가치 제안<br>(Value Proposition)<br>•</td><td>고객관계<br>(Customer Relationship)<br>•</td><td rowspan="2">고객 세분화<br>(Customer Segmentation)<br>•</td></tr>
<tr><td>핵심 자원<br>(Core Resource)<br>•</td><td>유통채널<br>(Channel)<br>•</td></tr>
<tr><td colspan="3">비용 구조(Cost)<br>•</td><td colspan="2">수익 흐름(Revenue)<br>•</td></tr>
</table>

## [종합 실습사례] 창업 사업모델의 개발 - 비즈니스 모델 캔버스 작성

아래의 사례는 챗봇을 활용한 컨설팅 서비스를 제공하고자 하는 창업자가 비즈니스 모델 캔버스를 활용하여 사업 모델을 한 장으로 표현한 것이다.

**〈종합 실습사례〉 비즈니스 모델 캔버스의 작성 사례**

<table>
<tr>
<td rowspan="2">핵심 파트너<br><br>1. 각종 방법론 컨설팅 지원 가능한 전문가 집단<br>2. 컨설팅 서비스 사용 가능한 각종 창의성 공구 제공업체</td>
<td>핵심 활동<br><br>1. 지능형 챗봇 이용 고객에게 최적화된 방법론 제공</td>
<td rowspan="2" colspan="2">가치 제안<br><br>1. 창업자 본인 부족 역량 확인 및 관련 솔루션 제공<br>2. 창업 교육 고객 확보를 역량 진단 챗봇 연계하여 다수 확보(거부감 축소)<br>3. 창업자 정보 트렌드 파악 가능 데이터베이스 제공</td>
<td>고객관계<br><br>1. 챗봇 이용자 데이터 분석을 통해 지속적 고객관리</td>
<td rowspan="2">고객 세분화<br><br>1. 창업자<br>2. 창업 교육 담당자<br>3. 창업 관련 공공기관</td>
</tr>
<tr>
<td>핵심 자원<br><br>1. 지능형 챗봇 개발자<br>2. 각종 방법론 컨설팅 전문가</td>
<td>유통채널<br><br>1. 페이스북, 카카오톡 이용 챗봇 광고 및 무료 제공 링크 공유</td>
</tr>
<tr>
<td colspan="3">비용 구조<br><br>1. 지능형 챗봇 유지비<br>2. 오프라인 컨설팅/멘토링 진행시 부대비용<br>3. 인건비</td>
<td colspan="3">수익 흐름<br><br>1. 각종 챗봇 구독 수수료(창업자)<br>2. 컨설팅 교육자 매칭 수수료(창업자)<br>3. 컨설팅 고객 매칭 수수료(창업 관련 교육자)<br>4. 창업자 데이터베이스 제공(창업 공공기관)</td>
</tr>
</table>

## Ⅳ 창업과 창의성: WHY NOT 기법을 활용하여 고정관념을 극복해보자

고정관념은 항상 부정적인 단어로 인식이 되지만, 실제 생각해보면 나쁜 관념이 아니다. 그 관념이 고정적으로 보편타당하게 조직원들에게 인식된 이유는 그만큼 충분한 근거가 있기 때문이다.

오랜 기간 동안 많은 사람들에게 통용되던 생각을 공격하고 엎어보는 것을 통해 굉장히 창의적인 결과물이 나올 수 있지만, 그동안의 다른 사람들의 상식을 뒤엎는 것이므로 엄청난 파장을 일으킬 수 있다.

성공적 사례는 아니지만 바나나는 원래 하얗다며 하얀색 우유를 내보낸 제품 등이 대표적으로 고정관념에 도전한 사례다. 하지만 이 제품은 실패했다. 비록 바나나 원래 내부 색깔은 흰색이어도 일반 사람들의 고정관념으로 인해 바나나 껍질인 노란색을 바나나 색깔이라고 인식하기 때문이다. 이처럼 고정관념에 도전해 이기기는 어렵다. 하지만 이기기 어려운 만큼 그 시도가 성공했을 경우 새로운 블루오션 시장이 개척되는 것이며 선구자가 되고 시장을 리딩할 수 있다.

“WHY NOT?”이라고 질문하는 것 역시 고정관념을 깰 수 있는 좋은 질문일 수 있다. 여태까지는 계속 “WHY?”라고 질문을 했는데 역으로 왜 굳이 그 문제를 해결해야 하느냐고 반문해보는 것이다. 아래의 사례는 필자가 설계 실무에서 활용해본 WHY NOT 기법 활용 사례이다. 램프 점등이 불균일하면 당연히 해결해야지라는 것이 고정관념인데, 반문을 해보니 차량의 가격에 따라 품질의 엄격도를 다르게 해야 한다는 좀 더 현실적인 결론이 나온다.

## ■ WHY NOT 기법 실습 템플릿

| Why | Why not? |
|---|---|
| | |
| **Why** | **Why not?** |
| | |

## ■ WHY NOT 기법 사례

**라이트가이드 점등 문제 개선**

| Why | Why not? |
|---|---|
| 디자인의 핵심 요소이므로 깔끔한 점등 필요 | 르노, 도요타 등의 비슷한 대중 자동차 제조사는 점등 수준 떨어짐 |
| **Why** | **Why not?** |
| 그래야 소비자들이 만족함 | 점등 이미지 개선하며 금형 수정 등으로 인해 많은 투자비, 노력 들어감 |

따라서 고가인 제네시스 브랜드는 점등 문제를 개선하고, 저렴한 모델은 기본적인 점등 이미지만 구현한다.

CHAPTER 05

# 창업 아이템 및 비즈니스 모델의 타당성을 분석하라

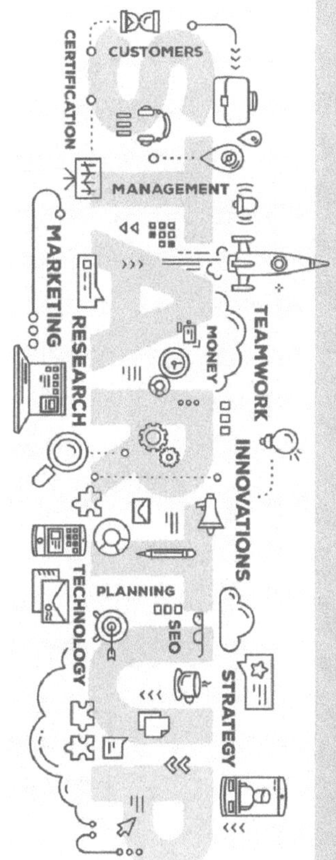


Ⅰ. 창업 아이템 타당성 분석의 개념

Ⅱ. 창업 아이템의 타당성 분석방법

Ⅲ. 린 스타트업과 고객 개발

Ⅳ. 창업 성공요인의 14 rules

Ⅴ. 종합 실습: 창업 아이템의 타당성 분석

Ⅵ. 창업과 창의성: 속성나열법을 활용하여 목표 속성을 만족시키는 아이디어를 만들어보자

## 도입 대화

[형선] 창업 아이템과 대략적인 비즈니스 모델 개발도 해봤어. 이제 뭔가 슬슬 창업의 윤곽이 구체화되는 것 같아…. 그런데 한 가지 불안감이 생기는 것이 정말 내가 내 생각대로 만든 이러한 내용들이 현실성이 있는 걸까? 그냥 혼자서 만들다 보니 제대로 맞게 한 건지 모르겠네.

[종규] 그래, 딱 이 단계 때 그런 궁금증이 생기는 것이 맞아! 당연히 혼자만의 생각으로 실습을 진행했으니, 현실성이 떨어지는 부분이 생길 수 있어. 그래서 딱 맞는 코너를 준비해봤어. 만들어본 창업계획의 타당성을 확인해보는 순서지. 어때? 흥미가 가지?

[형선] 완전 취향 저격하는 순서인 것 같아! 이번 장을 제대로 학습하고 실습해보면 일차적으로 나의 창업계획을 걸러줄 수 있겠고, 창업을 진행하는 데 좀 더 자신감이 생길 것 같아.

[종규] 맞아. 창업이란 것이 인생을 건 큰 도전인 만큼 항상 계획을 세우는 중간중간 제대로 가고 있는지 체크를 해봐야 해. 일단 타당성 분석의 방법에 뭐가 있는지 간단히 확인해보고 5가지 큰 관점에서 타당성 검증과정을 진행해볼 거야. 거기에 마지막에 창업 성공을 파악할 수 있는 14가지 간단한 체크리스트까지 제공해줄 거라구!

[형선] 이거 완전 기대되는데? 정말 중요한 장인만큼 꼼꼼히 실습해볼게!

**창업 아이템 타당성 분석의 구성**

창업 아이템 타당성 분석의 개념 ➡ 창업 아이템의 타당성 분석방법 ➡ 종합 실습: 창업 아이템의 타당성 분석

# Ⅰ 창업 아이템 타당성 분석의 개념

## 1. 창업 아이템 타당성 분석의 이해

창업 아이템의 타당성 분석이란 창업 아이템 발굴 과정에서 나온 다양한 창업 아이템들이 창업하기에 적절한지, 타당성을 가지고 있는지를 평가하고, 이를 기반으로 창업 아이템을 선정하는 과정이다.

창업 아이템 분석에서는 앞 단계의 창업 아이템 발굴 과정을 통해 나온 다양한 창업 아이템들을 분석하여, 사업적으로 가장 가치가 있는 창업 아이템을 찾아내야 한다. 만약, 창업 아이템들의 타당성 분석이 잘못되어서 사업적 가치가 없는 창업 아이템이 선정되면 창업은 실패할 가능성이 높기 때문에 창업 아이템들의 타당성을 과학적으로, 체계적으로 분석해야 한다.

다만, 요즘처럼 세상의 트렌드가 시시각각 바뀌는 복잡함이 극대화된 세상에서는 완전히 정확한 분석도 중요하지만 프로토타입을 빠르게 내놓아 검증받고 피드백을 받는 식의 접근도 필요하니 적정선의 분석에서 정리하는 것도 중요하다. 다만 프로토타입 역시 하나의 방법을 실행하고 피드백을 받는 사이클은 유사하다는 것에 유념하며 아래 그림을 기억해두도록 하자.

창업 아이템 타당성 분석의 절차

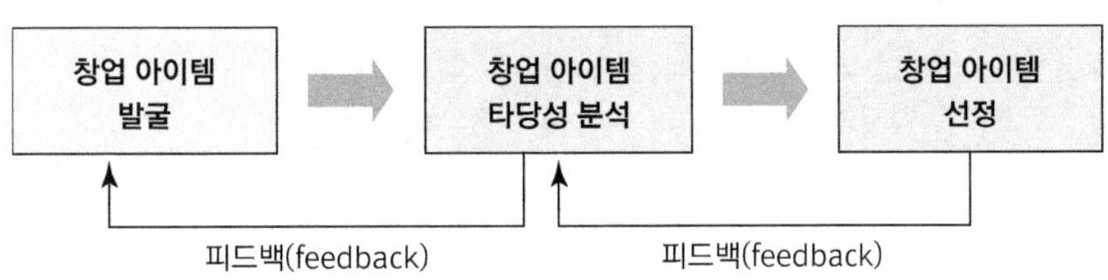

## 사례 5-1 네이버, 기업형 액셀레이터 D2SF

### 1. 액셀레이터를 이용한 기술적 타당성 검증

- 양상환 네이버 D2SF 리더는 "D2SF는 지난 6년간 기술 스타트업이 네이버와 함께 협력하며 성장할 수 있도록 이끌었고, 기술 스타트업을 가장 잘 이해하는 투자자이자 파트너로 자리매김했다"며 "특히 네이버 실무진들의 까다로운 기술 검증과 활발한 교류를 통해, 기술 스타트업은 빠르게 가치를 증명하며 성장성도 인정받게 됐다"고 말했다.

### 2. 네이버-기술 스타트업 간 시너지를 이끌어내는 '코디네이터'

- 양 리더는 D2SF가 단순한 투자자가 아닌, 기술 스타트업들이 실질적으로 성장할 수 있도록 네이버의 다양한 조직과 스타트업들을 이어주는 '코디네이터'임을 강조했다.

  실제 D2SF가 지난해 818개 스타트업을 대상으로 자체 설문 조사한 결과, D2SF에 가장 기대하는 항목 1위가 '네이버와의 교류/협력'이었다.

  양 리더는 "투자팀 중 71%가 네이버와의 접점을 찾는 데 성공해 구체적인 협력을 논의 중"이라며 "스타트업과 네이버의 여러 기술/서비스 조직이 교류하는 기회를 꾸준히 만들어왔고, 실제 협력으로 이어져 가시적인 성과도 나오고 있다"고 말했다.

출처: 오피니언뉴스(2021.6)

### 생각해보기

- 이 사례는 창업 아이템 기술적 타당적 검증 관련한 대표적인 사례이다.
- 여러분의 주변에서 철저한 창업 아이템 타당성 검증으로 성공한 사례를 찾아보시오.

## 2. 창업 아이템 타당성 분석의 방법

창업 아이템의 타당성은 창업 아이템의 시장성, 기술성, 수익성, 독창성, 창업자 사업수행능력 관점에서 평가해야 한다. 창업 아이템의 타당성 분석은 일반적 분석방법과 전문적 분석방법으로 나누어질 수 있다.

① 일반적 분석은 창업자 스스로 핵심적인 평가 항목을 기준으로 창업 아이템의 타당성을 평가하는 방법을 의미한다.

② 전문적 분석은 전문가들이 창업 아이템들을 심층 분석하는 방법으로서, 분석의 범위가 매우 넓고 분석하는 항목들도 매우 많고, 시간도 많이 걸리는 작업으로서 창업자들이 수행하기에는 쉽지 않다. 따라서 이러한 어려움을 해소하고자 정부, 각종 기관에서 창업자 지원 서비스를 제공하고 있으니 충분히 이용할 수 있도록 한다. 초반에 사례로 소개한 네이버와 같이 액셀레이터를 활용하여 본인 창업 아이템의 타당성을 검증하는 경우도 많다. 간단한 경우에는 일반적 분석을 이용하되 되도록 전문가들의 멘토링 및 컨설팅 서비스를 이용하여 정확한 진단을 받아보는 것이 필요하다.

일반적으로 창업 아이템의 타당성을 분석하는 과정은 매우 어렵고 복잡하여 전문적인 지식이 필요하기 때문에 창업자들이 창업 아이템을 체계적으로 분석하기는 어렵다. 그렇다고 하여 창업 아이템을 주먹구구식으로 분석해서는 안 되기 때문에 창업자는 본인의 창업 아이템에 대하여 전문적인 분석을 할 수 있는 능력을 갖추어야 한다.

창업 아이템 타당성 분석방법

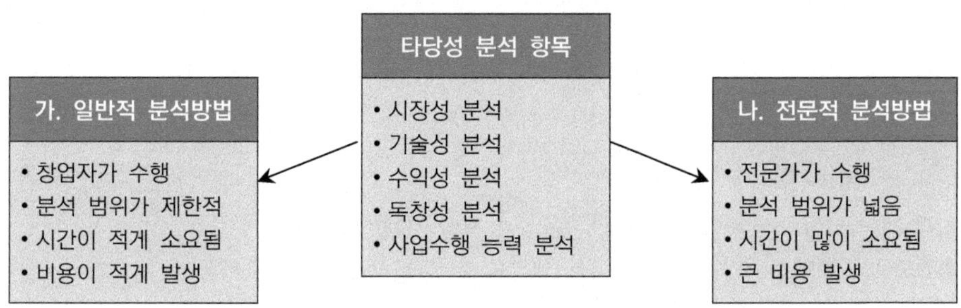

## 사례 5-2 코로나 시대 - 가상세계 창업 아이템 전성시대

### 1. 현실보다 더 현실같은 가상세계

- 최근 코로나 19로 비대면 산업 수요가 증가하면서 VR · AR(증강현실)에 대한 관심이 높아지고 있다. VR · AR 기술은 인공지능(AI)과 함께 수년 전부터 대중적인 화두였으나, 기술 완성도 문제로 외면받아 왔다. 하지만 신종 전염병 창궐로 사회적 거리두기가 장기화하고, DT(디지털트랜스포메이션)의 가속화와 함께 포스트 코로나 시대의 대비가 중요한 이슈로 떠오르면서 비대면 산업의 핵심 기술인 VR · AR에 대한 투자가 활발해졌다. 시장조사업체 '스트래티지 애널리틱스'에 따르면 VR · AR 관련 하드웨어 매출은 2025년 2,800억 달러(약 313조원)에 달할 것으로 전망된다.

### 2. 다양한 영역 진입 중인 가상세계

- 페이스북 한국지사는 최근 자사 VR 기기인 '오큘러스 퀘스트2'를 이용해 미디어 간담회를 열었다. 참석자들은 영화 '킹스맨'의 비밀요원 회의 장면처럼 물리적으로 각자 다른 공간에 위치하면서도 시공간을 뛰어넘은 가상공간에 모여 대화를 나눴다.

  대학에선 가상의 교실에서 국적이 서로 다른 학생들이 모여 수업을 듣고 토론한다. 병원 레지던트들은 인간 신체의 가상모델을 활용해 위험도 높은 수술을 집도하는 간접 경험을 한다.

  전문가들은 "VR이 기존 개인 중심의 서비스를 벗어나 다수의 원격 사용자들이 공간과 정보, 감각을 공유하고 실시간 소통 · 협업하는 '공존 현실' 기반의 새로운 커뮤니케이션으로 자리잡고 있다"고 분석했다.

  이 같은 분위기에 VR 기반 생중계 기술을 가진 '넥스트VR'를 비롯해 웨어러블(착용형) 시네마틱 VR 기술, AR · VR 환경 이미지 추적 기술 등을 보유한 스타트업들의 몸값이 치솟는 추세다.

출처: 머니투데이(2021.4)

#### 생각해보기

- 이 사례는 차별화된 창업 아이템에 관한 대표적인 사례이다.
- 여러분의 주변에서 차별화된 창업 아이템으로 성공한 사례를 찾아보시오.

# Ⅱ 창업 아이템의 타당성 분석방법

## 1. 시장성 분석

### 1) 시장성 분석 개념

시장성 분석이란 창업 아이템이 상품화되었을 때, 제품과 서비스를 구매할 수 있는 시장의 규모가 어느 정도인지, 매출이 어느 정도 일어날 수 있는지 등을 분석하여 사업의 시장성을 판단하는 것이다.

아무리 기술적으로 우수하고 독창적인 제품이라고 하더라도 고객이 존재하지 않거나, 시장의 규모가 매우 작거나, 시장이 성장하지 않는다거나 경쟁사의 난립으로 인해 시장이 포화상태에 이르렀다면 이는 창업에 적합한 아이템이라고 할 수 없다.

그러므로 창업 아이템에 대한 고객의 유무, 시장의 규모, 시장의 성장성, 시장 내 경쟁 현황 등을 종합적으로 분석하여 창업 아이템의 시장성을 분석해야 한다.

### 2) 시장성 분석방법

창업 아이템의 시장성은 고객 유무, 시장 규모, 성장성, 경쟁사와 경쟁 정도 등의 관점에서 평가해야 한다.

**| 분석방법 |**

| | |
|---|---|
| 1. 고객 유무 추정 | 제품과 서비스에 대한 고객의 니즈를 중심으로 고객의 유무를 추정함 |
| 2. 시장 규모 추정 | 동종업계나 유사업계의 총 매출 규모를 분석하여 시장의 규모를 추정함 |
| 3. 시장 성장성 분석 | 과거 성장률의 변화를 토대로 예상되는 성장 추세를 분석함 |
| 4. 시장 내 경쟁 정도 분석 | 시장 내에서 활동하는 주요 기업의 수와 각 기업의 시장점유율을 분석하여 경쟁 정도를 분석함 |
| 5. 시장성 평가 | 네 가지 측면에서 분석한 결과를 토대로 시장성 측면에서 종합적으로 평가 |

### 3) 시장성 분석 연관 기법

| 시장성 분석 기법 | 기법 내용 |
|---|---|
| 3C 분석 기법 | 3C란 Customer(고객), Company(기업), Competitor(경쟁사)를 의미한다. 특히, 우리의 제품(또는 서비스)가 어디에 위치하며 어떤 층을 타깃으로 하며, 어떤 마케팅전략이 효과적일 것인가를 판단하는 정보 수집 단계에서 유용하게 활용할 수 있다. |
| | 1. **Customer**<br>• 주 고객은 누구인가?<br>• 주 고객의 속성과 특성은?<br>• 해당 세분시장의 규모는 적절한가?<br>• 성장 가능성이 높은 시장인가?<br>• 각 세분시장별 잠재적 수요는 어느 정도인가? |
| | 2. **Company**<br>• 기업의 목표와 일치하는가?<br>• 인적, 물적, 기술적 자원을 가지고 있는가?<br>• 기존 브랜드의 마케팅믹스 요소를 연결하여 시너지 효과를 낼 수 있는가? |
| | 3. **Competitor**<br>• 현재의 경쟁사들이 공격적이고 강력한가?(강점과 약점)<br>• 새로운 경쟁자의 진입 가능성이 높은가? |

## [실습 1] 창업 아이템의 시장성 분석

### ◎ 목적

창업 아이템에 대한 고객의 유무, 시장규모, 성장성, 경쟁 정도를 분석하여 시장성을 판단하는 것이 목적이다.

### ◎ 진행방법

① 고객의 유무를 분석하고 창업 아이템의 시장의 규모를 추정한다.
② 시장의 성장률을 분석해보고 시장 내 주요 기업의 수와 점유율을 토대로 경쟁 상황을 분석한다.

**〈실습 1〉 시장성 분석**

| 창업 아이템 | | |
|---|---|---|
| 분석 항목 | 평가 내용 | 평가 |
| 1. 고객의 유무 | | |
| 2. 시장규모 | | |
| 3. 성장성 | | |
| 4. 경쟁상황 | | |

| 시사점 |
|---|
| |

## [실습사례 1] 창업 아이템의 시장성 분석

아래의 사례는 교육 사업에 관심이 있는 창업자가 챗봇 컨설팅이라는 창업 아이템을 고객 유무, 시장규모, 성장성, 산업 내 경쟁상황 등의 관점에서 시장성을 분석해 본 것이다.

**〈실습사례 1〉 시장성 분석 사례**

| 창업 아이템 | 챗봇 컨설팅 서비스 | |
|---|---|---|
| 분석 항목 | 평가 내용 | 평가 |
| 1. 고객의 유무 | 기업, 대학생, 창업자 등 최근 창업 희망자가 늘고 있음 | 매우 좋음 |
| 2. 시장규모 | 2019년도 5천억원 규모 | 보통 |
| 3. 성장성 | O2O 서비스 20년도 30% 성장 중 | 좋음 |
| 4. 경쟁상황 | 기존 챗봇은 단순 응답형<br>AI를 이용한 창업 컨설팅 서비스는 없음 | 좋음 |

**시사점**

1. O2O 산업은 국내 시장의 규모가 작은 편이나 관련 시장이 성장하고 있음
2. 특히 챗봇 기반의 컨설팅 시장은 경쟁자가 없는 상황으로 매우 매력적으로 보임

## 2. 기술성 분석

### 1) 기술성 분석의 개념

기술성 분석이란 창업 아이템을 개발하는 데 필요한 기술이 존재하는지, 그 기술을 확보하여 제품과 서비스를 개발할 수 있는지, 제품과 서비스를 저렴하게 생산할 수 있는지 여부를 평가하는 활동이다.

① 기술 타당성이란 창업 아이템을 개발하는 데 필요한 기술이 존재하는지, 그 기술이 타당한지를 분석하는 것이다.

② 개발 타당성이란 제품과 서비스를 개발할 수 있는지, 개발 기반 및 비용이 타당한지를 분석하는 것이다.

③ 생산 타당성은 제품과 서비스를 생산하는 설비 및 인력이 타당한지, 생산원가가 타당한지를 분석하는 것이다.

창업 아이템을 개발하는 기술, 개발 방식, 생산방식에 따라서 창업 아이템의 타당성이 달라지기 때문에 창업 아이템의 기술성을 분석해야 한다.

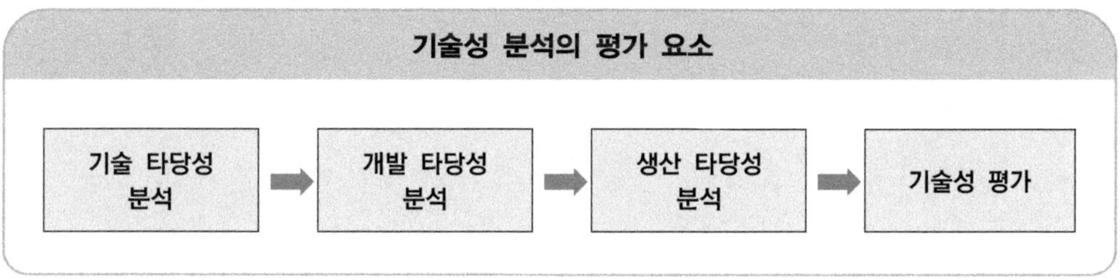

### 2) 기술성 분석방법

창업 아이템의 기술성은 크게 기술 타당성, 개발 타당성, 생산 타당성의 세 가지 측면에서 평가해야 한다.

**| 분석방법 |**

| | |
|---|---|
| 1. 기술 타당성 분석 | 창업 아이템을 개발하는 데 활용하는 기술이 존재하는지, 그 기술이 타당한지를 분석함 |
| 2. 개발 타당성 분석 | 고객이 원하는 제품과 서비스로 개발할 수 있는지, 개발 기간 및 비용이 타당한지를 분석함 |
| 3. 생산 타당성 분석 | 창업 아이템을 생산하는데 투입되는 설비 및 인력, 비용이 타당한지를 분석함 |
| 4. 기술성 평가 | 세 가지 관점에서 분석한 결과를 토대로, 기술성 측면에서 종합적으로 평가 |

## [실습 2] 창업 아이템의 기술성 분석

### ◎ 목적

창업 아이템의 기술, 개발, 생산의 타당성을 분석하여 기술적 타당성의 유무를 판단하는 것이 목적이다.

### ◎ 진행방법

① 창업 아이템에 필요한 기술, 개발, 생산의 타당성을 분석한다.
② 각 항목에 대해 객관적으로 평가해보고 시사점을 찾는다.

**〈실습 2〉 기술성 분석**

| 창업 아이템 | | |
|---|---|---|
| 분석 항목 | 평가 내용 | 평가 |
| 1. 기술 타당성 | | |
| 2. 개발 타당성 | | |
| 3. 생산 타당성 | | |

시사점

## [실습사례 2] 창업 아이템의 기술성

아래의 사례는 챗봇 컨설팅을 개발하고자 하는 예비 창업자가 기술 타당성, 개발 타당성, 생산 타당성 측면에서 기술성을 분석하여 시사점을 도출한 것이다.

**〈실습사례 2〉 창업 아이템의 기술성 분석 사례**

| 창업 아이템 | 챗봇 컨설팅 서비스 | |
|---|---|---|
| 분석 항목 | 평가 내용 | 평가 |
| 1. 기술 타당성 | • 챗봇 개발 경험 존재<br>• 챗봇 오픈 소스 존재<br>• 단순 응답형 챗봇은 기존에 많이 존재하고 있음 | 중간 |
| 2. 개발 타당성 | • 콘텐츠 구성 용이<br>• AI 기능 도입은 어려움<br>• 단순 타이핑 대응<br>• 깊은 대화 및 상호작용 어려움 | 높음 |
| 3. 생산 타당성 | • IT 기반 소프트웨어로 리스크 적음<br>• 유지비용 적음 | 매우 높음 |

**시사점**

1. 기술적인 타당성은 낮으나 개발이 용이하다는 점에서 개발 타당성이 높음
2. 그리고 소프트웨어의 특성상 생산 타당성은 매우 높음

# 3. 수익성 분석

## 1) 수익성 분석의 개념

수익성 분석이란 생산한 제품과 서비스를 판매하여 예상되는 매출액과 투입되는 비용을 추정한 다음, 창업을 통하여 어느 정도 수익을 달성할 수 있는지를 분석하는 과정을 의미한다.

아무리 매력적인 창업 아이템이라고 하여도, 창업을 하여 매출이 일어나지 않거나 매출이 부족하여 수익이 발생하지 못하면 그 창업은 실패할 수밖에 없다.

창업의 수익성을 정확하게 추정하기 위해서 창업의 추진 전략과 계획을 수립한 다음, 예상 매출과 예상 비용을 정확하게 추정해야 한다. 그렇지만 이 단계에서는 심도 있는 분석보다는 예상 매출액과 예상 비용을 대략적으로 추정하여 수익성을 분석해보아야 한다.

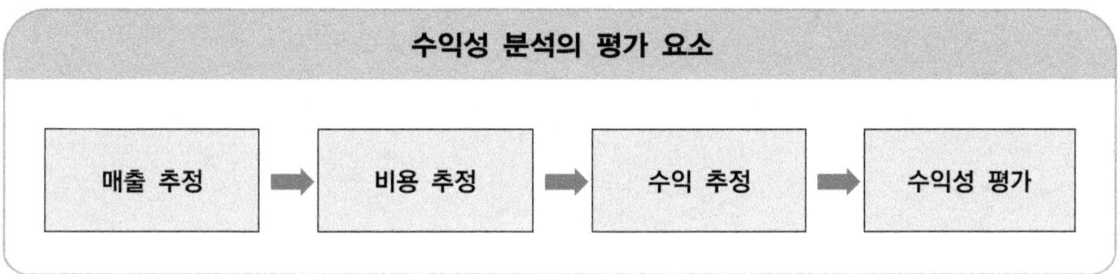

### 2) 수익성 분석방법

최소 1년 동안 예상되는 추정 매출액과 추정 비용을 분석하고 이를 기반으로 수익성 여부와 수익 규모를 파악하여 수익성 관점에서의 타당성을 분석한다.

**| 분석방법 |**

| | |
|---|---|
| 1. 매출 추정 | 창업 아이템의 판매량을 분석해서 1년 동안의 예상되는 매출액을 추정함 |
| 2. 비용 추정 | 창업 아이템을 생산 판매하는 과정에 발생하는 비용을 분석해서 1년 동안의 예상 비용을 추정함 |
| 3. 수익 추정 | 매출액과 비용을 기반으로 1년 동안의 수익의 규모를 파악함 |
| 4. 수익성 평가 | 수익성에 대해 평가하고 시사점을 도출함 |

## [실습 3] 창업 아이템의 수익성 분석

### ◯ 목적

추정 매출액과 추정 비용을 간략하게 분석하여 수익의 규모와 수익성 유무를 판단하는 것이 목적이다.

### ◯ 진행방법

① 예상되는 매출액과 비용을 추정해 보고 산출 근거를 작성한다.
② 수익의 규모를 분석하고 수익성에 대한 시사점을 도출한다.

**〈실습 3〉 수익성 분석**

| 항목 | 평가 내용 | 평가 |
|---|---|---|
| 1. 추정 매출액(년) | | |
| 2. 추정 비용(년) | | |
| 3. 예상 수익(년) | | |

시사점

## [실습사례 3] 창업 아이템의 수익성 분석

아래의 사례는 챗봇 중심의 컨설팅 서비스를 개발하고자 하는 예비 창업자가 예상되는 매출액과 비용을 간략하게 분석하여 수익 규모와 수익성 여부를 분석해본 것이다.

**〈실습사례 3〉 수익성 분석 사례**

| 항목 | 평가 내용 | 평가 |
|---|---|---|
| 1. 추정 매출액(년) | 6억원<br><산출 근거><br>100개 기업 * 2회 * 회당 300만원 | 좋음 |
| 2. 추정 비용(년) | 3억 3,000만원<br><산출 근거><br>• 고정비: 기술개발비: 1억원, 유지비용: 3,000만원<br>• 변동비: 강사비: 3억원 * 0.5=1억 5,000만원,<br>영업비용: 5,000만원 | 매우 좋음 |
| 3. 예상 수익(년) | 2억 7,000만원 | 매우 좋음 |

**시사점**

1. 초기에는 기술개발비로 인해 비용이 많이 발생하여 수익성이 낮음
2. 그러나 마케팅만 잘 이루어지면 수익성이 높은 사업임

## 사례 5-3 삼성 출신 스타트업 대표가 12억 날리며 깨달은 것

### 1. 인공지능 음악 앱 험온이 실패한 이유

- 과도한 언론 노출, 투자 유치를 목적으로 한 무리한 IR대회 참가, 목적이 불분명한 해외 진출, 사람부터 먼저 뽑는 것, 많은 정부과제 수행은 피해야 한다. 정부과제를 할 당시에는 일을 잘하고 있고 열심히 하는 거라고 생각했는데, 돌이켜보면 하지 말았어야 했다. 그리고 어설프게 남들 따라 만든 '쿨'한 조직문화도 꼭 필요한 건 아니었다. 일하고 상관없는 것에 많은 리소스를 투여했다.

HumOn

정작 가장 중요한 회사의 이벤트인 유료화는 회사 설립 1년 6개월이 지나서야 내놓았다. 유료화를 먼저 했었어야 했는데 미뤘다. 반추해보면 자신이 없었기 때문이다. 조금만 더 해서 완성도를 높이면 더 좋은 서비스가 되겠다 싶어 시간을 끌었다. 어느 정도 완성도가 됐다고 생각해 수익모델을 내놓았는데, 소비자가 지갑을 열지 않았다. 만약에 이걸 먼저 알았더라면 더 빠르게 방향을 전환했을 거다.

### 2. 수익 모델 부재로 인한 어려움

- 많은 돈을 쓰고 인공지능 작곡 서비스 '험온'을 2년 정도 하다가 멈췄다. 뮤직 크리에이션 서비스가 수익으로 연결되지 않는다는 씁쓸한 교훈을 얻었다. 이후 미국으로 진출하면서 피보팅을 해 인공지능 BGM서비스(사운드업)을 출시했다. 소비자가 크리에이션에는 돈을 쓰지 않지만, BGM에는 돈을 쓸 거라 생각했다. 1년간 서비스했는데, 소비자는 사람이 만든 음악 위주로 사지 인공지능이 만든 음악에는 역시나 돈을 안 썼다. 그러다보니 기존 음악 서비스와 별반 차이가 없었다. 성장은 했지만 미미한 수준이었다. 이렇게 하면 회사가 살아남기 어렵다고 봤다.

출처: Platum(2020.10)

**생각해보기**

- 이 사례는 창업 아이템의 수익 창출에 실패하여 어려움을 겪은 대표적인 사례이다.
- 여러분의 주변에서 수익 모델을 창출하지 못해 실패한 사례를 찾아보시오.

## 4. 독창성 분석

### 1) 독창성 분석의 개념

독창성 분석이란 창업 아이템이 기존 제품과 서비스에 비해 차별화되어 있는 요소들을 찾아내고 고객에게 어떠한 독창적 가치를 주는지를 분석하는 과정을 의미한다.

독창성 분석을 위해서는 제품과 서비스의 가격, 품질, 디자인, 기능, 유통, A/S 등 아이템의 특성에 따라 차별화될 수 있는 요소들을 찾아내고 이들 요소들의 관점에서 기존 제품과 서비스와의 차별화 정도와 가치를 분석해보아야 한다. 따라서 뒷 장에 나올 경쟁사, 산업 등을 분석하는 과정 등이 매우 중요하며, 실제 창업 투자를 받기 위한 자료를 준비할 때도 현재 이미 존재하는 것들을 명확히 분석하고 차별화를 두는 과정이 매우 중요하다.

독창성은 고객들에게 기존 제품과 서비스에서 줄 수 없는 차별화된 가치를 줄 수 있기 때문에 창업 기업이 시장에 진입할 때 가장 경쟁력을 가질 수 있는 중요한 요소 중 하나이다. 따라서 창업 아이템의 독창적인 요소가 무엇이 있는지를 분석하는 작업은 매우 중요하다.

한 가지 주의할 것은 독창성이라는 말의 의미가 기존에 없던 완전 새로운 것이라는 의미는 아니다. 기존에 형성된 시장 내에서 차별화되는 포인트를 찾아내는 것이 중요하지, 실제 시장이 형성도 되지 않은 전혀 다른 새로운 것을 내놓는다고 해서 시장에서 통하는 것은 아니니 항상 현실적인 마인드를 가지고 고민할 수 있도록 한다.

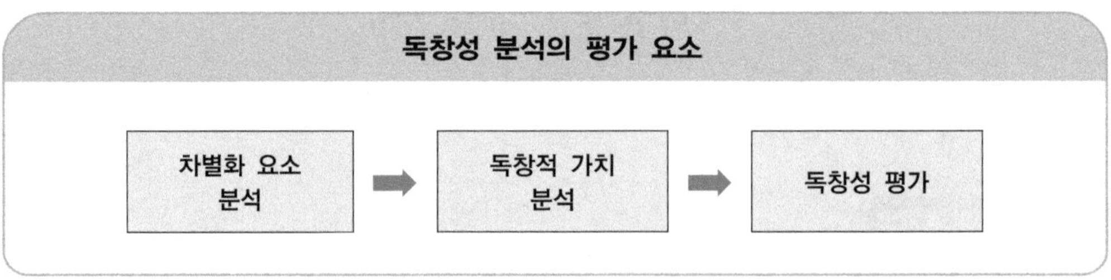

## 2) 독창성 분석방법

아이템의 특성에 따라 기존 제품과 서비스에서 줄 수 없는 독창적 요소나 차별화된 요소를 찾아내고 이들 요소들이 주는 가치를 분석하여 창업 아이템의 독창성을 분석한다.

**| 분석방법 |**

| | |
|---|---|
| 1. 차별화 요소 분석 | 기존 제품과 서비스와 달리 창업 아이템이 가지고 있는 차별화된 요소들을 찾아냄 |
| 2. 독창적 가치 분석 | 차별화된 요소들 관점에서 새로운 제품의 독창적 가치를 평가 |
| 3. 독창성 평가 | 독창적 가치 평가 결과를 기초로 창업 아이템의 독창성을 평가하고 시사점을 도출함 |

## [실습 4] 창업 아이템의 독창성 분석하기

### ◎ 목적

창업 아이템의 차별화 요소를 분석하여 독창성의 정도를 파악하는 것이다.

### ◎ 진행방법

① 기존 제품과 서비스에서 찾을 수 없는 독창적 요소나 차별화된 요소를 찾아내고 그것들이 주는 가치를 찾는다.

② 각 항목에 대해 객관적으로 평가해보고 시사점을 도출한다.

**〈실습 4〉 독창성 분석**

| 창업 아이템 | | |
|---|---|---|
| 독창적 요소 | 평가 내용 | 평가 |
| 1. | | |
| 2. | | |
| 3. | | |
| 4. | | |
| 5. | | |

시사점

## [실습사례 4] 창업 아이템의 독창성 분석

아래의 사례는 챗봇 중심의 컨설팅 서비스를 개발하고자 하는 예비 창업자가 서비스 방식, 교육 콘텐츠, 강사, 측면에서 독창성을 찾아내고 가치를 분석하여 시사점을 도출한 것이다.

**〈실습사례 4〉 독창성 분석 사례**

| 창업 아이템 | 챗봇 컨설팅 서비스 | |
|---|---|---|
| 독창적 요소 | 평가 내용 | 평가 |
| 1. 컨설팅 방법 | 고객 맞춤형 최적 서비스 제공 | 좋음 |
| 2. 콘텐츠 측면 | 물리적 환경에 대한 제약이 없음 | 좋음 |
| 3. 강사 측면 | 능동적 교육자료 확보 가능 | 좋음 |

시사점

1. 기존의 컨설팅 형태와 달리 웹 기반의 컨설팅으로서의 차별화 요소가 많음
2. 최적화된 컨설팅 콘텐츠를 제공함으로써 맞춤 효과가 매우 뛰어남
3. 최적화된 교육 희망자 제공 시스템에 의해 강의에 대한 몰입도를 향상할 수 있음

## 5. 사업수행능력 분석

### 1) 사업수행능력 분석 개념

사업수행능력 분석이란 창업을 하는 주체인 창업자가 창업 아이템과 관련된 지식과 경험, 자금 조달 능력, 인적자원 구성 능력, 적성 등을 갖추고 있는지를 분석하는 과정을 의미한다.

창업 아이템이 아무리 좋다고 할지라도 창업자가 전문성이 없거나, 자금이 부족하거나, 업종이 적성에 맞지 않으면 창업을 적극적으로, 효과적으로 수행할 수 없기 때문에 창업은 실패하게 된다.

특히 기술 창업이나 지식 서비스 관련 분야의 창업은 전문적 지식과 경험이 창업의 성패를 좌우하는 매우 중요한 요소이기 때문의 창업자의 핵심 역량과 사업수행능력을 객관적으로 판단하는 것이 매우 중요하다.

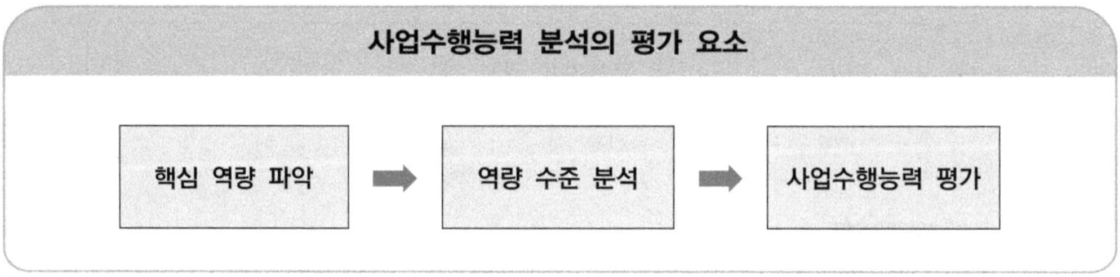


### 2) 사업수행능력 분석방법

사업수행에 필요한 창업자의 핵심적인 역량이 무엇이 있는지를 찾아내고 핵심적인 역량에 대한 창업자의 수준을 파악함으로써 사업수행능력을 분석한다.

**| 분석방법 |**

| | |
|---|---|
| 1. 핵심 역량 파악 | 창업 아이템을 사업화하고자 할 때 창업자가 갖추어야 할 핵심 역량이 무엇인지를 찾아냄 |
| 2. 역량 수준 분석 | 필요한 핵심 역량에 대한 창업자의 수준을 평가하고 분석함 |
| 3. 사업수행능력 평가 | 역량 수준을 평가하고, 이를 기반으로 사업수행 능력을 평가함 |

### 3) 창업 역량 분석 도구

창업 역량은 사업의 성공과 직결되는 매우 중요한 요소이다. 시중에 웹 기반의 많은 역량 분석 도구가 있지만, 단순히 부족한 영역과 집단 내의 순위만 알려주는 제한된 기능을 제공해주고 있다.

본서의 저자가 제작한 챗봇형 역량 진단 도구를 이용할 경우 별도의 회원가입 없이 바로 창업가 역량 진단을 해주며 이와 연관된 컨설팅 및 교육 서비스도 제공하고 있으니 해당 링크 주소를 들어가 이용해보면 좋을 것이다. 한양대 김상수 교수 연구진이 분석한 창업 역량 문항 항목을 이용하여 기업가정신, 사업자 역량 두 종류의 본인 수준을 파악할 수 있다. https://sunny3am.imweb.me/ 웹사이트에 접속해 상단에 있는 '창업역량진단 챗봇'을 클릭하거나, 아래 QR코드를 통해 이용할 수 있다.

## [실습 5] 사업수행능력 분석

### ◯ 목적

창업 아이템을 사업화할 수 있는 창업자의 수행능력을 분석하는 것이 목적이다.

### ◯ 진행방법

① 창업 아이템을 사업화할 때 필요한 핵심 역량을 찾아보고 핵심 역량에 대한 창업자의 수준을 분석한다.

② 각 항목에 대하여 매우 높음, 높음, 보통, 낮음, 매우 낮음의 다섯 단계로 평가한다.

**〈실습 5〉 사업수행능력 분석**

| 핵심 역량 | 평가 내용 | 평가 |
|---|---|---|
| | | |
| | | |
| | | |
| | | |
| | | |

**시사점**

| |
|---|
| |

## [실습사례 5] 창업자의 사업수행능력 분석

아래의 사례는 챗봇 중심의 컨설팅 서비스 개발하고자 하는 예비 창업자가 전문성과 경험, 자금조달 능력, 인적자원 구성 능력, 업종에 관한 적성 관점에서 사업수행능력을 분석한 것이다.

**〈실습사례 5〉 사업수행능력 분석 사례**

| 핵심 역량 | 평가 내용 | 평가 |
|---|---|---|
| 전문성 | • 챗봇 개발 경험이 있음<br>• 컨설팅 박사로 경영학 전문 지식 보유 | 높음 |
| 자금 조달 | • 직접 개발로 비용 최소화<br>• IT 기반으로 비용 최소화 | 높음 |
| 인적자원 | • 직접 개발 가능<br>• 마케팅 인력 부족 | 보통 |
| 적성 | • 챗봇 개발을 취미로 진행해옴<br>• 컨설팅 업에 관심이 많음<br>• 새로운 일과 창업에 도전하는 도전정신 | 높음 |

**시사점**

1. 챗봇 컨설팅 사업 수행에 필요한 전문적 지식과 개발 능력이 매우 우수함
2. 그러나 1인으로 진행하기 때문에 개발에 비교적 많은 시간이 들고 유지보수가 늦어질 수 있음
3. 초기에는 적은 자본으로 시작할 수 있으나 추후 인력 추가 필요

# Ⅲ 린 스타트업과 고객 개발

## 1. 린 스타트업의 개념

린 스타트업(Lean Startup)은 제품이나 시장을 발달시키기 위해 기업가들이 사용하는 프로세스 모음 중 하나로서, 애자일 소프트웨어 개발과 고객 개발(Customer Development), 그리고 기존의 소프트웨어 플랫폼(주로 오픈소스) 등을 활용한다.

린 스타트업 프로세스는 아래 도식과 같은 프로세스로 진행된다. 아이디어가 나오면 이를 빠르게 제품/서비스의 형태로 만들고 만들어진 프로덕트의 성과를 측정하여 데이터를 뽑고 개선점을 도출한다. 그리고 나서 여기에 후속 아이디어가 나오고, 그 아이디어를 다시 적용하여 프로덕트를 개선시킨다. 이 고리를 계속해서 반복한다. 핵심은 속도, 피드백, 반복을 통해 낭비를 줄인다는 것이다.

**린 스타트업 프로세스**

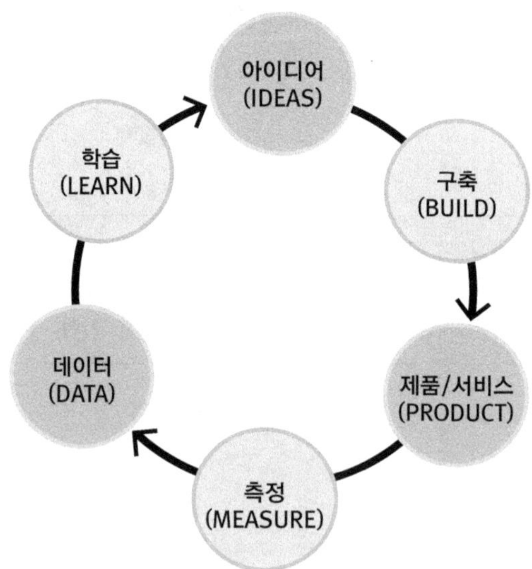

앞의 4장 비즈니스 모델 개발에서 비즈니스 모델 캔버스(BMC)에 대해 간단히 알아보고 작성 사례를 살펴보았다. 린 캔버스는 비즈니스 모델 캔버스를 토대로 하여 만들어졌다고 하였는데 가장 큰 차이점은 린 캔버스는 '가설 기반'이라는 것이다. 전통적인 기업은 계획을 기반으로 움직인다. 기존에 오랫동안 해왔던 사업 운영방식이 있고, 대부분의 경우 선례를 따르면 실패하지 않는다. 따라서 이전에 했던 방식과 유사한 계획을 세우고 이를 성실히 실행한다. 사업 착수 시점에 목표(goal)를 설정하고 이를 달성하는 가장 빠르고 효과적인 계획을 구체적으로 세운다.

반면 스타트업은 가설 기반으로 움직인다. 사업 착수의 시작점은 있지만 종료점은 그려놓지 않는다. 대부분의 경우 스타트업은 기존 시장에 존재하지 않는 제품(products)을 만들기 때문에 어떤 결과가 나올지 누구도 예측하기 쉽지 않다. 시장에 어떠한 문제와 니즈가 있는지 짐작은 하지만, 이를 검증하지 못한 단계다. 그렇기 때문에 비즈니스 모델이라는 '가설'을 세우고 그 가설을 검증하는 단계가 필요하다. 린 캔버스가 가설을 한눈에 보기 쉽도록 고안된 툴이고 그 뒤 가설을 검증하는 단계가 린 스타트업 프로세스라고 할 수 있다.

## 2. 린 스타트업과 린 캔버스(Lean Canvas)

누구나 창업에 성공하고 싶고 실패 없는 안전한 창업을 원할 것이다. 창업에 실패하는 가장 큰 이유로 "고객이 원하지 않는 제품/서비스를 제공하는 것"이라고 한다. 고객의 문제를 해결해주는 훌륭한 사업 모델이라고 생각하고 당차게 시작하지만 정작 고객들은 그 제품/서비스가 필요하지 않은 것이다. 이런 경우를 방지하기 위해 린 스타트업은 고객을 바라보며 전진한다. 그리고 고객이 있는 방향으로 비즈니스 모델의 핸들을 꺾어가며 방향을 조정한다. 여기서 핸들의 역할을 하는 것이 린 캔버스이다.

린 캔버스는 린 스타트업에서 아이디어와 가설을 제일 먼저 구체화할 수 있도록 도와주는 도구이다. 에시 모리아가 BM 9Block을 변형해서 제시한 린 캔버스는 시간을 들이지 않고 바로 떠오르는 대로 작성하는 것이 가장 중요하며, 이를 통해 고객의 피드백을 최대한 빨리 받는 것을 가장 큰 목적으로 하고 있다. 기존의 비즈니스 모델 캔버스는 큰 기업 위주의 양식이었다면 린 캔버스의 경우 좀 더 스타트업에 맞게 항목을 조절했다는 차이점이 있다.

최근 애자일한 방식의 업무 진행방식이 많은 각광을 받고 있는데, 린 역시 이러한 추세에 맞는 효율적인 양식이라고 할 수 있다. 처음부터 오랜 시간을 들여 상세한 비즈니스 모델을 만들기에는 산업이나 고객의 트렌드가 시시각각 변하고 있다. 따라서, 간단한 린 캔버스를 이용하여 일단 초기 콘셉트를 빠르게 기획하고 관련된 PROTOTYPE을 고객에게 선보인 뒤 그와 관련된 피드백을 접수하고 다시 린 캔버스를 수정해나가는 것이, 복잡계가 증대된 요즘의 세상에서는 잘 맞아 들어갈 수 있는 것이다.

물론 전통적인 제조업 산업에서는 이러한 콘셉트가 적용되기 힘들 수 있지만, IT, 서비스 분야 등의 산업군에서는 이러한 린한 방식이 잘 어울리므로 적극 활용해볼 수 있다.

<table>
<tr>
<td colspan="2" rowspan="2">고객 문제<br>가장 중요한<br>세 가지 문제<br>2<br>문제 대안<br>문제를 해결하기<br>위한 고객의 대안</td>
<td colspan="2">솔루션<br>가장 중요한 3가지<br>기능<br>4</td>
<td colspan="2" rowspan="2">고유의 가치제안<br>제품을 구입해야<br>하는 이유와 다른<br>제품과의 차이점을<br>설명하는 읽기<br>쉽고 설득력 있는<br>단일 메시지<br>3<br>카테고리<br>일반적으로 알려진<br>제품 분류</td>
<td colspan="2">경쟁우위(수익모델)<br>다른 제품이 쉽게<br>흉내 낼 수 없는<br>특징<br>5</td>
<td colspan="2" rowspan="2">고객군<br>전체고객,<br>유효고객,<br>목표고객<br>1<br>최우선 거점고객<br>가장 필요로 하는<br>고객, 파급력이<br>높은 고객, 접근이<br>쉬운 고객</td>
</tr>
<tr>
<td colspan="2">핵심 지표<br>측정해야 하는<br>핵심 활동<br>9</td>
<td colspan="2">채널<br>고객 도달 경로<br>6</td>
</tr>
<tr>
<td colspan="5">손익분기 계획<br>손익분기점 도달 시점, 도달 방법<br>7</td>
<td colspan="5">손익 계획(3년간)<br>향후 추정손익계산<br>8</td>
</tr>
</table>

## 3. 린 스타트업의 프로세스

린 스타트업의 구조도를 그리면 아래와 같다. 먼저 린 보드를 작성해서 우리의 사업 아이템을 정의하고, 문제와 대안을 검증한다. 진짜 문제인지, 문제가 크리티컬 한지, 해결해야만 하는 문제인지 그리고 그 문제를 해결하기 위해 지금 있는 대안은 무엇인지 검증한다. 그리고 솔루션을 검증한다. 우리가 이러한 솔루션을 만들려고 하는데 어떻게 생각하는지, 이걸 쓰면 너의 문제가 해결될 것 같은지를 검증하는 것이다. 그리고 이 문제와 솔루션이 검증되고 나면 좀 더 고도화된 MVP를 만들어 제품/서비스를 검증하는 것이다.

그 다음으로는 이제 비즈니스 모델을 검증하는 단계로 넘어간다. 수익모델, 채널, 재무 타당성 등을 검토하고 핵심 지표를 통해 우리 비즈니스가 진짜 폭발적으로 성장할 수 있는지, 수익이 나는지, 시장 규모는 큰지, 진짜 할 만한 사업인지를 검토하는 것이다. 일련의 과정이 모두 종료되었다면 스타트업을 졸업하는 것이다. 앞에서 스타트업은 "반복가능하고 확장 가능한 비즈니스 모델을 찾는 임시조직"이라고 했으니 위 단계를 모두 마치고 나면 스타트업을 졸업한다고 할 수 있다.

린 스타트업은 우선 시장에 대한 가정(market assumptions)을 테스트하기 위해 빠른 프로토타입(rapid prototype)을 만들도록 권한다. 그리고 고객의 피드백을 받아 기존의 소프트웨어 엔지니어링 프랙티스(폭포수 모델 같은)보다 훨씬 빠르게 프로토타입을 진화시킬 것을 주장한다. 린 스타트업에서 하루에도 몇 번씩 새로운 코드를 릴리즈하는 것은 드문 일이 아니다. 이를 위해서 지속적 배포(Continuous Deployment)라는 기법을 사용한다.

린 스타트업은 때로 린 사고방식(Lean Thinking)을 창업 프로세스에 적용한 것으로 설명되기도 한다. 린 사고방식의 핵심은 낭비를 줄이는 것이다. 린 스타트업 프로세스는 고객 개발(Customer Development)을 사용하여, 실제 고객과 접촉하는 빈도를 높여서 낭비를 줄인다. 이를 통해 시장에 대한 잘못된 가정을 최대한 빨리 검증하고 회피한다. 이 방식은 역사적인 기업가들의 전략을 발전시킨 것이다. 시장에 대한 가정들을 검증하기 위한 작업들을 줄이고, 시장 선도력(market traction)을 가지는 비즈니스를 찾는데 걸리는 시간을 줄인다. 이것을 최소기능제품(Minimum Viable Product)이라고도 한다. 다른 말로는 최소기능 셋(Minimum Features Set)이라고 불린다.

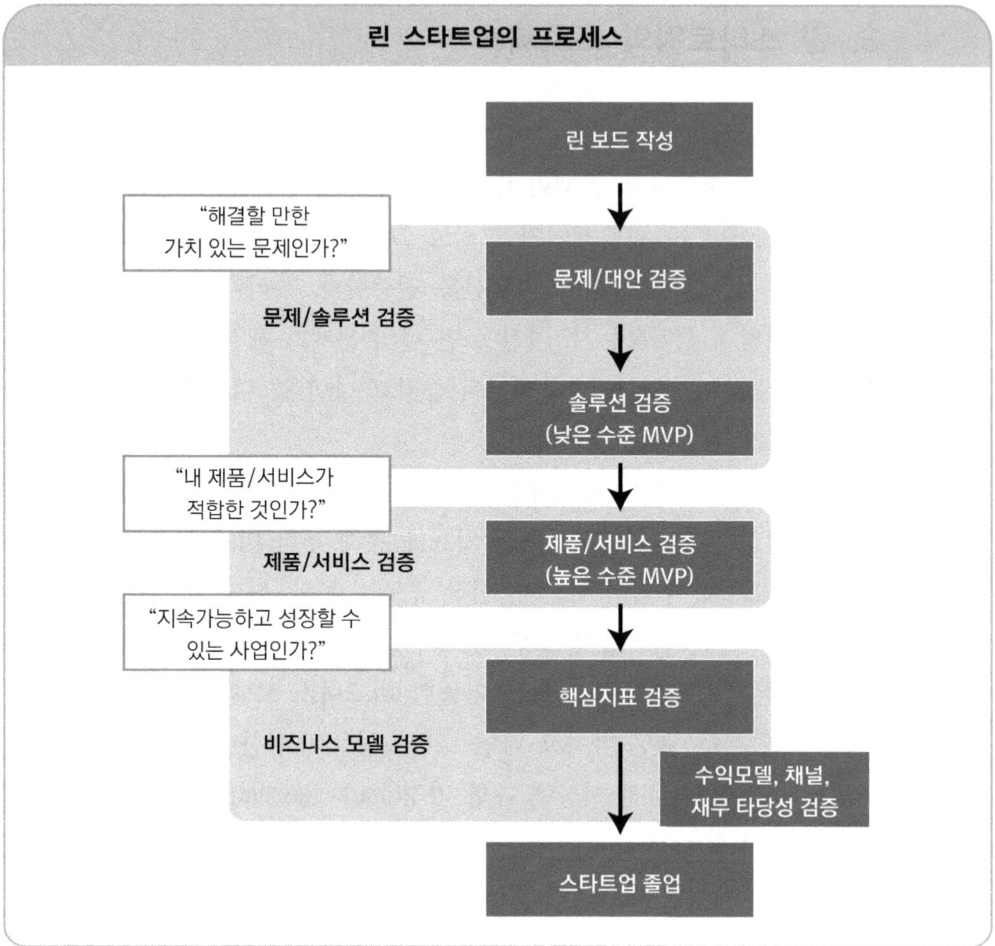
린 스타트업의 프로세스
린 보드 작성
"해결할 만한 가치 있는 문제인가?"
문제/대안 검증
문제/솔루션 검증
솔루션 검증 (낮은 수준 MVP)
"내 제품/서비스가 적합한 것인가?"
제품/서비스 검증 (높은 수준 MVP)
제품/서비스 검증
"지속가능하고 성장할 수 있는 사업인가?"
핵심지표 검증
비즈니스 모델 검증
수익모델, 채널, 재무 타당성 검증
스타트업 졸업

# Ⅳ 창업 성공요인의 14 rules

창업의 성공에 영향을 주는 요인들을 14가지 rules로 요약한 뒤, 실습을 통하여 창업 성공요인을 중심으로 문제점과 개선 방안을 찾아보도록 한다.

사업계획서를 작성하면서, 창업의 성공에 영향을 주는 요인들을 찾아내고, 이들 요인들을 중심으로 자신의 창업 준비 현황을 점검해봄으로써 부족한 부분들을 보완하고 창업의 성공 확률을 높일 수 있다.

## [Rule 1] 열정을 가지고 도전하라

### 1) 개념

창업을 하기 위해서 창업자가 갖추어야 할 가장 중요한 능력은 열정과 도전정신이다. 새로운 기업을 창업하여 성공하기 위해서는 수많은 일들을 해결해야 하고, 동시에 많은 어려움과 실패를 겪게 되는데, 이 같은 어려움과 실패를 극복하기 위해서는 창업자의 열정과 도전정신이 절대적으로 필요하다.

창업에 실패하는 사례들을 보면 많은 경우에 창업자의 열정과 노력이 부족해서이다. 예를 들어, 제품과 서비스를 개발하는 과정, 제품과 서비스를 판매하는 과정, 기존의 경쟁자들과 경쟁하는 과정 등 창업의 모든 과정에 창업자의 끊임없는 노력과 도전이 필요할 수밖에 없다. 창업은 무에서 유를 만들어가면서 가치를 창출하는 일로서 창업자는 창업의 큰 꿈을 꾸고 이를 달성하기 위해 남들보다 수십 배 노력을 해야 한다. 따라서 창업자는 실패에 굴하지 않고 도전하는 열정이 절대적으로 필요하다.

### 2) 점검 사항

① 여러분은 창업이라는 험난한 길을 걸어갈 수 있는 열정을 가지고 있는지를 점검해 본다.

② 여러분은 창업의 어려움과 실패를 극복할 수 있는 도전정신을 가지고 있는지

를 점검한다.

| 열정 | 도전 |
| --- | --- |
|   |   |

## [Rule 2] 지나친 자신감을 경계하라

### 1) 개념

창업을 할 때 많은 어려움과 힘든 과정을 극복하기 위해서는 긍정적 마인드와 자신감이라는 동력이 절대적으로 필요하다. 그러나 이 과정에서 긍정적 마인드와 지나친 자신감은 분리해야 하고, 지나친 자신감과 잘못된 가정은 경계해야 한다.

창업에 실패하는 사람들의 공통적 특징은 본인이 창업하고자 하는 사업에 대하여 막연한 지나친 자신감을 가지고 있다는 점이다. 예를 들어, “이 제품은 대박이야”, 막연히 “좋은 제품을 개발할 수 있을 거야”, “잘 팔릴 거야”, “어떻게 될 거야” 등 위험한 자신감을 갖고 있다. 그런데 이러한 자신감이 실제로 현실화되는 경우는 매우 적기 때문에 창업자가 가진 자신감이 타당한 것인지를 점검해 볼 필요가 있다.

### 2) 점검 사항

① 여러분이 창업 과정에 가지고 있는 자신감의 근거를 찾아본다.
② 여러분이 창업 과정에 가지고 있는 가정(assumption)이 타당한지 확인한다.

| 지나친 자신감 | 가정의 타당성 |
| --- | --- |
|   | 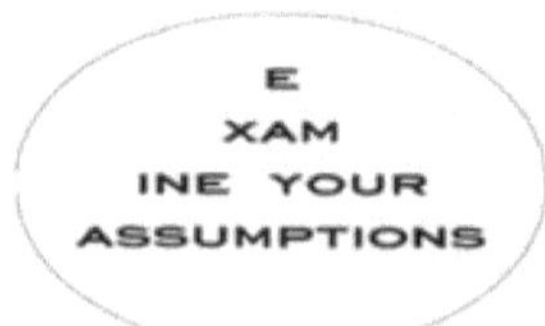  |

## [Rule 3] 매력적인 창업 아이템을 찾아라

### 1) 개념

창업에 성공하기 위해서는 매력적인 창업 아이템을 찾아야 한다. 창업자들이 창업에 실패하는 가장 큰 이유는 창업 아이템을 잘못 선정하기 때문이다. 창업은 소비자들이 원하는 제품과 서비스를 생산・판매하여 소비자의 가치를 충족시켜주고, 그에 따라서 수익을 창출해 내는 일이다. 그러므로 매력적인 창업 아이템을 찾아내는 일은 매우 중요하다.

창업 아이템은 고객이 원하는 것인지, 시장성이 있는지, 수익성이 있는지, 현실성이 있는지, 독창성을 가지고 있는지 등의 관점에서 평가하고 선정해야 한다. 동시에 창업 아이템을 선정할 때 가장 중요한 기준 중 하나는 창업자가 그 분야에 전문 지식과 경험을 갖추고 있는가 하는 것이다. 창업자가 전문 지식이 없거나 경험이 없으면 창업에 성공하기가 어렵기 때문에 경험이나 전문성이 없는 창업 아이템을 선정할 때는 매우 신중해야 한다.

### 2) 점검 사항

① 여러분의 창업 아이템이 시장성, 현실성, 수익성, 독창성을 가지고 있는지를 분석한다.

② 여러분이 창업 아이템을 사업화할 수 있는 역량(전문성, 경험)을 갖추고 있는지를 분석한다.

| 아이템의 매력도 | 창업자의 능력 |
| --- | --- |
|  |  |

## [Rule 4] 틈새시장에서 시작하라

### 1) 개념

창업 아이템을 선정한 다음, 창업자의 핵심 역량을 적극적으로 활용할 수 있는 틈새시장(niche market)에서 시작하는 것이 바람직하다. 틈새시장이란 기존 점유업체 또는 사업자가 미처 선점하지 못한 시장을 의미하는 것으로, 일종의 블루오션 시장으로 볼 수 있다.

창업자는 기존의 경쟁자나 대기업들에 비해 자원과 경험 측면에서 매우 부족한 상황이기 때문에 창업 초기에 사업의 범위를 넓게 확대하여 기존 경쟁사들과 경쟁을 하면 실패할 가능성이 크다. 그러므로 창업 초기에는 시장의 범위를 너무 크게 잡지 말고 창업자가 차별화하여 이길 수 있는 시장으로 한정하여 시작하는 것이 바람직하다.

### 2) 점검 사항

① 여러분의 창업하고자 하는 시장이 틈새시장인지를 분석한다.

② 여러분의 제품과 서비스가 틈새시장에 존재하는 고객 니즈를 충족시켜주는지를 분석한다.

| 틈새 시장 | 고객 니즈 충족 방안 |
| --- | --- |
|   |  |

## [Rule 5] 고객의 입장에서 생각하고 행동하라

### 1) 개념

기업 활동은 고객으로부터 시작하여 고객으로 끝난다는 말이 있을 정도로 고객에 대한 이해가 필요하고, 고객들의 니즈를 충족시킬 수 있는 방안을 수립해야 한다. 그러므로 창업자는 제품과 서비스를 구매하는 고객들에 대한 철저한 분석을 기반으로, 그들의 니즈를 충족시키기 위해서 고객의 관점에서 생각하고 행동을 해야 한다. 특히 창업 기업은 고객에 대한 이해가 부족하고, 고객을 만족시킬 수 있는 프로세스와 시스템이 부족하기 때문에 이에 대한 철저한 대비가 필요하다.

많은 기업들이 실패하는 이유 중 하나는 고객의 불평을 무시하기 때문이다. 통계조사에 의하면, 제품과 서비스에 불만이 있는데, 실제로 불평을 제기하는 사람의 비율은 10%이고, 나머지 90% 고객들은 불평 자체를 제기하지 않고 다른 회사의 제품과 서비스로 이동해버리거나 다른 고객들에게 나쁜 소식을 전달한다고 한다. 그러므로 실제로 불평을 제기하는 고객들은 정말로 기업에 도움을 주는 중요한 고객들이기 때문에 고객들의 목소리(voice of customer)를 중요한 자산으로 생각하고, 이를 받아들이고 혁신하는 노력이 매우 중요하다.

### 2) 점검 사항

① 여러분 회사의 제품과 서비스, 부가 서비스, A/S 등이 고객의 가치를 충족시키고 있는지를 분석한다.

② 여러분의 회사에서는 고객의 니즈나 불만을 모니터링할 수 있는 시스템을 갖추고 있는지를 분석한다.

| 고객 가치 | 고객 불만 |
|---|---|
|  |  |

## [Rule 6] 최고의 품질을 확보하라

### 1) 개념

고객들은 제품과 서비스가 제공하는 가치(value)가 가격(price)보다 월등히 높아야 제품과 서비스를 구입하게 된다. 고객이 느끼게 되는 가치를 높이는 가장 중요한 요소는 제품과 서비스의 품질이다. 그러므로 창업자는 생산 · 판매하는 제품의 품질을 높이기 위하여 끊임없는 노력이 필요하다.

많은 기업들이 실패하는 가장 큰 이유 중 하나는 제품의 품질 불량 때문이다. 창업자가 생산 · 판매하는 제품과 서비스에 불량이 발생하면, 많은 비용이 발생하고, 나아가서 소비자들의 불평이 늘고, 매출은 하락하게 된다. 예를 들어, 1:10:100이라는 규칙이 있는데, 제품에 불량이 생겨서 즉시 해결하면 1이라는 비용이 발생하고, 출고 전에 해결하면 10이라는 비용이 발생하고, 고객의 손에 들어가서 리콜이 발생하면 100이라는 비용이 발생한다는 법칙이다. 따라서 제품과 서비스의 품질을 향상하기 위하여 선제적으로 노력하는 일이 매우 중요하다.

### 2) 점검 사항

① 여러분이 생산 · 판매하는 제품과 서비스의 품질 수준은 어느 정도인지를 분석한다.

② 품질을 향상하기 위하여 어떤 노력을 하고 있는지를 분석한다.

| 품질 수준 | 품질 관리 |
|---|---|
|   |   |

## [Rule 7] 나만의 차별성과 독창성을 확보하라

### 1) 개념

소비자들은 수많은 제품과 서비스에 노출되어 있기 때문에, 창업하고자 하는 제품과 서비스가 차별성이 없거나 독창성이 없으면 선택될 가능성이 없다. 따라서 창업을 할 때 제품과 서비스 혹은 고객에게 전달하는 과정이 차별화되어 있거나 독창적인지를 점검해볼 필요가 있다.

그런데 제품과 서비스가 독창적이고 차별화되었다 하더라도 그것이 고객이 원하는 것이 아니라면 아무 의미가 없다. 그러므로 차별성과 독창성을 강화할 때는 제일 먼저 고객의 관점에서 접근해야 하고, 그 다음에 경쟁사와 차별화할 수 있는 방안을 찾아야 한다.

### 2) 점검 사항

① 여러분의 제품과 서비스가 경쟁사에 비하여 차별성과 독창성을 가지고 있는지를 분석한다.

② 여러분의 제품과 서비스가 제공하고 있는 차별성과 독창성이 고객의 가치를 창출하고 있는지를 분석한다.

| 차별성 | 독창성 |
| --- | --- |
|  |  |

## [Rule 8] 명확한 목표와 합리적인 계획을 수립하라

### 1) 개념

창업을 하는 과정에는 수많은 일들을 수행해야 하는데, 이것들을 주먹구구식으로 해결하면 많은 시행착오를 겪게 된다. 그러므로 창업을 하는 과정에서 부딪히는 많은 일들을 해결하기 위해서는 목표를 명확하게 설정해야 한다. 명확한 목표가 없다는 것은 항해를 할 때 가고자 하는 목적지가 없는 것과 같다. 명확한 목표를 설정한 다음에는, 이를 달성하기 위한 합리적인 계획들을 수립하여 추진해야 한다.

창업자들은 기업 경영에 대한 경험이 없기 때문에 많은 일들을 주먹구구식으로 처리하여 실패하는 경우가 많다. 그러므로 본인이 많은 공부와 철저한 학습을 통하여 창업 분야에 전문가가 되어야 한다. 필요에 따라서는 각 분야의 전문가들의 도움을 통하여 주먹구구식이 아닌 합리적인 방법으로 많은 일들을 해결하는 것이 바람직하다.

### 2) 점검 사항

① 여러분이 창업을 할 때 가지고 있는 목표가 합리적인지를 점검한다.

② 목표를 달성하기 위한 합리적이고 체계적인 계획이 수립되어 있는지를 점검한다.

| 명확한 목표 | 합리적 목표 |
|---|---|
|  |  |

## [Rule 9] 마케팅을 강화하고, 비용을 절감하라

### 1) 개념

기업은 이익을 창출하지 못하면 경영을 지속할 수 없게 되는데, 이익을 창출하기 위해서는 제일 먼저 매출을 높여야 한다. 창업자들은 흔히 제품과 서비스를 생산하면 잘 팔리겠지 하는 막연한 생각을 하는데, 이는 매우 잘못된 생각이며 창업 기업들이 실패하는 경우는 대부분 마케팅 능력이 부족한 경우가 많다. 그러므로 창업 기업들은 판매를 늘리기 위한 강력한 마케팅 전략을 수립하고 추진해야 한다.

이익을 창출하기 위해서는 매출을 높이기 위한 마케팅 전략뿐만 아니라 동시에 비용을 절감하기 위한 노력이 필요하다. 기업의 비용은 생산비용과 판매 및 관리비로 구성되어 있고, 동시에 고정비와 변동비로 구성되어 있다. 그러므로 매출 향상과 동시에 기업의 비용구조를 정확하게 분석하고 합리적으로 절감하는 노력이 필요하다.

### 2) 점검 사항

① 여러분의 제품과 서비스를 판매하기 위한 마케팅 전략을 점검한다.
② 기업을 경영하는 과정에 발생하는 원가를 절감할 수 있는 방안을 점검한다.

| 마케팅 계획 | 원가 절감 계획 |
|---|---|
|  |  |

## [Rule 10] 자금관리를 철저히 하라

### 1) 개념

기업을 경영하는 데 있어서 자금이 없으면 운영될 수 없기 때문에 필요한 자금이 얼마나 되는지, 어떻게 조달할 것인지, 어떻게 관리할 것인지에 대한 철저한 자금관리 계획을 수립해야 한다.

창업 기업은 창업 초기에 충분한 자금을 확보하기가 힘들고, 동시에 창업을 한 후 제품과 서비스가 판매되어 자금이 회수되는 데 많은 기간이 소요된다. 동시에 회사를 경영하는 과정에 예상하지 못한 일들이 발생하여 자금이 더 들어가기도 하고, 자금회수가 지연되거나 어려워지는 경우가 많다. 이 과정에서 대부분 창업 기업들은 자금난에 시달리기 때문에 철저한 자금 계획을 수립해야 하고 관리를 해야 한다.

### 2) 점검 사항

① 회사를 운영하는 데 필요한 자금을 조달하고, 운영하는 계획을 점검한다.
② 회사를 운영하는 과정에서 발생 가능한 불확실한 상황에 대비할 수 있는 자금 계획을 점검한다.

| 자금 관리 계획 | 불 확실성에 대비 |
|---|---|
|  |   |

## [Rule 11] 창업 지원 프로그램을 잘 활용하라

### 1) 개념

창업 기업들은 경영, 기술 개발, 자금, 유통채널, 정보, 인력 등 모든 영역에서 열악한 상황이다. 그러므로 이를 극복하기 위해서는 정부와 지방자치단체, 대학 등이 제공하고 있는 창업 지원 및 활성화 프로그램을 적극적으로 활용해야 한다. 최근에 정부와 지방자치단체, 대학들은 자금, 교육, 정보, 시설, 인력, 마케팅 등 많은 영역에서 다양한 정책 프로그램을 지원하고 있다. 따라서 이들 프로그램들을 적극 활용하여 창업의 성공률을 높여야 한다.

동시에 창업자는 주변에 좋은 멘토 그룹을 조성할 필요가 있다. 예를 들어, 동종 업종에서 이미 성공한 기업들, 업종은 다르지만 도움을 줄 수 있는 기업들, 혹은 각 분야의 전문가 등과의 네트워크를 잘 구축하면 창업 과정에서 부딪히는 많은 어려움들을 극복할 수 있다.

### 2) 점검 사항

① 창업 기업을 지원해주는 지원 프로그램을 활용하기 위한 방안을 수립한다.

② 여러분의 기업들을 도와줄 수 있는 멘토 혹은 지원 팀들을 구축할 수 있는 방안을 수립한다.

| 정부 지원 | 멘토 |
|---|---|
| 창업진흥원 Korea Institute of Startup & Entrepreneurship Development |  |

## [Rule 12] 신뢰를 확보하라

### 1) 개념

창업 과정에서 주변의 이해 당사자들로부터 신뢰를 얻는 일이 매우 중요하다. 기업은 혼자 생존할 수 없고, 기업을 둘러싸고 있는 이해당사자들, 즉 고객, 협력회사, 경쟁회사, 지역사회 등과 상호 작용하면서 생존해야 하는 유기체이기 때문에 이들로부터 신뢰를 얻지 못하면 지속가능하게 생존하고 성장할 수 없다. 그러므로 창업 기업에 직·간접적으로 관련되어 있는 이해당사자들의 신뢰를 얻는 일이 매우 중요하다.

또한 기업을 운영하는 주체는 직원인데, 직원들이 행복하고 만족하지 못하면 좋은 제품과 서비스를 생산하고 판매할 수 없다. 그러므로 직원들을 존중하고 배려함으로써 이들로부터 신뢰를 얻는 일은 매우 중요하다.

### 2) 점검 사항

① 창업하는 과정에 관련된 여러 이해당사자들의 신뢰를 높일 수 있는 방안을 수립한다.

② 회사 직원들의 신뢰를 얻는 방안을 수립한다.

| 신뢰 | 이해당사자 |
| --- | --- |
|   |  |

## [Rule 13] 위험과 불확실성에 대비하라

### 1) 개념

기업을 창업하고 경영하는 과정에는 예상하지 못한 수많은 일들이 발생하고, 이들은 경영에 막대한 영향을 주게 된다. 예를 들어, 예상하지 못한 경기침체 및 금융위기, 고객의 이탈, 직원의 퇴사, 제품과 서비스 불량의 증가 등 수많은 위험과 불확실성 요소들이 생길 수 있다. 그러므로 위험과 불확실성에 대한 대응방안을 수립해야 한다.

위험과 불확실성에 대비하기 위해서는 제일 먼저 창업을 하는 과정에서 부딪힐 수 있는 위험 및 불확실성 요소들을 찾아내고, 이러한 요소들로 인해 어떤 일이 일어나는지 등을 세밀하게 분석해야 한다. 그런 다음 실제로 그 같은 일들이 일어났을 때 어떻게 대비해야 하는지에 대한 대응방안을 수립해야 한다.

### 2) 점검 사항

① 창업과 기업 경영 과정에서 발생할 수 있는 많은 위험요소들을 찾아낸다.
② 각 위험 요소들이 실제로 발생했을 때 이에 대한 대응방안을 수립한다.

| 위험요소 | 대응방안 |
|---|---|
|   | 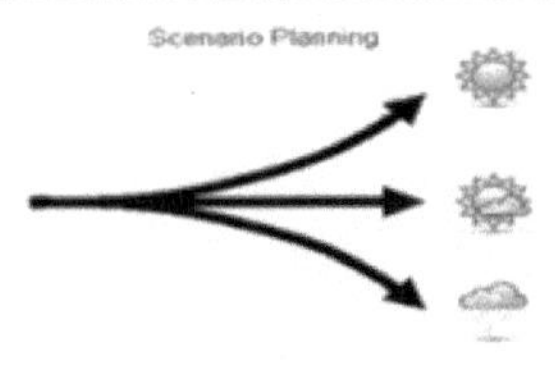  |

## [Rule 14] 끊임없이 창의적으로 혁신하라

### 1) 개념

최근 기업의 경영 환경은 사회, 기술, 경제, 고객 니즈, 경쟁사 모두가 빠르게 변화하면서 변화와 혁신이 새로운 화두로 떠오르고 있다. 이러한 상황에서 기업도 끊임없이 변화하지 않으면 치열한 경쟁 환경 속에서 도태될 수밖에 없다. 기업이 변화한다는 것은 직원의 변화, 제품과 서비스의 변화, 업무 프로세스의 변화, 일하는 방식의 변화 등을 의미하는데, 이 과정에서 가장 중요한 변화의 시작점은 경영자의 변화와 혁신 능력이다. 경영자가 제일 먼저 변화하지 못하면 기업은 결코 변화할 수 없기 때문에 변화와 혁신에 대한 창업자의 마인드가 매우 중요하다.

변화와 혁신의 목표는 고객 만족 향상인데, 고객 만족을 높이기 위하여 창의적 변화와 혁신이 필요하다. 창의적으로 변화하고 혁신한다는 것은 남들이 하지 않은 방법으로 과감하게 변화하고 혁신하는 것을 의미한다. 그런데 창의적으로 변화하고 혁신하기 위해서는 그만큼 위험 부담이 많기 때문에 이에 대한 철저한 준비와 대비가 필요하다.

### 2) 점검 사항

① 여러분의 회사가 어떻게 변화하고 혁신하고 있는지를 점검한다.

② 여러분의 회사에서 추진하고 있는 변화와 혁신이 얼마나 창의적인지를 점검한다.

| 변화와 혁신 | 창의성 |
|---|---|
|  |  |

## [실습 6] 창업의 성공요인 진단하기

### ◎ 목적

창업의 성공요인을 중심으로 예비 창업자의 성공 가능성을 점검하고, 문제점과 개선 방안을 찾는 것이 목적이다.

### ◎ 진행방법

① 성공요인의 14개 항목에 대하여 5점 만점으로 점수를 부여한다.
 – 매우 높음: 5, 약간 높음: 4, 보통: 3, 약간 낮음: 2, 매우 낮음: 1
② 각 항목에 대하여 문제점과 개선 방안을 찾는다.

**〈실습 6〉 창업의 성공요인 진단**

| 성공요인 항목 | 자가 진단 점수 | 문제점과 개선 방안 |
|---|---|---|
| 1. 열정을 가지고 도전하라 | | |
| 2. 지나친 자신감을 경계하라 | | |
| 3. 매력적인 창업 아이템을 찾아라 | | |
| 4. 틈새시장에서 시작하라 | | |
| 5. 고객의 입장에서 생각하고 행동하라 | | |
| 6. 최고 수준의 품질을 확보하라 | | |
| 7. 나만의 차별성과 독창성을 확보하라 | | |
| 8. 명확한 목표와 합리적인 계획을 수립하라 | | |
| 9. 마케팅을 강화하고, 비용을 절감하라 | | |
| 10. 자금관리를 철저히 하라 | | |
| 11. 창업 지원 프로그램을 잘 활용하라 | | |
| 12. 신뢰를 확보하라 | | |
| 13. 위험과 불확실성에 대비하라 | | |
| 14. 끊임없이 창의적으로 혁신하라 | | |

## [실습사례 6] 창업 성공요인의 진단하기

아래의 사례는 챗봇 기반 창업 컨설팅 서비스를 개발, 판매, 교육 서비스를 제공하려는 김 박사의 성공요인을 분석한 것이다.

〈실습사례 6〉 창업의 성공요인 진단

| 성공요인 항목 | 자가 진단 점수 | 문제점과 개선 방안 |
|---|---|---|
| 1. 열정을 가지고 도전하라 | 4 | 새로운 사업을 추진하기 위한 열정과 도전정신을 가지고 있음 |
| 2. 지나친 자신감을 경계하라 | 3 | 창업 아이템의 시장에 대하여 시장 규모를 너무 낙관하고 있음 |
| 3. 매력적인 창업 아이템을 찾아라 | 4 | 창업 아이템은 매력적이나, 개발과 서비스에 어려움이 예상됨 |
| 4. 틈새시장에서 시작하라 | 4 | 컨설팅 기반의 교육시장은 경쟁자가 적기 때문에 틈새시장임 |
| 5. 고객의 입장에서 생각하고 행동하라 | 3 | 고객에 대한 이해가 부족하고, 고객 편의성을 높일 방안이 필요 |
| 6. 최고 수준의 품질을 확보하라 | 3 | 콘텐츠 품질 및 교육 품질에서 개선 방안이 필요함 |
| 7. 나만의 차별성과 독창성을 확보하라 | 5 | 컨설팅 콘텐츠와 교육 방법이 독창적이고 차별화되어 있음 |
| 8. 명확한 목표와 합리적인 계획을 수립하라 | 3 | 목표가 합리적이지 못하고, 전략이 체계적이지 못함 |
| 9. 마케팅을 강화하고, 비용을 절감하라 | 2 | 마케팅 능력이 낮고, 그에 따라서 매출이 낮음 |
| 10. 자금관리를 철저히 하라 | 3 | 자금이 충분하지 못하고, 이를 관리할 수 있는 방안이 필요함 |
| 11. 창업 지원 프로그램을 잘 활용하라 | 1 | 정부 지원 정책을 적극적으로 활용하고 있지 못함 |
| 12. 신뢰를 확보하라 | 3 | 직원의 미래를 생각하면서, 비전을 함께 공유 |
| 13. 위험과 불확실성에 대비하라 | 2 | 예상하지 못한 일에 대한 대응능력이 낮음 |
| 14. 끊임없이 창의적으로 혁신하라 | 4 | 새로운 콘텐츠와 교육 프로그램 개발에 더욱 혁신을 해야 함 |

# V 종합 실습: 창업 아이템의 타당성 분석

## ◎ 목적

창업 아이템들을 타당성을 비교 분석하여 최종 아이템을 선정하는 것이 목적이다.

## ◎ 진행방법

① 창업 아이템들을 시장성, 기술성, 수익성, 독창성, 사업수행능력 관점에서 평가하여 점수를 부여한다.

② 총점을 계산하여 아이템의 우선순위를 정하고 우선순위가 가장 높은 아이템을 최종 아이템으로 선정한다.

〈종합 실습〉 창업 아이템의 타당성 분석

| 창업 아이템 | 시장성 | 기술성 | 수익성 | 독창성 | 사업<br>수행능력 | 총점 | 순위 |
|---|---|---|---|---|---|---|---|
| | | | | | | | |
| | | | | | | | |
| | | | | | | | |
| | | | | | | | |
| | | | | | | | |

↓

| 최종 아이템 선정 |
|---|
| |

## [종합 실습사례] 창업 아이템의 타당성 분석

다음은 김 박사가 창업 아이템의 타당성을 분석하는 5가지 평가항목인 시장성, 기술성, 수익성, 독창성, 사업수행능력을 평가하여 최종 아이템을 선정한 사례이다.

**〈종합 실습사례〉 창업 아이템의 타당성 분석 사례**

| 창업 아이템 | 시장성 | 기술성 | 수익성 | 독창성 | 사업 수행능력 | 총점 | 순위 |
|---|---|---|---|---|---|---|---|
| 1. 챗봇 중심의 컨설팅 서비스 개발 | 4 | 5 | 5 | 5 | 5 | 24 | 1 |
| 2. 챗봇 기반의 창의적 문제해결 가이드 | 3 | 4 | 4 | 4 | 5 | 20 | 2 |
| 3. 창의적 문제해결 지식 사이트 | 3 | 4 | 3 | 4 | 4 | 18 | 3 |

| 최종 아이템 선정 |
|---|
| 챗봇 중심의 컨설팅 플랫폼 |

# Ⅵ 창업과 창의성: 속성나열법을 활용하여 목표 속성을 만족시키는 아이디어를 만들어보자

문제의 해결 목표의 속성을 찾아서 이를 해결하기 위한 아이디어를 개발하는 방법이다. 미리 제품 및 서비스와 관련된 주요 목표 설정을 설정한 뒤에, 그와 관련된 구체적인 정의를 해보고, 마지막으로 관련된 아이디어를 도출하면 되는 기법이다.

간단하면서도 미리 설정해둔 목표에 적합한 아이디어 도출이 가능하므로 명확한 방향성을 가진 결과물을 얻을 수 있어 효과적이다.

예를 들어, 자동차 보험 서비스를 우선 목표로 명확히 설정한 후 그와 관련된 속성들을 나열한 후 각 속성에 대한 아이디어를 도출하는 방법이다.

## ■ 속성나열법 실습 템플릿

| 제품/서비스 | 주요 속성 | 속성의 정의 | 아이디어 |
|---|---|---|---|
| | | | |
| | | | |
| | | | |
| | | | |

## ■ 속성나열법 사례

| 제품/서비스 | 주요 속성 | 속성의 정의 | 아이디어 |
|---|---|---|---|
| 자동차 보험 서비스 | 신뢰 | 서비스 질, 가격, 품질, A/S 등 고객이 100% 신뢰할 수 있는 서비스 | 책임보증제를 실시하고 보험약관에 구체적으로 명시함으로써 신뢰도를 높임 |
| | 편리 | 서비스 신청부터 종료까지 편리하게 이용할 수 있는 서비스 | 인터넷 예약, 전화 예약 서비스를 통해 온라인상에서 대부분의 보험 업무를 처리함 |
| | 다양 | 자동차 운행과 관련된 다양한 종류의 서비스 | 성별, 연령별, 차종별로 다양한 보험상품을 개발하여 보험료를 차등 적용함 |
| | 가격 | 경쟁사나 경쟁 업종의 다른 서비스보다 저렴한 서비스 | 신규 고객 할인, 장기 고객 할인 등 다양한 보험료 할인 프로그램을 개발함 |

PART 03

# 사업추진계획의 수립

CHAPTER 06

# 고객을 분석하라

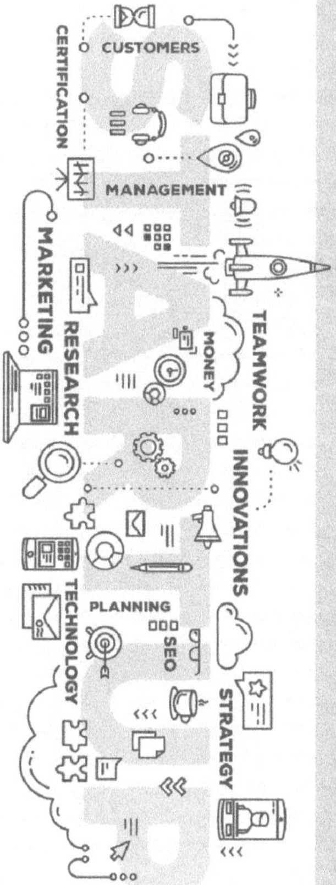


Ⅰ. 고객 분석의 개념

Ⅱ. 고객 분석방법

Ⅲ. 창업과 창의성: 역발상 기법을 활용하여 다른 관점에서 생각해보자

START UP 도입 대화

[형선] 창업 타당성도 어느 정도 확인이 끝났으니 이제 좀 더 세부적인 분석이 필요할 것 같아.

[종규] 맞아. 여태까지 큰 그림에서 창업계획을 잡아봤다면 이제 본격적으로 세부 항목에 대한 확인이 필요하지. 이 장에서는 고객을 분석하는 내용을 담고 있어.

[형선] 고객이란 용어는 친숙한데 막상 분석하자니 막막하네. 비전문가들이 쉽게 분석할 방법은 없을까?

[종규] 당연하지. 여태까지 그랬듯이 이 장에서도 쉬운 템플릿 위주로 여러 가지 방법론을 설명해줄 거야. 그대로 따라만 해도 각 항목들에 대한 파악이 쉬워질 거야.

[형선] 어서 실습을 따라해서 세부 항목들도 정복해봐야겠어!

# Ⅰ 고객 분석의 개념

고객 분석이란 목표시장 내에 존재하는 고객들의 특성과 니즈를 분석하고 이들의 니즈를 충족시켜 줄 수 있는 가치를 찾아내는 활동을 의미한다.

예를 들어, 프리미엄 레스토랑을 찾는 고객들의 니즈가 조용한 분위기 속에서 웰빙 형태의 식사라고 할 때 어떤 방법으로 이들의 니즈를 충족시켜 줄 것인가를 결정해야 한다.

기업의 시작과 끝은 고객이기 때문에 고객의 니즈에 대한 정확한 분석 없이는 창업은 실패할 수밖에 없다. 그러므로 끊임없이 고객의 특성과 니즈를 분석하여 이를 제품과 서비스로서 충족시킬 수 있는 방안을 수립해야 한다.

**고객 분석의 주요 과정**

고객 분석의 목적은 시장의 변화와 고객의 니즈 및 트렌드를 파악하는 것이다. 이를 토대로 새로운 신제품이나 신사업을 위한 아이디어를 도출할 수 있다.

# Ⅱ 고객 분석방법

## 1. 고객 세분화 분석

산업과 마찬가지로 고객 역시 세분화시켜 내가 하고자 하는 사업에는 어떤 고객이 존재하는지 명확히 확인할 필요가 있다. 고객 세분화(customer segmentation) 분석이란 차별화된 제품과 서비스 개발을 위해 고객들을 여러 집단으로 분류해서 집단별로 고객 특성과 니즈를 분석하면서 고객을 이해하는 기법이다.

세분화 기준은 성별, 나이, 지역, 소득 수준 등 고객들을 이질적인 서로 다른 특성으로 분류할 수 있는 기준을 의미하며 다양한 세분화 기준을 찾아낼수록 고객 니즈와 특성을 세분화하는 데 도움이 된다. 상세분류 기준에는 남녀, 20대 미만, 수도권과 비수도권 등 세분화 기준 내에서 고객들의 유형을 더 다양하게 분류할 수 있는 특성들을 의미한다.

방법론을 적용하기 위해서는 세분화 기준과 상세 분류 기준을 설정하여 해당 산업의 고객들의 특성을 분석하고, 목표고객 및 전략적 시사점을 도출한다.

고객 세분화는 해당 산업의 고객들을 분류할 수 있는 세분화 기준과 상세 분류기준을 설정하고 고객 특성 분석은 다양한 분류기준에 따라 고객 세분화별로 특성을 분석하고, 대응 방안을 수립하며 목표고객 선정은 세분화된 고객군들이 가져다주는 기회와 위협을 분석해서 목표고객을 선정하고 그에 맞는 제품 및 서비스 개발, 마케팅전략 수립 등에 활용할 수 있다.

**고객 세분화 분석**

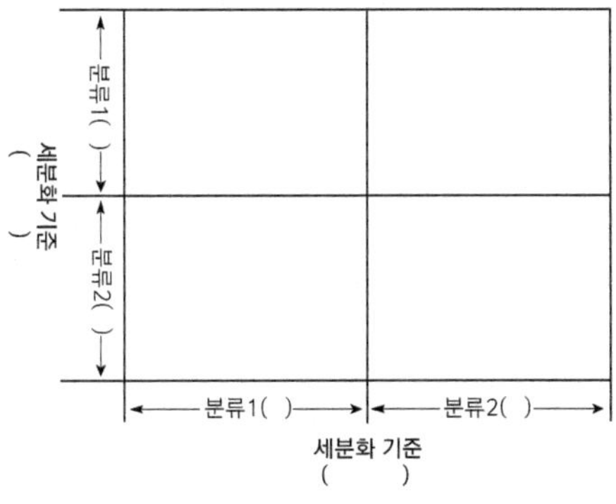


목표고객 = ( ____________ )

**전략적 시사점**

1.

2.

3.

## 고객 세분화 분석 Simulation

| 창업 아이템 | 휴대용 전자제품 |
|---|---|

### 1. 고객 세분화 및 평가

| Ⅰ. 고객 세분화 | | | 성별 | |
|---|---|---|---|---|
| | | | 여자 | 남자 |
| | 연령 | 30대 미만 | 여자, 30대 미만 | 남자, 30대 미만 |
| | | 30대 이상 | 여자, 30대 이상 | 남자, 30대 이상 |

* 가중치는 최대 1, 점수는 각 항목별로 최대 10점

| Ⅱ. 고객 평가 기준 | 가중치 | 고객 유형 1 | 고객 유형 2 | 고객 유형 3 | 고객 유형 4 |
|---|---|---|---|---|---|
| | | 여자/30대 미만 | 여자/30대 이상 | 남자/30대 미만 | 남자/30대 이상 |
| 고객 수 | 0.2 | 10 | 9 | 8 | 7 |
| 구매력 | 0.3 | 6 | 8 | 7 | 8 |
| 구매 빈도 | 0.3 | 8 | 6 | 4 | 3 |
| 마케팅 비용 | 0.2 | 8 | 6 | 8 | 6 |
| | | | | | |
| 고객 유형별 점수 | | 7.8 | 7.2 | 6.5 | 5.9 |
| 목표고객 우선순위 | | 1 | 2 | 3 | 4 |

⬇

여성 고객, 30대 이하 고객들을 목표고객으로 설정함

### 2. 고객 유형별 비교분석 결과

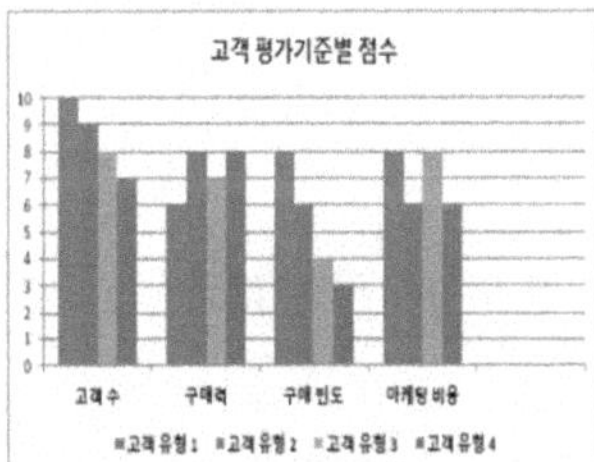


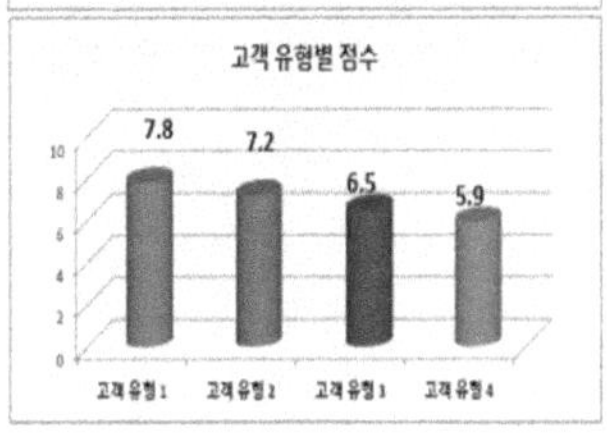

## 사례 6-1 '배달삼겹직구삼' 성공 비결

### 1. 배달삼겹직구삼 성공

- '배달삼겹직구삼'은 프리미엄 육류의 사용과 남다른 포장 방식을 통해 비슷한 배달삼겹살전문점의 틀을 깨며 '트렌드'에 집중한 고객 니즈 충족을 위한 독특한 방식의 성공전략을 수립했다고 밝혔다.

  이는 업계의 다변화를 예측하고, 고객의 입맛을 지속적으로 연구해 나가는 본사 차원의 개발 시스템이다.

### 2. 트렌드에 집중한 고객 니즈 충족 전략 시행

- 불에 직접 구워 불향이 베어 있는 삼겹살과 1인 혼밥족들의 시대에 걸맞은 '직구 1, 2인 도시락', 삼겹살 이외 직갈비, 돼지불백, 제육, 김치제육 도시락, 고기만, 가성비 메뉴 라인업 구축 등 각자의 취향에 맞는 매출 다각화 실현이 가능한 메뉴를 구성했다.

  '배달삼겹직구삼'의 관계자는 "튀어야 사는 시대다. 배달 업종이 대세라고 해서 현실에 안주하는 순간, 도태되고 말 것"이라며, "프리미엄 육류 사용과 배달용기의 차별화로 업계에서 남다른 행보를 걷고 있는 직구삼이 늘 새로운 맛과 트렌드에 대한 연구, 구성으로 더욱 주목받는 이유다"라고 말했다.

출처: 시사매거진(2020.11)

### 생각해보기

- 이 사례는 고객의 특성을 철저하게 분석하여 창업에 성공한 대표적인 사례이다.
- 여러분의 주변에서 고객의 니즈와 특성을 분석하여 성공한 사례를 찾아보시오.

## 2. 고객 트렌드 분석

고객 트렌드를 분석할 때는 일반적으로 '소비자 조사' 방법을 사용한다. 하지만 실제로 창업을 하면서 바로 활용하기에는 어려운 부분이 있기 때문에 소셜 분석을 통해서 간단하게 고객의 특성을 분석할 수 있다. 소셜 분석을 할 때는 데이터에 기반을 두고 있기 때문에 추가적으로 자료를 보고 분석한 다음 어떤 의미이고, 배경이 있는지 그 이유를 찾아야 한다.

무료로 간단하게 소셜 분석을 할 수 있는데 구글 트렌드, 네이버 데이터랩, 카카오 데이터 트렌드, 썸트렌드 등에서 분석을 할 수 있다.

출처: 썸트렌드, '카페창업'에 대한 연관어, 긍정/부정/중립 검색 결과

## 3. STP 분석

목표시장을 여러 세부 시장으로 세분화해서 세분화된 시장의 매력도를 분석하고, 표적시장을 선정한 다음에 자사 제품의 위치를 결정하는 기법이다. 예를 들어 화장품 목표시장의 선정, 자동차 목표시장의 선정, 전자제품 목표시장의 선정 등이 있다.

STP 실습 템플릿은 다음 표와 같다.

| 단계 | | 특성 |
|---|---|---|
| 1. Segmentation | 세분화 시장 1 | |
| | 세분화 시장 2 | |
| | 세분화 시장 3 | |
| 2. Targeting | | |
| 3. Positioning | | |

Segmentation 단계에서는 목표시장을 지리적, 인구통계학적, 구매 행동, 추구하는 가치 등의 요인 등을 이용해서 세분화한 다음 세분 시장의 매력도를 시장 크기와 규모, 성장성, 수익성, 경쟁 강도, 자사와의 적합성 등의 관점에서 평가한다. 세분화 기준은 측정 가능성, 수익성, 접근 가능성, 차별적 반응 등의 관점에서 선택할 수 있도록 한다.

Targeting 단계에서는 세분화된 시장의 매력도를 분석한 다음에는 각 세분 시장에서 자사의 경쟁우위가 확보될 수 있는지, 경쟁우위가 확보될 수 있는 시장이 어떻게 성장 발전할 것인지를 분석해야 한다. 다음에 세분 시장을 평가해서 순위를 결정한 후 표적시장을 결정하게 된다.

Positioning 단계에서는 마지막으로 표적시장 내에서 경쟁자와 경쟁하기 위해서 자사의 제품, 가격, 프로모션, 채널 등을 조합해서 자사 제품의 위치를 결정해야 한다.

## 사례 6-2 '러스틱 창업'에 주목하라

### 1. 코로나 영향으로 인한 시골창업 부상

- '시골창업'이 부상하고 있다. 최근 서울대 소비트렌드분석센터가 발표한 2022년 호랑이해 소비 트렌드 중 하나는 '러스틱 라이프(Rustic Life)'다. 복잡한 도심을 떠나 한적한 시골마을을 찾는 소비자가 늘어나고 있다는 얘기다. 물론 코로나 팬데믹 영향이 가장 크다고 볼 수 있다. 해외여행이 막힌 소비자들에게 한적한 시골마을 자체는 이미 오래전에 새로운 형태의 구매처로 부상했다. 해외여행에 대한 갈증을 시골마을의 차박 열풍으로 해소하는 분위기도 있었다.

창업시장 관점에서도 러스틱 창업은 의미가 크다. 위드 코로나 시대의 창업시장 핵심 코드는 창업자가 행복한 실속 창업이다. 투자비용 줄이기는 기본이다. 특히 한 달에 한 번 지불해야 하는 월 고정비용을 줄이는 것이 관건이 됐다. 시골마을 가게의 경우 도심 상권보다 임차료가 저렴할 수밖에 없다. 결국 시골창업의 핵심은 '창업자 스스로의 행복지수를 높이는 창업법'이라는 측면에서 주목받고 있는 것이다.

### 2. 트렌드에 집중한 고객 니즈 충족 전략 시행

- 시골마을 창업의 아이템 결정은 어떻게 해야 할까? 철저하게 창업자의 역량을 제대로 구현할 수 있는 아이템이 유리하다. 남하부엌 주인장인 홍성순 대표는 인천에서 파스타 조리장을 했던 경험을 살려 전남 장흥 시골마을로 내려간 경우다. 외식업 창업자라면 해당 시골마을의 원재료를 활용한 창업 아이템이나 주력 메뉴 개발도 중요한 포인트 중 하나인 것이다.

시골창업이라는 관점에서 외식업 외에 다른 아이템으로는 어떤 게 있을까? 판매업도 가능하다고 본다. 시골마을 신토불이 농수축산물 온・오프라인 유통매장 창업을 고려할 수 있다. 창업자의 영업공간과 생활공간은 시골마을이다. 하지만 온라인 마켓 입점과 전국 택배 시스템을 통해 얼마든지 도시 사람들을 공략할 수 있다. 특히 서울을 포함한 수도권 2,600만 소비자를 타깃으로 하는 신토불이 농수산물, 식품가공업 유통사업은 충분히 기회요인이 많다고 판단된다.

기타 서비스업 아이템으로는 시골마을 민박대여업 등도 고려할 만하다. 에어비앤비와 연계한 도시 사람들의 재충전 공간을 창출하고 '휴(休)비즈니스' 공간으로 활용할 수 있기 때문이다.

시골마을 창업의 성패는 마케팅에서 결정된다. 창업 성과와 직결되기 때문이다. 창업 예정지인 시골마을과 점포(집)가 결정됐다면 매장(집) 꾸미기가 뒤따라야 한다. 도시에서 생활하는 소비자들의 감성 코드를 자극할 수 있는 인테리어 및 익스테리어(조경) 경쟁력은 필수조건이다. 다양한 이야깃거리가 있는, 강력한 서사의 내러티브 마케팅도 필요하다. 내 가게를 찾는 도시 소비자들의 자발적 마케팅을 유도하는 전략인 것이다.

출처: 시사저널(2021.12)

### 생각해보기

- 이 사례는 고객 트렌드를 철저하게 분석하여 창업에 성공한 대표적인 사례이다.
- 여러분의 주변에서 고객 트렌드를 분석하여 성공한 사례를 찾아보시오.

## 4. 3불 분석

3불 분석이란 고객이 가진 3不(불편함, 불균형, 불일치)을 찾아내어 새로운 문제와 기회를 찾아내고 고객이 가진 니즈를 정확하게 충족시키기 위해 사용하는 분석 기법을 말한다.

불편함(inconvenience)이란 고객이 제품과 서비스를 구입 및 활용하는 과정의 어려움을 의미한다. 불균형(unbalance)이란 고객이 원하는 것과 기업이 제공하는 것 사이의 차이를 의미한다. 불일치(incongruity)란 고객이 원하는 것과 기업이 제공하는 것이 전혀 맞지 않음을 의미한다.

고객 3不 분석은 외부 환경 분석의 고객 세분화 분석 다음에 수행하는 것이 바람직하다.

자사가 생산 판매하고자 하는 고객들을 집중 분석해서 문제점과 개선 방안을 찾는 방법이다. 이때 고객 정의란 자사의 제품과 서비스의 목표고객을 의미한다.

앞서 불편함, 불균형, 불일치 세 가지가 3불에 해당된다고 말했는데, 불편함을 분석하기 위해서는 고객들이 제품과 서비스를 구입 및 활용하는 과정에서의 불편함을 확인해야 하고, 불균형을 분석하기 위해서는 고객들이 원하는 양과 제품과 서비스가 제공하는 양간의 불균형을 분석해야 하며, 불일치 분석을 위해서는 고객들이 원하는 것과 기업이 제공하는 제품과 서비스 간의 차이를 분석해야 한다.

이러한 3불 분석을 통해서 개선하고 하는 문제점을 찾아내고 혁신 방안을 제시하면 된다.

아래와 같이 실습 템플릿 및 사례를 참조하여 진행할 수 있도록 한다.

**3불 분석**

| 고객의 정의 | | | |
|---|---|---|---|
| 고객의 니즈 | | | |
| 제공하는 제품과 서비스의 가치 | | | |
| | 번호 | 내용 | 해결 방안 |
| 고객의 불편함 (inconvenience) | 1 | | |
| | 2 | | |
| 고객의 불균형 (unbalance) | 1 | | |
| | 2 | | |
| 고객의 불일치 (incongruity) | 1 | | |
| | 2 | | |

**전략적 시사점**

1.

2.

3.

**고객 3불 분석 Simulation**

| 창업 아이템 | 창업 경영 시뮬레이션 |
|---|---|

| 1. 불일치 | | 2. 불균형 | | 3. 불편함 | |
|---|---|---|---|---|---|
| 주요 내용 | 해결 방안 | 주요 내용 | 해결 방안 | 주요 내용 | 해결 방안 |
| 1. 창업자 경영 역량을 향상할 교육 없음 | 1. 경영 역량을 향상할 수 있는 교육 필요 | 1. 경영 교육은 시간이 많이 걸림 | 1. 단기간에 경영 역량 향상 필요 | 1. 지루한 강의실 교육 | 1. 게임 방식의 교육 |
| 2. 기존 창업 교육은 사업계획 교육만 제공 | 2. 경영 역량을 향상할 수 있는 교육 필요 | 2. 이론 중심의 교육만 제공 | 2. 실무 중심의 교육 필요 | 2. 집합 교육만 제공 | 2. 온라인 교육 제공 |
| | | | | | |

## 사례 6-3 "욕이란 욕은 다 먹은 경험이 창업 원동력"

### 1. 고객 불만 제거를 고민하며 얻게 된 창업 아이디어

- '어떻게 하면 고객 불만을 줄일 수 있을까.' 이 질문은 엠비아이솔루션을 비대면 고객 응대 솔루션 분야 선도기업으로 이끈 원동력이다. 김범수 엠비아이솔루션 대표는 창업에 앞서 택배사와 택배 정보 서비스 업체를 차례로 이끌어봤다. 당시 고객센터를 운영하며 겪었던 좌절과 고민이 현재의 밑거름이 됐다.

### 2. 음성 상담을 대체할 수 있는 온라인 상담 전환

- 2005년부터 6년여 동안은 택배사를 운영했다. 적자를 감수하며 공격적으로 투자해 연매출 650억원을 기록하기도 했다. 그런데 요즘처럼 적자를 내는 스타트업에 투자하는 문화가 없던 때라 결국 망하고 말았다. 경영난보다 힘들었던 건 고객 불만이다. 온라인몰-판매자-택배사 사이에 배송 현황이 공유되지 않거나 오류투성이 정보가 돌기 일쑤였다. 실물과 정보가 괴리된 탓이다. 당연히 고객 불만이 터져 나올 수밖에 없었다. 회사가 월 5억원씩 적자를 내가며 최선을 다하는데, 고객들로부터 엄청나게 욕먹고 고객센터 직원들은 하루가 멀다 하고 퇴사했다. 끔찍한 경험이었다.

  택배사가 망한 후 정보 단절을 해결하기 위해 '스마트택배'란 애플리케이션을 만들었다. 스마트택배가 꽤 성공해 재기할 수 있었다. 택배사를 향한 고객 민원이 줄어들고 배송 품질도 좋아졌지만, 상담직원을 괴롭히는 극성스러운 고객은 여전히 많았다. 고민을 거듭하다 실시간 응대 매체인 전화를 없애야 문제가 해결된다는 결론에 이르렀다. 정보 부재로 고객의 불만이나 오해가 불거지기 쉬운 상황에서 감정을 쉽게 실어나르는 음성상담은 적합한 채널이 아니라는 생각이었다. 대안은 정보가 충분히 확보됐을 때 고객에게 전달할 수 있는 온라인 채팅 등 비연속적인 매체였다.

출처: 시사저널(2021.1)

### 생각해보기

- 이 사례는 고객의 불만을 철저하게 분석하여 창업에 성공한 대표적인 사례이다.
- 여러분의 주변에서 고객의 불만을 분석하여 성공한 사례를 찾아보시오.

## Ⅲ 창업과 창의성: 역발상 기법을 활용하여 다른 관점에서 생각해보자

역발상은 아예 거꾸로 생각해보는 것이다. 이 방법이 통할 가능성이 높진 않지만 사실 적용 자체는 굉장히 쉽다. 이미 정상 순서는 머리에 들어와 있으니 그대로 역으로 진행해보는 것이다.

물론 일반적인 기계 시스템으로 구성된 제품에서야 현실화가 어렵지만, 서비스가 주 내용인 사업 아이템 관점에서는 굉장히 유용한 결과물을 얻을 가능성이 높다.

푸드트럭이 하나의 대표적인 예시다. 지금은 이동형 음식점이 많기 때문에 무슨 역발상이냐라고 반문할 수 있지만, 사실 과거에 단순 간식류가 아닌 메인 요리들은 시장이 고정되어 있어서 고객이 먼저 그 시장에 가서 음식을 먹는 시스템이었다. 푸드트럭은 아예 이 순서가 거꾸로 된 것이다.

먼저 소비자가 많을 곳으로 음식점이 먼저 이동을 하고, 그곳에 있는 소비자가 음식을 선택한다. 움직이는 주체가 거꾸로 바뀐 것이다.

코로나 시대의 배달 서비스는 어떤가? 사람들이 마트로 가는 게 아니라 제품이 사람을 찾아 이동해서 오는 게 일반화가 됐다.

본인이 속한 분야에 적합하다면 역발상도 한 번씩 시도해보자.

## ■ 역발상 기법 실습 템플릿

| 현재의 아이디어 | 현재의 관점 | 반대의 관점 | 새로운 아이디어 |
|---|---|---|---|
| 1. | | | |
| 2. | | | |
| 3. | | | |
| 4. | | | |

## ■ 역발상 기법 사례

| 현재의 아이디어 | 현재의 관점 | 반대의 관점 | 새로운 아이디어 |
|---|---|---|---|
| 1. 상사가 부하직원들의 능력을 평가함 | 상사의 관점 | 부하직원의 관점 | 부하직원이 상사의 리더십과 능력을 평가함 |
| 2. 급여를 월 단위로 지급 | 정기적 | 비정기적 | 급여를 월 2회 지급 |
| 3. | | | |
| 4. | | | |

CHAPTER 07

# 산업 및 시장, 경쟁사를 분석하라

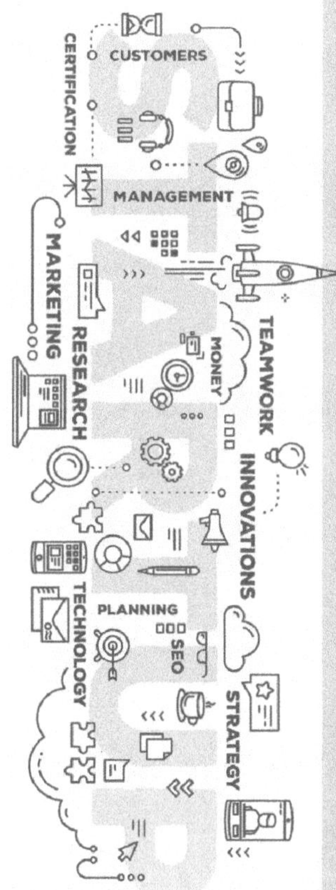

## 도입 대화

[형선] 창업 타당성도 어느 정도 확인이 끝났으니 이제 좀 더 세부적인 분석이 필요할 것 같아.

[종규] 맞아. 여태까지 큰 그림에서 창업계획을 잡아봤다면 이제 본격적으로 세부 항목에 대한 확인이 필요하지. 이 장에서는 산업 및 시장, 경쟁사를 분석하는 내용을 담고 있어.

[형선] 말만 들어도 어려워지는걸. 비전문가들이 쉽게 분석할 방법은 없을까?

[종규] 당연하지. 여태까지 그랬듯이 이 장에서도 쉬운 템플릿 위주로 여러 가지 방법론을 설명해줄 거야. 그대로 따라만 해도 각 항목들에 대한 파악이 쉬워질 거야.

[형선] 어서 실습을 따라해서 세부 항목들도 정복해봐야겠어!

# Ⅰ 산업 및 시장 분석의 개념

시장 분석이란 창업 아이템과 관련된 시장을 찾아내고 시장의 규모, 특성, 변화 등을 분석한 후, 이를 기초로 시장을 세분화하여 창업하고자 하는 목표시장을 선정하는 과정을 의미한다.

예를 들어, 음식점 사업을 시작한다고 한다고 가정했을 때, 한식, 양식, 중식, 일식 등 어느 분야로 갈 것인지, 저가/ 중가/ 고가 음식점으로 할 것인지, 혹은 입지는 어디로 할 것인지 등에 대한 목표시장을 선정해야 한다.

아무리 좋은 제품이나 서비스라고 할지라도 시장이 존재하지 않거나, 경쟁사가 너무 많거나, 수익성이 낮거나, 목표시장에서 고객이 원하는 가치를 제공하지 못하게 되면 창업은 실패할 수밖에 없다. 그러므로 창업 아이템과 관련된 시장을 찾아 세분화하고, 세분화된 시장의 특성을 과학적으로 분석하여, 목표시장을 정확하게 선정해야 한다.

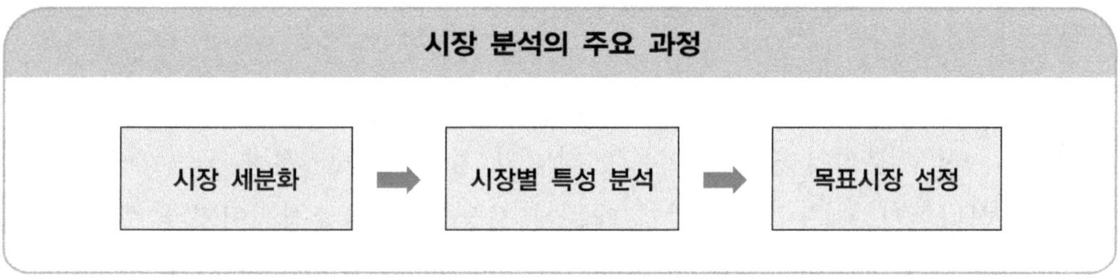

# Ⅱ 산업 및 시장 분석방법

## 1. 세분화 분석

창업 아이템과 관련된 시장을 세분화하고, 세분화된 시장의 특성을 분석하여 목표 시장을 선정해야 한다.

| 분석방법 |

| 단계 | 내용 |
|---|---|
| 1. 시장 세분화 | 창업 아이템과 관련된 시장을 선정하고, 시장을 유형별로 세분화함 |
| 2. 시장별 특성 분석 | 세분화된 시장별로 시장성, 성장성, 수익성, 경쟁 정도 관점에서 분석함 |
| 3. 목표시장 선정 | 분석된 내용을 기반으로 목표시장을 최종 선정해야 함 |

시장 분석이 중요한 이유는 창업의 성공 여부를 결정 짓는 가장 중요한 핵심 중 하나이기 때문이다. 그렇기 때문에 시장 분석은 추상적이거나 주관적이면 안 된다. 반드시 객관적 근거와 실제 조사를 통해 나온 결과여야 한다.

## [실습 1] 시장 분석

### 목적

시장을 세분화하고 시장별 특성을 분석하여 목표시장을 선정하기 위한 시사점을 도출하는 것이 목적이다.

### 진행방법

① 제품이나 서비스와 관련된 시장을 세분화한다.
② 세분화된 시장별로 시장의 특성을 분석하고, 목표시장을 선정한다.

**〈실습 1〉 시장 분석**

| 제품/서비스 | | |
|---|---|---|
| 관련 시장 | | |
| 시장 세분화 | 시장의 특성 | 연관성 |
| | | |
| | | |
| | | |
| | | |

시사점

| |
|---|
| |

## [실습사례 1] 시장 분석

아래의 사례는 챗봇 컨설팅 창업을 한 김 박사가 챗봇 이용 컨설팅 서비스 관련 시장을 세분화고, 각 시장별로 특성을 분석하고, 목표시장을 선정한 것이다.

**〈실습사례 1〉 시장 분석 사례**

| 제품/서비스 | 경영시뮬레이션 게임을 활용한 경영교육 | |
|---|---|---|
| 관련 시장 | 교육 시장 | |
| 시장 세분화 | 시장의 특성 | 가능성 |
| 대학생 시장 | 취업을 위한 실용적 컨설팅을 필요로 함<br>또한 학생들은 재미있는 컨설팅 필요<br>IT TOOL 기반의 컨설팅 프로그램이 매우 부족함 | 매우 높음 |
| 기업 시장 | 신규 사업에 대한 컨설팅을 강화,<br>실용적 컨설팅을 필요로 하고 있음 | 매우 높음 |
| 창업자 시장 | 창업비용 지원에 대한 수요 많음<br>창업 관련 교육 컨설팅에 관한 수요 높음 | 높음 |

**시사점**

챗봇 컨설팅을 활용한 시장을 분석해본 결과, 목표시장, 대학, 창업자 시장을 선정

## 2. 매력도 분석

산업 및 시장의 매력도를 파악하는 것은 매우 중요하다. 아무리 창업 아이템이 뛰어나더라도 기본적인 매력도가 떨어지는 산업분야에서는 큰 성공을 거두기 어렵다.

특정 산업에 속한 기업이 산업 내 경쟁자들과의 경쟁 강도, 신규 진입자의 위협, 고객의 협상력, 공급자의 협상력, 대체재의 위협에 의해 어떠한 영향을 받을 것인가를 분석하여 전략방향을 도출할 수 있는데, 이때 산업 내 경쟁 세력들의 협상력을 분석해서 산업의 매력도 및 수익성을 분석할 수 있다.

산업 내 경쟁세력의 협상력의 근원을 분석해서 경쟁 세력들의 협상력을 낮추기 위한 경쟁전략을 수립하는 도구로 활용하여 경쟁전략을 수립할 수도 있다.

이런 매력도 분석을 위해서는 경쟁세력모형 템플릿을 활용하면 쉽게 분석할 수 있다.

고객(power of buyers)은 가격 인하 및 품질 제고 압력 등 최종 고객이 갖는 협상력, 산업 내 경쟁자(industry competition)는 산업 내에서 이미 경쟁하고 있는 시장 참여자들 간의 경쟁, 공급자(power of suppliers) 가격인상, 품질저하 위협 등 자사에 대한 공급자의 협상력, 신규 진입자(threat of new entrance)와의 경쟁으로 인한 자사 수익성 하락의 위협, 대체재(threat of substitute)는 제품 및 서비스를 대체할 수 있는 잠재적 경쟁자의 경쟁 위협을 의미한다.

## 3단계. 산업의 경쟁세력들 심층 분석

**4. 잠재적 진입자의 위협**

- 시장 진입이 상대적으로 쉬움
- 대형 미디어 회사의 캐릭터 개발 및 유통이 예상됨

**3. 공급자와의 관계**

- 게임 산업의 우수한 인력이 체계적으로 육성되고 있음
- 인력을 조달하기가 쉬운 편임

**2. 경쟁사들 간의 경쟁**

- 게임 및 애니메이션 캐릭터 회사들이 많음
- 경쟁이 치열하나 캐릭터 차별화로 승부가 가능함
- 영화 제작 업체들의 캐릭터 상품 개발이 늘어나고 있음

**1. 고객과의 관계**

- 게임 및 애니메이션 캐릭터에 대한 수요가 증가
- 고객들은 캐릭터에 대한 로열티가 높은 편임
- 고객들은 가격에 매우 민감하지 않음

**5. 대체재의 위협**

- 만화 및 영화 영역에서 캐릭터 개발이 많아지고 있음
- 전체적으로 게임 캐릭터의 대체 상품은 많지 않음

## 4단계. 창업 시사점 도출

1. 캐릭터 관련 시장은 성장하고 있음
2. 캐릭터 개발시장은 산업 내 경쟁이 치열해지고 잠재적인 진입자의 위협이 높은 편임
3. 제품에 대한 차별화에 성공하면 기대이익이 매우 높은 산업임
4. 공급자 및 구매자와의 관계가 우호적이고 대체재의 위협이 매우 낮음
5. 전체적으로 캐릭터 시장은 매력적인 시장으로 판단됨

## 3. 거시환경 분석

산업이나 시장은 외부 요인에 영향을 많이 받는다. 해당 내용을 분석할 때에는 PESTEL 모델이 자주 사용된다. 정치적(Political), 경제적(Economic), 사회문화적(Social), 기술적(Technological), 환경적(Environmental), 법적(Legal) 요인 등 다양한 거시적 관점에서 외부환경을 분석하여 해당 산업 및 기업에 미치는 기회와 위협 요소를 분석하는 대표적인 외부환경 방법으로서 각 영향 요인을 강조하여 PEST Analysis로도 표현한다.

정치적 요인은 정치구조, 정치적 불안정성, 환경법, 노동법 등과 같은 정치법률적 규제 요소, 경제적 요인은 경제 성장률, 환율, 금리, 유가, 주가, 국제 수지 등과 같은 경제 환경 요소, 사회문화적 요인은 국제화, 출생률/사망률, 세대 갈등, 생활 패턴 등과 같은 사회문화적 변화 요소, 기술적 요인은 R&D 예산, 특허 수, 정보통신기술, 생산기술 등과 같은 기술의 변화 요소, 환경적 요인은 기후, 박테리아, 세균 등과 생태학적 변화와 같은 변화 요소를 포함하는 개념이다. 법적 요인은 특허법, 고용법, 소비자관련법, 관세법, 독점금지법 등 사업을 하면서 직・간접적으로 영향을 미치는 법들이다.

자사가 속한 산업을 중심으로 정치, 경제, 사회문화, 기술적 요인들의 관점에서 큰 변화를 관찰해보고 이 변화들이 주는 기회와 위협 및 시사점들을 도출하면 된다.

거시환경 변화 탐색은 자사가 속한 산업에서 일어나고 있는 큰 변화와 이슈들을 정치, 경제, 사회문화, 기술적 요인 등의 거시적 관점에서 찾아내야 하고, 기회와 위협 도출은 거시환경에서 일어나고 있는 변화와 이슈들이 자사에 미치는 영향을 기회와 위협으로 나누어 분석한다.

마지막으로 시사점 도출은 기회와 위협들을 종합하여 자사의 경영활동에 대한 시사점을 도출하고, 중장기 전략 수립에 반영하면 된다.

**| PESTEL 모델 |**

| | |
|---|---|
| 정치적 (Political) | • 정치적 요인은 종종 비즈니스 및 수행 방식에 영향을 미침<br>- 정치적 안정성, 규제 정책 등 |
| 경제적 (Economic) | • 비즈니스를 수행하는 방법과 수익을 창출하는 방법에 중요한 영향을 미침<br>- 인플레이션, 이자율, 환율, 유가 |
| 사회적 (Social) | • 경영방식, 제품에 영향을 미침<br>- 라이프스타일, 인구 동태학적 변화 |
| 기술적 (Technological) | • 기술 투자와 품질, 비용 및 혁신에도 영향을 끼치는 요소임<br>- 신기술, 개선기술, 특허 동향 |
| 환경적 (Environmental) | • 관광, 농업, 보험업계 등에도 영향을 끼치는 것으로 봄<br>- 기후, 환경정책, 환경규제 |
| 법적 (Legal) | • 사업을 하면서 직·간접적으로 영향을 미치는 법<br>- 소비자관련법, 특허법, 세법 |

**3단계. 거시환경의 심층 분석**

**정치적 환경**
- 대통령 선거에 따른 교육 정책 불확실성이 증대됨
- FTA 비준에 따른 교육 및 방송통신 시장 개방

**경제적 환경**
- 코로나 19
- 글로벌 경제의 불확실성
- 국내 경기 침체 및 부채 증가

창업 시장의
환경 변화 분석

**기술적 환경**
- LTE, NFC, Cloud 컴퓨팅, 정보보안, Big Data 분석 기술의 확산
- Tablet 등 스마트 기기 확산

**사회·문화적 환경**
- 저출산에 따른 학생 수 감소
- 지식사회로 접어들면서 교육 필요성 증대
- 스마트 라이프 확산에 따른 생활 변화
- SNS의 사회 전반적 영향력 확대

코로나 19

**4단계. 창업 시사점 도출**

1. 코로나 19로 대면 교육 시장 감소
2. 차별화된 교육에 대한 니즈 증가는 교육 방송 서비스는 큰 기회가 됨
3. 기술적으로도 다양한 통신 기술과 스마트 기기 확산은 개인 방송 산업의 성장을 가져올 것으로 기대됨

## 사례 7-1 뼈 건강에 좋은 새싹 땅콩, 장아찌로 시장성 높인다

### 1. 전남 장성 소재 용매골농원, 새싹 땅콩 장아찌 개발 · 판매

- 한 농가는 새싹 땅콩의 장점을 살려 한국 전통 음식인 새싹 땅콩 장아찌를 개발해 판매에 나섰다. 전남 장성 소재 용매골농원 송정하 대표는 "새싹 땅콩이 우리 몸에 좋다는 이야기는 알려졌지만, 먹을 수 있는 환경이나 시장성이 결여돼 어떻게 상품화시켜야 할지 엄두를 못냈다"며 "수많은 시행착오 끝에 새싹 땅콩 장아찌와 피클 개발을 완료했다. 우리 밥상에 새로운 건강식품으로 일조하게 됐다"고 말했다.

  또 "새싹 땅콩 장아찌는 유기농으로 재배한 땅콩 새싹(국산), 정제수, 사과식초, 진간장, 유기농 설탕, 양파, 마늘, 청양고추, 생강 이외에 일체 다른 첨가물이 들어가지 않았다"며 "현재 장성군 일부 대형마트에 위탁 판매하고 있지만, 조만간 전국 모든 대형마트와 인터넷 온라인 판매를 시작할 것"이라고 덧붙였다.

### 2. 농진청 "새싹 땅콩 소야사포닌 성분 다량 함유"

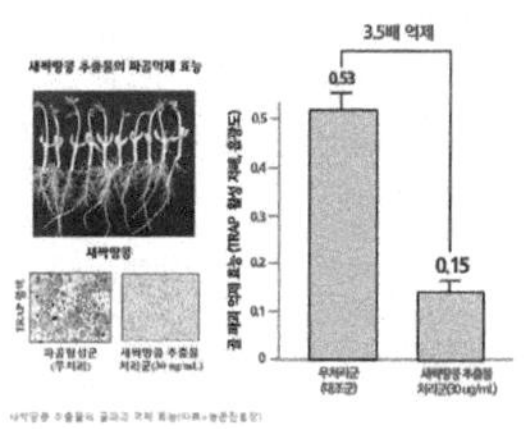


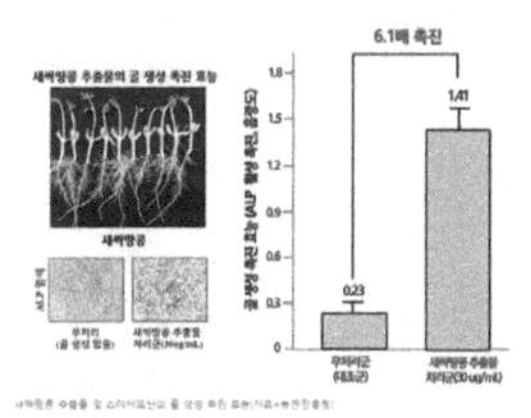


- 농촌진흥청에 따르면 새싹 땅콩은 소야사포닌(Soyasaponin)이 다량 함유됐다. 소야사포닌은 땅콩종자에는 적지만, 새싹 땅콩으로 재배하면 땅콩종자보다 30배 이상이 증가한다. 농진청은 소야사포닌 성분이 골다공증 개선과 예방에 효과가 있다는 사실을 밝혀냈다. 농진청이 새싹 땅콩 추출물의 골다공증 개선 효능을 동물세포실험으로 검정한 결과, 뼈 파괴는 3.5배 억제하고, 뼈 형성은 6.1배 촉진하는 효용을 보였다. 소야사포닌의 농도가 높을수록 뼈 생성 세포의 촉진 활성은 크게 일어났다.

  농진청 관계자는 "새싹 땅콩의 소야사포닌을 활용한 다양한 가공식품 개발이 기대된다"며 "유효 성분을 높일 수 있는 새싹 땅콩 재배방법과 성분 추출법을 표준화하면서 건강기능성 식품 소재를 개발하도록 임상연구를 추진하고 있다"고 말했다.

출처: 아주경제(2021.3)

### 생각해보기

- 이 사례는 시장 세분화를 통해 상품으로 개발해 성공한 사례이다.
- 여러분의 주변에서 시장 세분화를 통해 상품으로 개발해 성공한 사례를 찾아보시오.

# Ⅲ 경쟁사 분석의 개념

경쟁사 분석이란 창업 기업이 진입하고자 하는 시장에서 경쟁해야 하는 주요 경쟁사는 누구인지, 경쟁사들의 강점 및 약점은 무엇인지를 분석하여 차별화 방안을 수립하는 과정을 의미한다.

시장 분석과 고객 분석을 통해 목표시장과 목표고객이 파악된 후에는 시장 내 경쟁사에 대한 분석을 수행해야 한다. 예를 들어, 음식점 창업을 할 때, 경쟁 관계에 있는 음식점들의 메뉴, 가격, 품질, 서비스 등을 비교 분석하여 차별화 방안들을 찾아내어야 한다. 새로운 시장에 진입할 때에는 기존 경쟁사들의 견제가 매우 심하고, 고객들 또한 기존 제품과 서비스에 익숙해져 있기 때문에 이를 극복할 수 있는 차별화 방안이 절대적으로 필요하다.

그러므로 경쟁사 분석을 통해 주요 경쟁사를 찾아내고, 그들이 가진 강점과 약점을 심도 있게 분석하여 차별화된 가치를 제공할 수 있도록 시사점을 도출해야 한다.

**경쟁사 분석의 주요 과정**

주요 경쟁사 정의 → 강점 및 약점 분석 → 차별화 요소 결정

# Ⅳ 경쟁사 분석방법

## 1. 전략집단분석

해당 산업 내 기업들을 경쟁변수에 따라 여러 집단으로 분류하여 집단 내 경쟁자들의 특성과 집단 간의 이동장벽을 분석하는 기법이다.

전략집단은 동일 산업 내 서로 유사한 특징을 갖지만 경쟁전략에 있어서의 하나 또는 그 이상의 주요 요소의 차이로 인해서 여타 산업집단과 차이가 나는 일련의 기업집단이다.

이동장벽은 한 집단에서 다른 집단으로 이동하는 데 필요한 조건이나 장애물로써 특정 전략집단 내의 기업이 다른 전략집단의 기업과 경쟁하지 못하게 만드는 요인이다.

핵심 전략 변수는 가격, 품질 등 전략적 포지션을 통해 경쟁사를 분류할 수 있는 변수이다.

적용 방법은 핵심 전략 변수에 따라 산업 내 참가기업들의 전략적 위치를 분석하여 전략집단을 정의한 후 전략집단들의 특성과 이동장벽에 따른 자사의 전략적 시사점을 도출하는 것이다.

전략집단 정의는 산업 내 참가 기업들을 구분할 수 있는 핵심 전략 변수를 선정한 후 전략적 위치를 분석하여 정의하며 전략집단의 특성 분성은 분류된 전략집단들의

전략집단의 구성

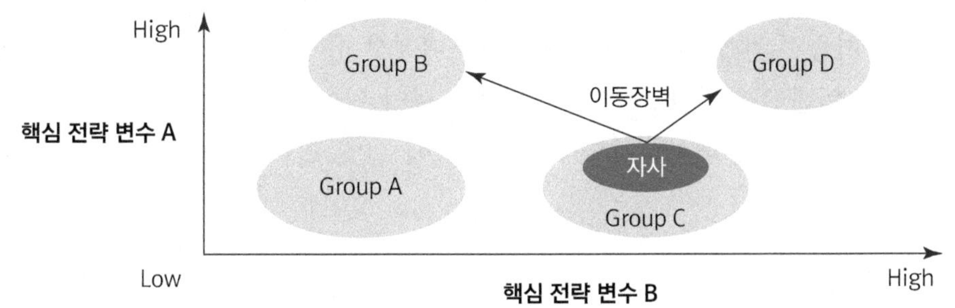

특성과 경쟁전략 및 전략집단 간의 이동장벽을 분석하게 된다. 산업 내 경쟁 구도에 대한 분석결과를 기반으로 전략적 시사점을 도출한다.

기업 규모

| | | 소 | 중 | 대 |
|---|---|---|---|---|
| 업종 | 집합 교육 | 작은 컨설팅 회사 | 엑스퍼트 컨설팅 | 한국 생산성 본부 |
| | 병행 | | | |
| | 이러닝 교육 | | 휴넷 | 멀티 캠퍼스 |

## 2. 벤치마킹 분석

벤치마킹(Benchmarking)은 회사가 특정 조직의 프로세스를 타 기업과 비교, 분석하여 지속적인 학습 및 개선을 통해 기업 간 격차를 줄이기 위한 유용한 분석도구다. 그러나 이 기법은 시간과 비용이 많이 소요되며, 경쟁상대 또한 지속적인 프로세스 개선을 하기 때문에 일련의 활동들이 주기적으로 진행되어야 의미가 있다.

방법론 적용 순서는 벤치마킹의 범위, 분야를 선정하고 벤치마킹 대상을 선정한 뒤 측정방법, 단위, 지표 및 자료수집방법을 결정하고 수행한다. 마지막으로 차이분석, 결과발표, 격차극복을 위한 개선 방안을 도출하게 된다.

벤치마킹의 유형 중 내부적 벤치마킹은 한 기업 내의 다른 사업단위를 비교하는 방법으로 데이터의 수집은 용이하나 내부지향적이라는 한계를 지닌다.

경쟁적 벤치마킹은 같은 산업 내의 경쟁사와 비교, 분석하는 방법으로 직접적으로 비교가능한 정보를 얻을 수 있으나, 데이터 수집이 어렵고 잘되어도 경쟁사와 비슷한 정도의 개선만 가능하다는 한계를 지닌다.

기능적 벤치마킹은 하나의 산업 내에서 유사한 프로세스를 벤치마킹하는 방법이며, 일반적 벤치마킹은 관련이 없는 산업 간에 운영적 측면에 초점을 맞춰 비교하는 방법, 협력적 벤치마킹은 회사그룹들에 의해 협력적으로 실행되는 방법을 의미한다.

## 3. 360도 레이더 스크린 기법

360도 레이더 스크린 기법은 기존의 주요 경쟁사뿐만 아니라 신규 진입이 가능한 잠재적 경쟁사들을 찾아내는 대표적인 경쟁사 분석방법으로 두 개의 경쟁 기준을 적용하여 분석함으로써 현재 시점에서의 경쟁자와 미래의 경쟁자까지 분석하는 방법이다.

주요 경쟁자는 산업 내에서 현재 자사와 경쟁하고 있는 업체들로서 360 레이더 스크린 상에서 자사와의 위치가 가까울수록 치열하게 경쟁하고 있는 경쟁사로 분류되고, 잠재적 경쟁자는 자사와의 경쟁이 치열하지 않지만 향후 자사의 제품과 서비스에 대해서 경쟁구도를 형성할 수 있는 잠재된 경쟁업체들을 의미한다.

잠재적 경쟁사 분석은 향후 자사가 주목해야 할 잠재적 경쟁자들을 분석하여 자사를 기준으로 경쟁업체들의 경쟁 강도 및 경쟁전략을 파악하는 데 활용하며, 기회와 위협 분석은 잠재적 경쟁자가 가져다주는 기회와 위협을 분석해서 경쟁전략을 수립하는 데 활용한다.

산업 내 경쟁자들을 분류하는 두 가지 기준을 적용하여 자사를 중심으로 기존의 주요 경쟁자와 잠재적 경쟁자들을 입체적으로 찾아내는 데 활용한다. 산업 내 참가

**360 레이더 스크린의 구성**

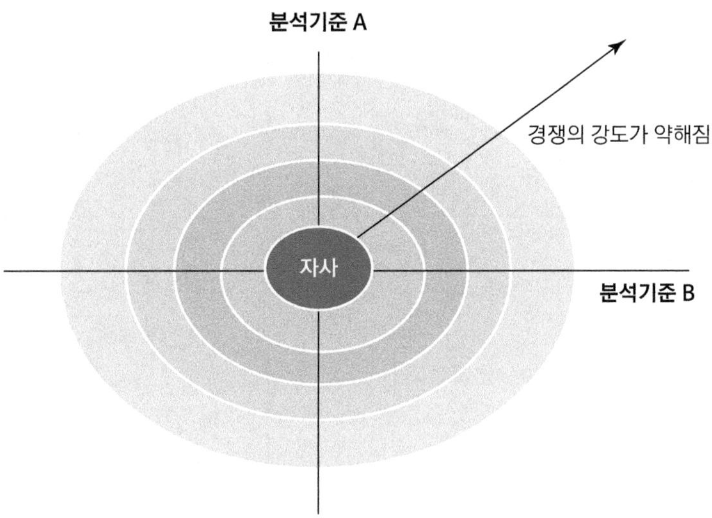

기업들을 분류할 수 있는 두 개의 기준을 설정하여 기업들을 분류하고, 중앙에 위치한 자사를 기준으로 경쟁의 강도를 분석하여 주요 경쟁자와 잠재적 경쟁자를 찾아내는 데 활용한다.

최종적으로 주요 경쟁자와 잠재적 경쟁자들을 정의하고 대응 방안을 수립한다.

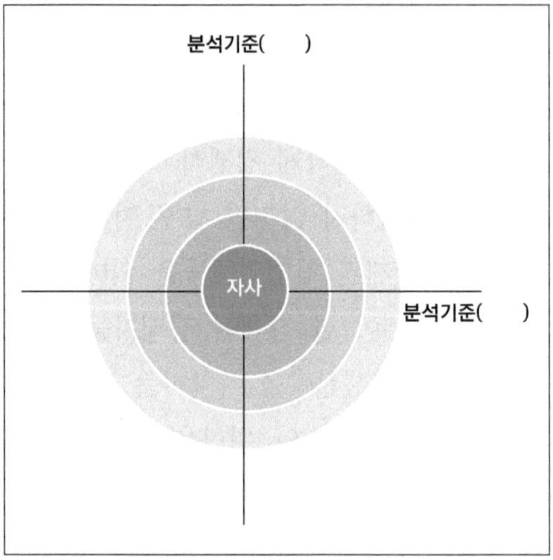


| | 주요 경쟁자 | 잠재적 경쟁자 |
|---|---|---|
| 1 | | |
| 2 | | |
| 3 | | |
| 4 | | |
| 대응방안 | | |

**| 360도 레이더 스크린 |**

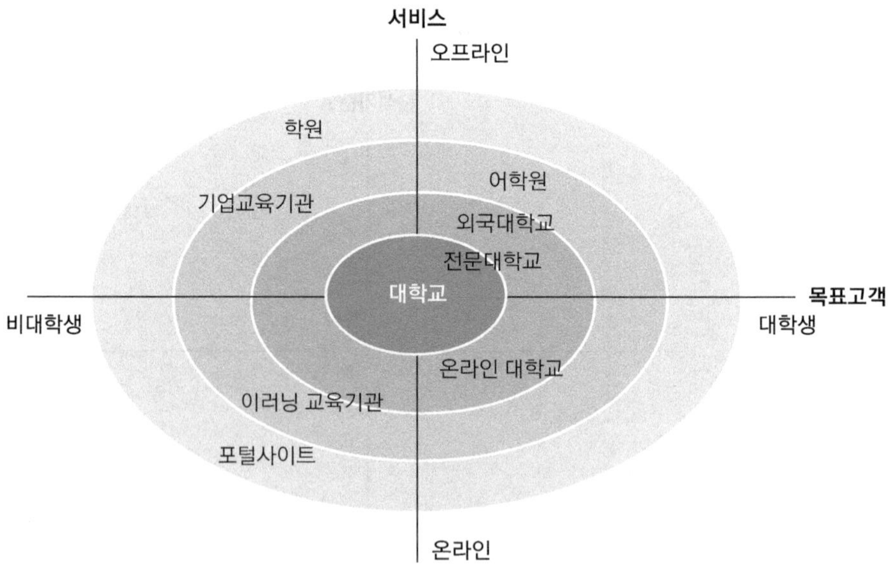

## 4. 경쟁사 사업 동향

사업 아이템을 잡으면 경쟁사의 사업 동향을 꾸준히 체크해야 한다. 이때 경쟁사를 나의 아이템과 유사한 경쟁사만 분석하면 안 된다. 경쟁사는 직접적인 경쟁사와 간접적인 경쟁사로 나누어서 동향을 파악해야 한다. 여기에서 직접적인 경쟁사는 우리와 같은 제품이나 서비스를 제공하거나, 타깃층이 비슷하거나, 같은 지역에서 사업을 하거나, 비슷한 가격대 등이 있다면 직접적인 경쟁사라고 볼 수 있다.

반면 간접적인 경쟁사는 제품이나 서비스는 우리와 다르지만 고객들이 우리의 제품이나 서비스를 대체해서 충족할 만한 것이 있다면 간접적인 경쟁사라고 볼 수 있다. 예를 들어서 내가 치킨집을 한다고 가정해보자. 저녁에 치킨 대신 피자, 족발, 곱창, 떡볶이 등은 치킨이 아니지만 치킨 대신 시켜먹을 수 있는 음식들이다. 치킨과 같은 제품이 아니지만 대체해서 충족할 수 있기 때문에 이와 같은 가게들을 간접적인 경쟁사로 볼 수 있다. 이 외에도 고려할 부분은 다른 제품이나 서비스를 제공하거나, 다른 타깃층, 가격대를 형성하건 다른 지역에 있는 부분을 고려해서 간접적인 경쟁사를 선정할 수 있다.

이렇게 직접적인 경쟁사와 간접적인 경쟁사를 선정한 후에, 만약 내 경쟁사가 공시기업이라면 전자공시시스템(http://dart.fss.or.kr/)이나 벤처확인종합관리시스템(https://www.smes.go.kr)에서 경쟁사의 매출, 사업 현황을 봐야 한다. 또 향후 새로운 사업 계획 등이 있는지 지속적으로 찾아보고 체크를 해야 한다.

만약 나와 같은 스타트업이나 비슷한 아이템이 있는지, 시장은 어떤지, 어떤 새로운 아이디어나 트렌드를 파악하고 싶다면 국내 펀딩 사이트를 활용해볼 수 있다. 현재 국내에 있는 크라우드 펀딩 사이트는 와디즈, 텀블벅, 크라우디, 스토리펀딩 등이 있다. 그 외에 스타트업의 업계 동향이나, 정책 지원 사업 등의 정보를 알 수 있는 '플래텀(https://platum.kr/)', '스타트업투데이(https://www.startuptoday.kr/)', '벤처스퀘어(https://www.venturesquare.net/)', '스타트업엔(https://www.venturesquare.net/)' 등을 참고할 수 있다.

## 5. 경쟁사 제품 분석

경쟁사의 제품을 분석할 때 역시 직접적인 제품과 간접적인 제품으로 나눠서 분석을 해야 한다. 직접적인 제품은 우리와 유사한 제품, 서비스, 가격을 고려해서 선정하고, 간접적인 제품은 잠재적으로 경쟁이 될 수 있는 제품, 서비스, 가격 등을 고려해서 선정한다.

경쟁사마다 어떤 기준을 정해서 제품을 분석할지 자유롭게 설정해서 정할 수 있다. 제품, 가격, 후기, 소셜미디어, 블로그 등을 정해서 분석을 해야 한다. 제품의 경우에는 가격이나 스펙 등을 비교해서 비교차트를 만들어서 도식화를 해보는 것이 좋다.

**"스킨케어제품 라인 분석"**

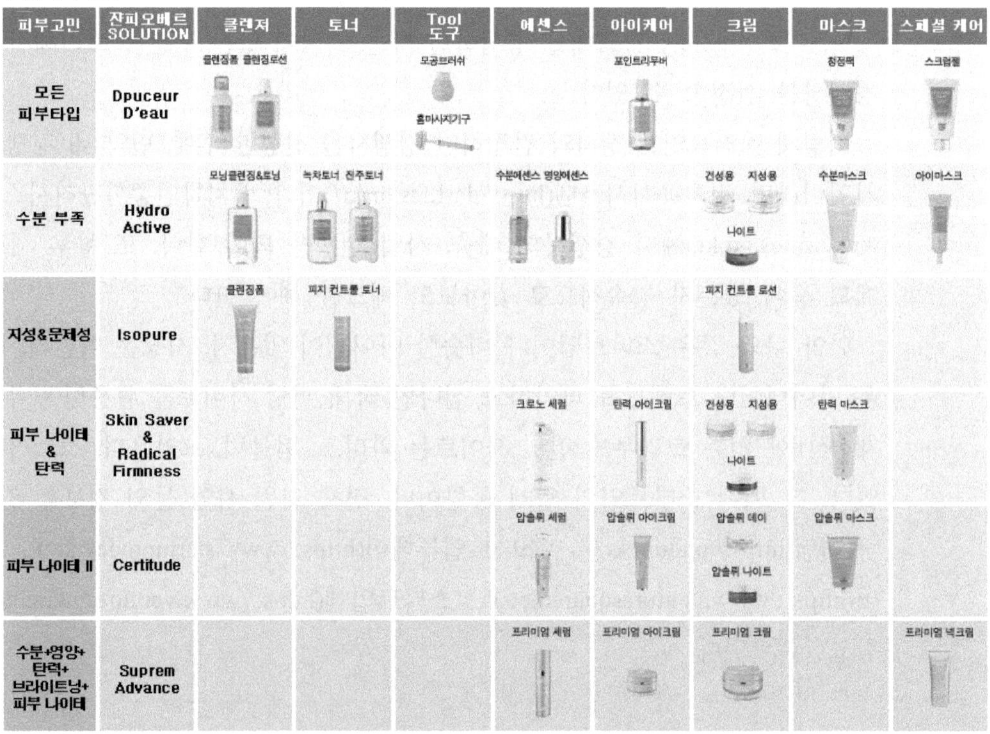

스킨케어 MAP

| 피부고민 | 잔피오베르 SOLUTION | 클렌저 | 토너 | Tool 도구 | 에센스 | 아이케어 | 크림 | 마스크 | 스페셜 케어 |
|---|---|---|---|---|---|---|---|---|---|
| 모든 피부타입 | Dpuceur D'eau | 클렌징폼 클렌징로션 | | 모공브러쉬 홈마사지기구 | | 포인트리무버 | | 청정팩 | 스크럽젤 |
| 수분 부족 | Hydro Active | 모닝클렌징&토닝 | 녹차토너 진주토너 | | 수분에센스 영양에센스 | | 건성용 지성용 나이트 | 수분마스크 | 아이마스크 |
| 지성&문제성 | Isopure | 클렌징폼 | 피지 컨트롤 토너 | | | | 피지 컨트롤 로션 | | |
| 피부 나이테 & 탄력 | Skin Saver & Radical Firmness | | | | 크로노 세럼 | 탄력 아이크림 | 건성용 지성용 나이트 | 탄력 마스크 | |
| 피부 나이테 II | Certitude | | | | 압솔뤼 세럼 | 압솔뤼 아이크림 | 압솔뤼 데이 압솔뤼 나이트 | 압솔뤼 마스크 | |
| 수분+영양+탄력+브라이트닝+피부 나이테 | Suprem Advance | | | | 프리미엄 세럼 | 프리미엄 아이크림 | 프리미엄 크림 | | 프리미엄 넥크림 |

출처: http://www.kidscoco.com/shop/shopdetail.html?branduid=49312

## 6. BCG 매트릭스(Growth-Share Matrix)

BCG 매트릭스는 보스턴컨설팅그룹에서 만든 것으로 한 산업의 수명주기를 볼 수 있는 도구이다. 즉, 시장점유율과 시장성장률을 기준으로 어떤 위치에 있는지 볼 수 있다. BCG 매트릭스는 SOWT 분석처럼 4분면으로 나뉘고 별(Star), 물음표(Question mark), 캐시 카우(Cash cows), 개(Dogs)로 표현을 한다.

별은 시장점유율, 시장성장률 모두 높은 산업을 말한다. 별은 회사의 핵심 사업일 가능성이 매우 높다.

물음표는 시장점유율은 낮은 산업이지만 시장성장률은 높은 산업으로 경영 여부에 따라서 개가 되기도 하고 별이 되기도 한다. 만약 시장점유율을 높이지 못한다면 현금 유출로 인해서 조직 내 큰 손실이 발생할 수도 있다.

캐시 카우는 시장성장률은 낮지만 시장점유율이 높아 현금 유입이 많은 산업으로 별이었던 사업이 시장의 성장률이 낮아지면서 캐시 카우가 되기도 한다.

**| BCG 매트릭스 |**

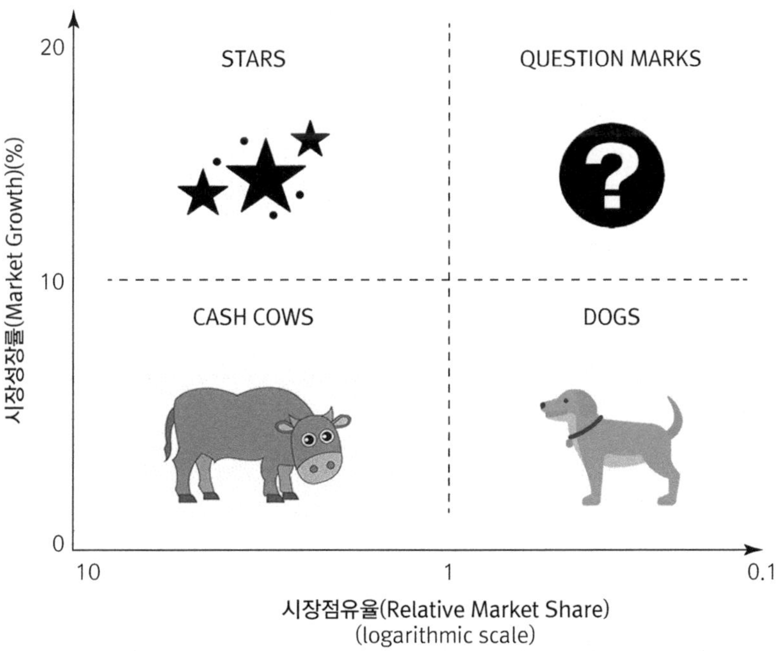


출처: https://blog.naver.com/silercan/221113749098

마지막으로, 개는 시장점유율, 시장성장률 모두 낮은 산업으로 장래성이 없어서 철수될 가능성이 높다.

BCG 매트릭스 기법은 분석을 한 후에 우리 회사의 제품이 물음표에 있다면 별로, 개에 있다면 캐시 카우로 갈 수 있는 방법을 찾는 데 있다.

## 사례 7-2 레드오션에서 종근당건강이 차별화에 성공한 비결은

### 1. 제약업계의 일반적인 판매방식 탈피

- 건강기능식품 시장은 최근 몇 년간 수많은 제약사와 식품회사들이 새롭게 뛰어들어 '레드오션'으로 인식됐다. 신상품을 내놓아도 제품마다의 차이를 잘 모르니 '센트룸'(GSK컨슈머헬스케어)과 같은 스테디셀러의 영향력이 큰 구조였다. 1996년 설립된 종근당건강 역시 수많은 건강기능식품 회사 중 하나였다. 비타민, 오메가3 등 여러 종류의 건강기능식품을 내놓았지만 제품의 차별 포인트를 찾아보기 힘들었다.

별볼일 없었던 회사인 종근당건강이 회사 체질을 완전히 바꾸는 대변신을 시도한 건 5년 전이다. 소비자 타깃에 맞춘 제품 기획, 개발, 마케팅을 처음으로 했고, 약국 중심이던 기존 유통망을 온라인으로 바꿨다.
프로바이오틱스 건강기능식품 '락토핏'은 이런 전략으로 단일 브랜드 매출 기준으로 업계 1~2위권에 오르게 됐다. 2015년 637억원이던 매출은 지난해 4,973억원(개별 재무제표 기준)으로 5년 만에 7.8배 불었고, 같은 기간 영업이익은 26배(26억원→677억원) '점프'했다

### 2. "경쟁사와 달라야 산다": 연령별 제품으로 맞춤형 공급

- 종근당건강은 유행에 맞는 제품을 빠른 시간에 내놓는 업계의 일반적인 판매전략을 탈피했다. 우선 많은 돈과 시간을 들여 심층 소비자 조사(5,000여 명 대상)부터 했다. "좋은 제품을 내놓으려면 소비자들이 뭘 원하는지부터 알아야 한다"는 이유에서였다. 이 회사가 신제품을 출시하기 전에 대규모 소비자 조사를 한 건 이때가 처음이었다. 여기서 찾은 해법은 두 가지였다. 프로바이오틱스 제품군의 큰손은 '아이를 둔 엄마'(구매비중 67%)며, 이들이 원하는 건 기술력을 내세운 제품보다 '우리 아이, 우리 남편에게 꼭 맞는 제품'이라는 것이었다. 이 결과를 통해 락토핏을 유아 어린이 성인 등 3개 군으로 나눴다. 제품의 배합도 싹 바꿨다. 유아용에는 모유 성분을 더 많이 넣고, 어린이용에는 뼈 성장 등에 도움을 주는 비타민D 등을 추가했다. 이후 성인용을 여성, 남성, 노년으로 세분화한 연령별 타깃마케팅을 시행했다.

출처: 한경닷컴(2021.7)

### 생각해보기

- 이 사례는 경쟁사와 차별화된 제품과 서비스로 창업에 성공한 대표적인 사례이다.
- 여러분의 주변에서 차별화된 사업 모델로 성공한 사례를 찾아보시오.

# V 창업과 창의성: 마인드 매핑을 활용해 여러 영역의 아이디어를 찾아보자

다루고자 하는 문제와 관계된 핵심적인 단어들을 찾아낸 다음에 핵심 단어와 관련된 유사한 아이디어들을 여러 영역에서 찾아 자유롭게 나열한 후, 이들 단어들을 그룹핑하고, 이를 기반으로 새로운 아이디어를 개발하는 기법이다.

우선 다루고자 하는 문제를 정의하고 문제와 관련된 단어들을 찾아 나열한 뒤, 핵심 단어들과 연관된 유사한 단어들을 여러 영역에서 찾아내고 그룹핑한다.

이렇게 그룹핑된 단어들을 기반으로 새로운 아이디어를 찾아내면 된다.

## ■ 마인드 매핑 실습 템플릿

| 단계 | 내용 | |
|---|---|---|
| 1. 문제 정의 | | |
| 2. 핵심 단어 찾기 | | |
| 3. 단어 그룹핑 | | |
| | | |
| | | |
| | | |
| 4. 아이디어 개발 | | |

## ■ 마인드 매핑 실습사례 - 경영교육 콘텐츠 개발

<table>
<tr><th>단계</th><th colspan="2">내용</th></tr>
<tr><td>1. 문제 정의</td><td colspan="2">경영교육 콘텐츠 개발</td></tr>
<tr><td>2. 핵심 단어 찾기</td><td colspan="2">교육, 흥미, 기술, 고객</td></tr>
<tr><td rowspan="4">3. 단어 그룹핑</td><td>교육</td><td>업무 성과, 교육 효과, 분석 도구, 경영 미션, 피드백, 난이도 조정, 지식 공유</td></tr>
<tr><td>흥미</td><td>현실감, 체험, 역할 플레이, 경쟁, 명예의 전당</td></tr>
<tr><td>기술</td><td>시뮬레이션, 인터넷, 실시간, 스마트폰, 화상 회의, 멀티미디어</td></tr>
<tr><td>고객</td><td>직장인, 대학생, 중고등학교, 초등학교</td></tr>
<tr><td>4. 아이디어 개발</td><td colspan="2">• 웹상에서 경쟁하고 학습할 수 있는 체험 기반의 경영 시뮬레이션 게임을 개발<br>• 성과 창출에 대한 팀 간 경쟁을 통하여 흥미를 유발</td></tr>
</table>

CHAPTER 08

# 제품개발계획을 수립하라

Ⅰ. 제품개발계획의 개념

Ⅱ. 제품개발계획 수립 방법

Ⅲ. 종합 실습: 제품개발계획서 작성

Ⅳ. 창업과 창의성: 체크리스트를 활용하여 차별화된 전략을 만들어보자

## 도입 대화

[형선] 창업 산업, 고객, 경쟁사 분석까지 마치고 나니 이제 어떤 제품을 만들어야 할지 명확해졌어! 근데 제품을 그냥 막 만들어보는 건 좀 아닌 것 같고… 이 부분도 학습하고 만들어보면 좋을 것 같네.

[종규] 맞아. 제품개발계획을 제대로 짜는 것 역시 사업 성공의 핵심이지. 다만 최근 급변하는 고객 트렌드에 맞춰 애자일, 디자인싱킹 같은 방법론들도 관심을 받고 있으니 본인의 창업 유형에 따라 고민해보고 적절한 선택이 필요할 것 같아.

[형선] 그러고 보니 최근 애자일, 디자인싱킹 이야기 많이 들어본 것 같아. 사실 용어만 알지 상세 내용은 들어보지 못했는데, 한번 제대로 배워서 써먹어봐야겠다!

**제품개발계획의 구성**

제품개발계획의 개념 ➡ 제품개발계획 수립 방법 ➡ 종합 실습: 제품개발계획 수립

8장에서는 창업하고자 하는 아이템을 제품과 서비스의 형태로 개발하는 제품개발계획 수립 방법에 대하여 학습하고, 이를 기반으로 실습을 통하여 제품개발계획을 수립하게 된다. 창업 아이템을 선정한 다음에는 창업 아이템을 구체적인 제품과 서비스로 개발해야 한다. 그런데 제품개발 과정은 많은 시간과 자금을 필요로 하고, 실패하는 경우도 많으며 실제로 많은 기술 창업 기업들이 제품과 서비스 개발 과정에서 실패하게 된다. 만약, 개발에 성공하여도 비용과 시간이 많이 걸리거나, 고객 니즈에 맞지 않아서 어려움을 겪는 경우가 많다. 그러므로 합리적이고, 체계적인 제품개발계획을 수립하여 고객이 원하는 제품과 서비스를 개발해야 한다.

이 장은 제품개발계획의 개념, 제품개발계획 수립 방법, 제품개발계획 수립 실습으로 구성되어 있다.

# Ⅰ 제품개발계획의 개념

## 1. 제품개발계획의 이해

제품개발계획이란 창업 아이템을 제품과 서비스로 개발하기 위해서 고객의 니즈를 찾아내고, 이를 기반으로 개발하고자 하는 제품과 서비스를 구체화한 후, 체계적인 개발 방법과 예산 및 일정을 수립하는 것을 의미한다.

만약 제품개발계획이 잘못 수립되면 개발 과정에 많은 비용과 시간을 낭비할 뿐만 아니라 처음 의도한 제품과 다른 제품이 개발되기도 하고, 고객의 니즈를 충족시키지 못한 제품을 개발할 가능성이 높다. 이런 경우 창업은 실패하게 되기 때문에 합리적이고 체계적인 제품개발계획을 수립해야 한다.

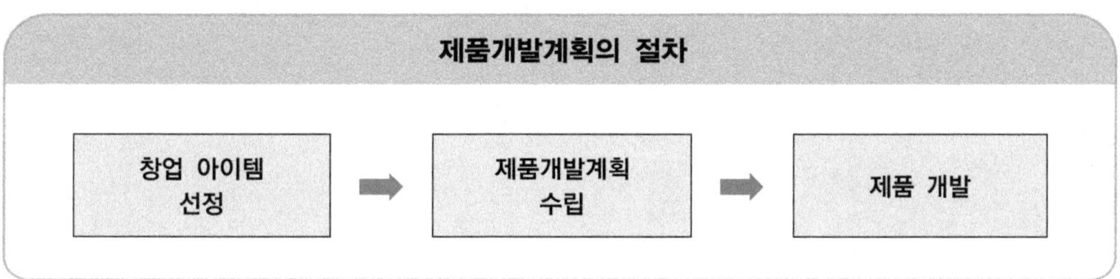

## 사례 8-1 요기요, 애자일로 개발력 상승

### 1. 시시각각 변하는 고객 눈높이 맞는 민첩한 개발방식

- 요기요는 개발자 대규모 채용에 앞서 약 7년 전부터 애자일 개발 문화를 도입해 시시각각 달라지는 고객들의 눈높이에 맞는 민첩한 개발방식을 정착시켜왔다.

  애자일이란 불필요한 문서작업이나 설계 대신, 개발(프로그래밍) 그 자체에 인력과 시간을 집중해 보다 빠르게 결과물을 얻는 개발 방법론이다. 정해진 계획을 고수하기보다, 개발주기나 소프트웨어 개발 환경에 따라 유연하게 대처할 수 있어 더 빨리 결과물을 내놓고 고객들의 반응도 민첩하게 대응할 수 있다.

### 2. 애자일 도입 7년…"우수한 결과물, 빠른 고객 의견 반영 가능"

- 한 가지 기능을 개발하기 위해서는 개발자만 필요한 것이 아니라 서비스 기획자, 사용자경험/사용자환경 등 다양한 전문가들의 협업이 필요하다. 직무별로 조직이 구성될 경우 상호 협력에 어려움이 발생하고 유연함이 떨어질 수 있다. 반면 각 파트 전담인력이 함께 공통의 목표를 달성하기 위해 한 팀이 돼 기능적이고 유연하게 움직일 수 있는 애자일 조직을 갖출 경우 고객 요구를 빠르게 수용하고 민첩하게 비즈니스에 적용할 수 있다는 게 요기요의 설명이다. 이 같은 방식이 요기요 개발자들이 더 안정적이고 완성도 높은 앱을 개발할 수 있는 방법론이다.

출처: ZDnetKorea(2021.4)

### 생각해보기

- 이 사례는 실패를 딛고 일어서서 새로운 제품판매방식 도전에 성공한 대표적인 사례이다.
- 여러분의 주변에서 실패를 바탕으로 획기적인 제품개발에 성공한 사례들을 찾아보시오.

## 2. 제품개발계획 수립 방법

제품개발계획을 수립하기 위해서는 먼저 개발하고자 하는 아이템에 대한 고객의 니즈를 분석해야 하고, 고객 니즈를 기반으로 개발목표를 수립하고, 이를 달성하기 위한 개발계획을 수립하는 세 단계의 활동을 수행해야 한다.

고객 니즈 분석이란 고객들이 원하는 제품과 서비스를 개발하기 위하여 고객들의 의견과 요구 사항을 수집하여 고객들의 핵심적인 니즈를 도출하는 활동을 의미한다.

개발목표 수립이란 고객들의 핵심 니즈를 바탕으로 개발하고자 하는 제품과 서비스에 대한 개념, 사양, 디자인 등 구체적인 제품의 콘셉트와 개발 항목들을 결정하는 과정을 의미한다.

개발계획 수립은 구체화된 개발목표들을 달성하기 위하여 개발 방법과 투입 예산, 개발 일정 등을 수립하는 과정을 의미한다.

**창업 사업 모델의 개발 방법**

제품 개발 계획 수립

| 고객 니즈 분석 | 고객이 원하는 제품과 서비스는 무엇인가?(Needs) |
|---|---|
| 개발목표 수립 | 어떤 제품과 서비스를 개발할 것인가?(Goal) |
| 개발계획 수립 | 목표한 제품과 서비스를 어떻게 개발할 것인가?(Plan) |

이러한 방식을 워터폴이라 칭하기도 한다. 폭포가 아래로 떨어지는 것처럼 일정한 순서대로 차근차근 단계를 밟아 개발계획을 수립하는 것이다. 전통적 제조업은 이러한 방법을 자주 사용하였으며 자동차 산업은 워터폴 방식으로 제품개발을 진행하고 있는 대표적 산업이다.

하지만 IT 산업과 같이 그 고객의 요구가 실시간으로 바뀌는 상황에서는 상세한 계획보다도 빠르고 린하게 먼저 제품을 만들어본 뒤 고객의 반응을 보고 수정해나가는 방식이 주목을 받고 있으며 관련된 다양한 방법론들이 등장하고 있다. 이런 내용은 5장의 린 캔버스(Lean Canvas) 관련 내용을 읽어보며 참조하도록 한다.

## 사례 8-2 지역 특산품 축제 취소가 전화위복

### 1. 코로나 19로 인한 대면 축제 취소

- 강원도 화천의 대표적인 겨울축제인 '산천어 축제'는 코로나 19로 일찌감치 취소됐다. 문제는 축제를 위해 양식장 20곳과 계약해 준비한 산천어 30만 마리를 처리하는 것이었다. 화천군은 처치곤란한 '산천어'를 쿠킹박스로 만들어 판매키로 했다. 산천어 밀키트로 만들어 온라인 플래폼을 통해 팔기 시작한 것이다. 특히 축제현장에 라이브커머스 촬영장을 차리고 인기 유튜버가 산천어 밀키트 제품 '먹방'을 진행하면서 홍보 효과를 톡톡히 봤다. 산천어 밀키트는 백화점과 홈쇼핑 등으로 현재 판매가 진행중이다. 또 식료품 업체인 오뚜기와 함께 산천어 약 20톤을 가공해 산천어 통조림으로 만들어 판매에 나선다.

### 2. 곶감 축제 취소 후 온라인 홈쇼핑 전환 후 대박

- 경남 함양군은 최근 '고종시 곶감축제'를 코로나 19로 인해 오프라인 행사를 취소하고 대신 온라인으로 진행했다. 온라인 홈쇼핑인 '네이버 쇼핑라이브'와 'G팜TV'를 통해 축제를 진행했다. 지난 15일부터 19일까지 5일간 두 온라인 홈쇼핑을 통해 곶감을 판매한 것이다. 방송 때마다 주문량이 폭주해 3억원이나 팔렸다. 홈쇼핑 판매는 대박의 시작이었다. 방송이 끝난 후 다양한 경로로 주문이 폭주하면서 총 130억원어치 곶감이 판매됐다. 이는 함양군 곶감 530여 농가 생산량의 60%가 넘는 규모다.

출처: 매일경제(2021.1)

### 생각해보기

- 이 사례는 실패를 딛고 일어서서 새로운 제품 판매 방식 도전에 성공한 대표적인 사례이다.
- 여러분의 주변에서 실패를 바탕으로 획기적인 제품개발에 성공한 사례들을 찾아보시오.

# Ⅱ 제품개발계획 수립 방법

## 1. 고객 니즈 분석

### 1) 고객 니즈 분석의 개념

고객 니즈 분석이란 개발하고자 하는 제품과 서비스에 대하여 고객들이 원하는 니즈가 무엇인지를 찾아내기 위하여 고객들의 의견과 요구사항을 파악하고, 이를 기반으로 고객들의 핵심적인 니즈를 정의하는 과정을 의미한다.

예를 들어, 스마트폰 개발을 위하여 고객 니즈를 분석한다고 가정했을 때 액정의 크기, 배터리의 사용 시간, 카메라의 성능, 메모리의 용량 등 다양한 측면에서 고객들의 의견과 요구 사항들이 무엇인지를 찾아내어야 한다.

아무리 독창적이고 우수한 창업 아이템이라 할지라도 고객이 원하는 제품과 서비스로 만들어지지 않으면 고객들의 니즈를 충족시킬 수 없기 때문에 창업은 성공할 수 없다. 그러므로 제품개발의 초기 과정에서 고객들의 니즈를 분석하는 일은 매우 중요하다.

고객 니즈 분석의 과정

### 2) 고객 니즈 분석방법

고객의 의견을 수집하고 수집한 고객의 의견으로부터 고객들이 가진 니즈를 찾아낸 후, 고객 니즈들의 중요도를 결정해야 한다.

**| 분석방법 |**

| | |
|---|---|
| 1. 고객 의견 수집 | 인터뷰, 직접 체험, 간접 체험 등의 방법으로 고객들의 의견을 수집함 |
| 2. 고객 니즈 정의 | 수집된 고객의 의견에서 고객이 원하고 있는 요구사항과 니즈를 도출함 |
| 3. 고객 니즈의 중요도 결정 | 도출된 고객의 니즈들을 기반으로 중요도를 결정하여 핵심 고객 니즈를 찾아냄 |

## 3) 고객 니즈 분석 연관 방법론

<table>
<tr><th>소비자 니즈<br>분석방법론</th><th>방법론 내용</th></tr>
<tr><td>고객<br>여정 맵</td><td>• 실제 고객이 특정 시점에 활동하는 내용을 구체화하여 시각화시켜 표현하는 방법론이다. 각 행동 단계별로 고객이 느끼는 기분 등을 정리하여 어떤 시점에 불편함을 느끼고 개선을 필요한지 찾아내며 해당 영역에 집중된 솔루션을 도출하게 됨.<br>• 페르소나는 고객 개인 특성에 중점을 뒀다면, 고객 여정은 고객 행동 특성에 중점을 두고 구체화시킨 방법론이다.<br>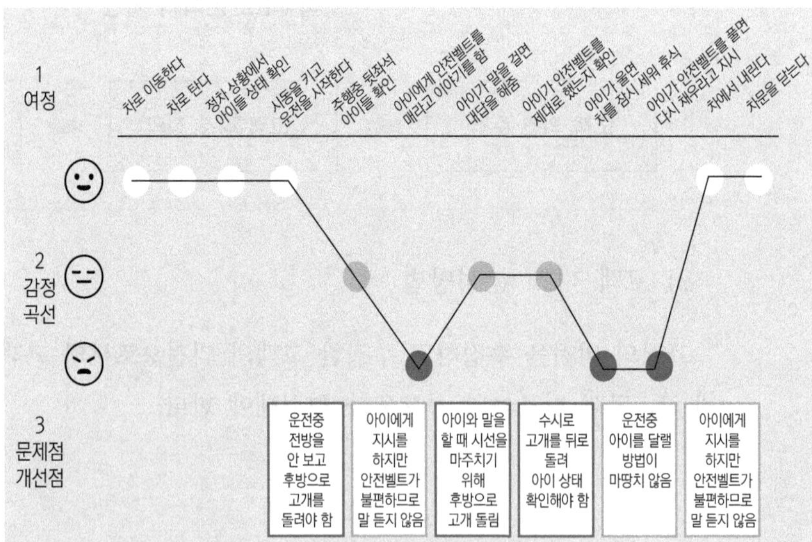
</td></tr>
</table>

## [실습 1] 고객 니즈 분석

### 목적

고객의 의견을 수집하여 고객의 요구사항과 니즈를 도출하고, 핵심적인 고객 니즈를 찾아내는 것이 목적이다.

### 진행방법

① 고객의 의견을 수집한 후 수집된 의견을 바탕으로 고객들의 니즈를 도출한다.
② 고객들의 다양한 니즈에 대하여 중요도를 결정한다.

**〈실습 1〉 고객 니즈 분석**

| 번호 | 고객의 의견 | 고객 니즈 | 중요도 |
|---|---|---|---|
| 1 | | | |
| 2 | | | |
| 3 | | | |
| 4 | | | |
| 5 | | | |

## [실습사례 1] 고객 니즈 분석

챗봇 창업 컨설팅 회사를 창업한 김 박사가 챗봇 컨설팅 TOOL 개발을 위해 기업 교육 담당자, 대학 교수, 학생들로부터 의견을 수집하고 이를 바탕으로 고객의 니즈를 분석한 사례이다.

**〈실습사례 1〉 고객 니즈 분석 사례**

| 번호 | 고객의 의견 | 고객 니즈 | 중요도 |
|---|---|---|---|
| 1 | 창업 현장에 적합한 챗봇이었으면 좋겠다. | 창업 현장의 현실을 반영한 챗봇 | 5 |
| 2 | 실제 창업 업무에 도움이 되었으면 좋겠다. | 창업에서 필요로 하는 교육 목표를 반영하고 이를 달성할 수 있는 챗봇 | 4 |
| 3 | 교육적인 요소가 많았으면 좋겠다. | 교육적인 효과가 강화된 챗봇 | 4 |
| 4 | 시스템이 사용하기 쉬었으면 좋겠다. | 사용하기 쉬운 챗봇 | 3 |

## 사례 8-3 차 안에 택배 배달 - 아마존

### 1. 직장인의 니즈를 파악한 신규 택배 시스템

- 아마존은 고객의 집 내부로 물건을 배달하는 '인홈 딜리버리' 서비스를 시행하고 있다. 아마존 관계자는 ABC 뉴스와 인터뷰에서 "인홈 딜리버리에 대한 고객 평가는 5점 만점에 4.78점"이라며 인카 딜리버리에 대해 자신감을 드러냈다.

  인카 딜리버리는 시간대별로 배송 현황을 스마트폰으로 확인할 수 있다. 주중에 집을 비울 경우가 많은 직장인이 선호할 것이란 전망이 나온다.

### 2. 배달원이 고객 차량 트렁크에 배달 진행

- 미국 내 37개 도시에서 시행하며 2015년형 이상의 제너럴모터스(GM), 볼보 차량 소유자만 가능하다. 4G LTE가 적용된 차량이기 때문이다.

  배달서비스를 이용하려면 '아마존 키' 애플리케이션을 내려받아 자신의 계정을 자동차 서비스와 연결해야 한다. 배달원이 고객 차량 앞에서 스마트폰으로 택배 물건을 스캐닝한 후 별도의 클라우드 망에 올리면 차량 트렁크가 자동으로 열린다.

  서비스를 이용하는 고객은 배송 4시간 전에 안내 메시지를 받게 되고 자신의 자동차 문 개폐 상태도 안내받는다.

출처: 머니투데이(2018.4)

### 생각해보기

- 이 사례는 고객의 니즈를 분석해서 차별화에 성공한 대표적인 사례이다.
- 여러분의 주변에서 고객 니즈를 분석해서 성공한 창업 사례를 찾아보시오.

## 2. 개발목표 수립

### 1) 개발목표 수립의 개념

개발목표 수립이란 고객들의 니즈를 바탕으로 제품개발에 반영해야 할 사항을 결정하고, 주요 기능과 적용 기술, 디자인 등 제품의 개념을 확정하고 구체적인 개발 항목을 도출하는 과정을 의미한다.

예를 들어, 스마트폰에 관한 고객들의 니즈를 기반으로 큰 액정 사이즈, 오랫동안 사용가능한 배터리, 가벼운 무게, 클라우드 컴퓨팅 기능 등을 반영할 수 있는 구체적인 제품의 개념과 사양을 결정해야 한다. 그 후 이들 제품을 개발하기 위하여 필요한 핵심 개발 항목들을 목표로 선정해야 한다.

그러나 고객들이 원하는 모든 니즈들을 다 반영하여 제품을 개발할 수 없기 때문에 개발 가능성과 개발 예산 및 일정, 경쟁사의 전략, 개발 원가 등을 고려하여 제품의 개념 및 사양을 결정해야 한다.

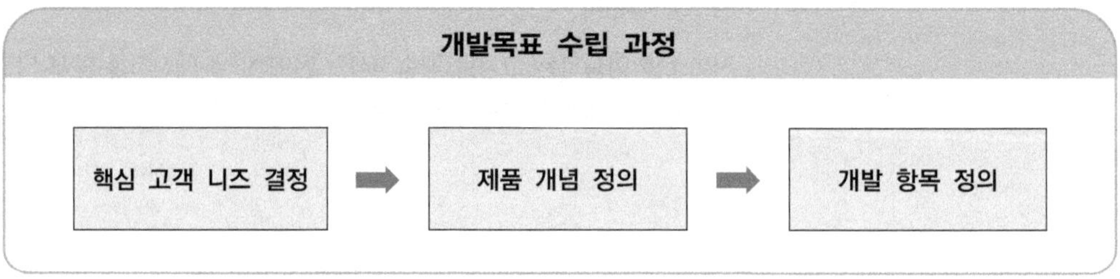


### 2) 개발목표 수립 방법

고객들의 핵심 니즈를 기반으로 제품의 개념을 기능, 적용기술, 디자인 등의 측면에서 정의한 다음, 구체적인 개발 항목들을 도출하고 정의해야 한다.

**| 분석방법 |**

| 단계 | 내용 |
|---|---|
| 1. 핵심 고객 니즈 결정 | 고객 니즈들의 중요도를 기반으로 제품 개발에 반영할 고객들의 핵심적인 고객 니즈를 선택함 |
| 2. 제품 개념 정의 | 핵심 고객 니즈를 기반으로 개발하고자 하는 제품의 개념과 사양 등을 결정함 |
| 3. 개발 항목 정의 | 개발해야 할 구체적인 항목과 내용들을 목표로 정의함 |

## 3) 개발목표 수립 연관 방법론

| 개발목표 수립 방법론 | 방법론 내용 |
|---|---|
| SMART 법칙 | 경영학의 대가 피터 드러커가 1954년 소개한 목표관리법에서 소개한 목표설정 원칙이다. 이후 일본의 경영컨설턴트 간다 미사노리의 '돈과 영어의 비상식적 관계'라는 책과 미국의 유명 자기계발 컨설턴트 브라이언 트레이시의 '목표, 그 성취의 기술'에서도 언급되는 등 많은 사람들이 사용하고 있는 쉬우면서도 강력한 목표 설정기법이다.<br><br>S : Specific 목표는 구체적이어야 한다.<br>M : Measurable 수치화, 객관화하여 측정할 수 있어야 한다.<br>A : Achievable 달성 가능해야 한다.<br>R : Realistic 자신의 상황에서 현실적이고 타당한 목표여야 한다.<br>T : Time-limited 구체적인 마감 시한을 정해야 한다. |
| 만다라트 | 활짝 핀 연꽃 모양으로 아이디어를 다양하게 발상해 나가는 데 도움을 주는 사고 기법이다.<br>브레인스토밍을 확장하여 하나의 주제에 대한 하위 주제를 설정하고 아이디어를 확산하는 데 도움이 된다. 아이디어나 문제 해결의 대안을 다양한 측면에서 찾으려고 할 때, 기존 기술이나 제품을 응용하는 새로운 방법을 찾으려고 할 때, 혹은 미래 시나리오를 가상으로 만들 때 활용한다. |

| 개발목표 수립 방법론 | 방법론 내용 |
|---|---|
| 만다라트 | **키워드 만다라트 분석 – 자동차 램프 광학 분야 방법론 활용 사례 분류**<br>**TRIZ 방법론** |

| | | | | | | | | |
|---|---|---|---|---|---|---|---|---|
| 공감 | Say, Think, Do, Feel | 여정 지도 | 기능 모델링 | Function ranking | | CECA | MECE | |
| Extreme user | 디자인 싱킹 | | | 요소 분석 | | | 원인 분석 | |
| Point of View | How might we | Story Board | | | | | | |
| | | | 디자인 싱킹 | 요소 분석 | 원인 분석 | 완전한 시스템 방향성 | ANA | BNA |
| 린 캔버스 | 린 방법론 | | 린 방법론 | 창의적 방법론 | 기술진화분석 | Macro to Micro 미시방향 | 기술진화분석 | |
| | | | 블루오션 | 서비스 디자인 | 아이디어도출 | Dynamization 동적방향 | Supersystem 전이 주변 동화 | |
| | | 디자인싱킹 중복 | | | | Feature Transfer | Trimming | 물리적 모순 시공간분리 |
| ERRC | 블루오션 | | 여정 지도 | 서비스 디자인 | | Function Orienter Search | 아이디어도출 | 기술적 모순 40가지 발명원리 |
| | | | Story Board | Extreme user | | Standard Solution | Scientific database | Clone problem |

## [실습 2] 개발목표 수립

### ◎ 목적

핵심적인 고객 니즈를 기반으로 구체적인 제품의 개념과 사양을 정의한 다음, 개발하고자 하는 개발 항목을 정의하는 것이 목적이다.

### ◎ 진행방법

① 개발에 반영할 고객들의 핵심 니즈를 최종 선택한다.
② 제품 개념과 사양을 정의하고, 제품 개념과 사양을 충족할 수 있는 개발 항목을 정의한다.

**〈실습 2〉 개발목표 수립**

| 항 목 | 내 용 |
|---|---|
| 1. 핵심 고객 니즈 | |
| 2. 제품의 개념 | |
| 3. 주요 개발 항목 | |

## [실습사례 2] 개발목표 수립

아래의 사례는 김 박사가 챗봇 컨설팅 사업을 구체화하기 위하여 핵심 고객 니즈, 제품 개념과 사양, 제품개발 항목 등을 정리한 것이다.

**〈실습사례 2〉 개발목표 수립 사례**

| 항 목 | 내 용 |
|---|---|
| 1. 핵심 고객 니즈 | 1. 창업 현실을 반영해야 함<br>2. 창업 목표를 반영해야 함<br>3. 교육적 효과가 강화되어야 함 |
| 2. 제품의 개념 | 1. 실시간 시뮬레이션이 가능한 교육용 챗봇<br>2. Web 인터페이스 기반의 챗봇<br>3. 제조업에 현실을 반영한 교육용 챗봇<br>4. 단순한 오락용 게임이 아닌 교육 기능이 강화된 챗봇<br>5. 기업 및 대학에서 활용할 수 있는 챗봇 |
| 3. 주요 개발 항목 | 1. 시뮬레이션 엔진 개발<br>2. 데이터베이스 개발<br>3. 모바일 기반 챗봇 개발<br>4. 교육 매뉴얼 개발 |

## 3. 개발계획 수립

### 1) 개발계획 수립 개념

개발계획 수립이란 구체화된 제품개발목표를 기반으로 어떻게 개발할 것인지, 얼마의 예산을 투입할 것인지, 언제까지 개발을 완료할 것인지를 결정하는 과정을 의미한다.

예를 들어, 스마트폰을 개발한다고 가정했을 때, 스마트폰의 회로와 소프트웨어는 자체 개발한다 하더라도 케이스 및 액세서리류는 전문적인 장비와 시설이 필요하므로 외주를 통하여 개발하는 것이 바람직하다. 이렇듯 개발 항목들에 대하여 경제성과 타당성을 분석하여 개발 방법을 결정해야 하고 구체적인 예산과 일정을 수립해야 한다.

개발 방법을 결정할 때 자체 개발과 외주 개발을 결정하는 일은 매우 중요하다. 자체 개발을 하면 비용을 절감할 수 있고, 기술을 축적할 수 있지만 개발기간이 오래 걸리고, 개발 실패의 위험성이 존재한다. 반면에 외주 개발은 개발 비용과 시간을 단축시킬 수 있으며 개발 장비구입과 전문 인력 영입에 따른 리스크를 줄이고 개발 제품에 대한 품질을 향상시킬 수 있다. 그러나 기술 축적 및 향후 수정 보완 과정에서 많은 어려움들이 발생할 수 있다.

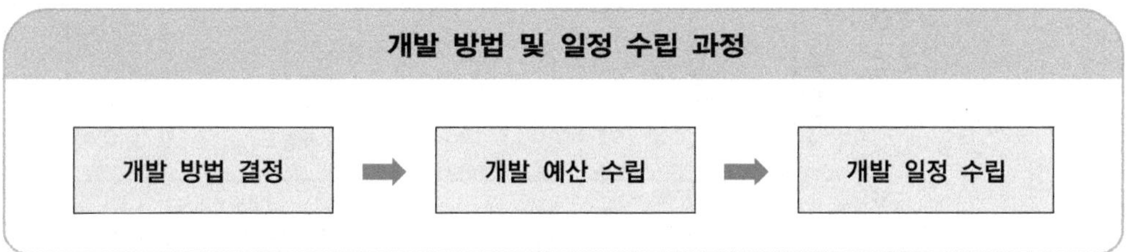


### 2) 개발계획 수립 방법

개발할 항목들에 대한 개발 방법과 개발 예산 및 개발 일정 등을 수립해야 한다.

**| 분석방법 |**

| 단계 | 내용 |
| --- | --- |
| 1. 개발 방법 결정 | 목표로 설정한 개발 항목들에 대해서 자체 개발할 항목과 외주 개발할 항목들을 나누어 각각의 개발 방법들을 결정함 |
| 2. 개발 예산 수립 | 개발에 소요될 예산을 추정하여 예산 계획을 수립함 |
| 3. 개발 일정 수립 | 개발에 소요되는 시간을 추정하여 개발 일정을 수립함 |

이때 3번의 개발 일정을 수립할 때에는 적절한 우선순위를 설정해야 함을 기억할 수 있도록 하자. 긴급도(urgent)와 우선도(important) 두 가지를 고려하여 2×2 매트릭스를 그리는 방법을 추천한다. 가장 좋은 개발계획은 우선적으로 해결해야 하는 중요 과제이면서도 당장 긴급하지 않은 항목을 미리미리 준비해서 처리하는 것이다. 긴급하게 처리해야 하는 중요 과제를 당장 맞닥뜨리게 되면 대부분의 사람은 많은 스트레스를 느끼므로 좋은 결과가 나오기 힘들다. 따라서 중요한 과제는 미리 계획에 반영하여 최고의 결과가 나올 수 있도록 일정을 수립해보도록 하자.

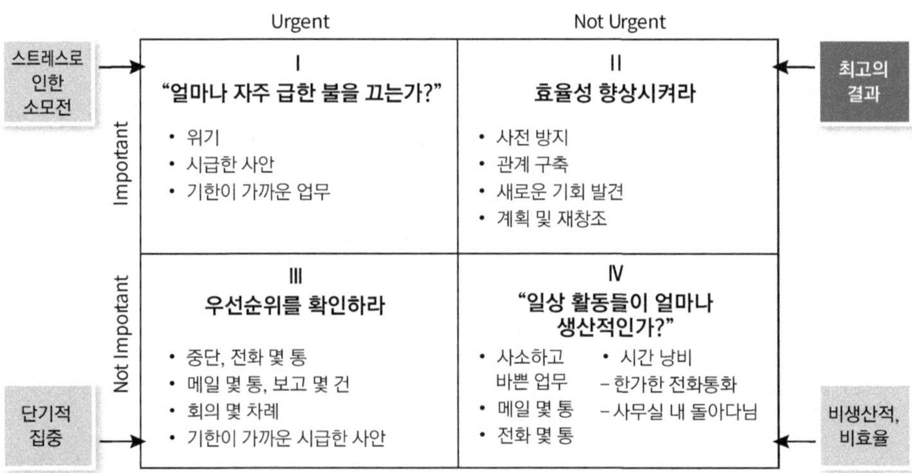

## 3) 개발계획 수립 연관 방법론

| 개발계획 수립 방법론 | 방법론 내용 |
|---|---|
| 간트 차트<br>(Gantt Chart) | <br><br>간트 차트는 프로젝트 일정관리를 위한 바(bar) 형태의 도구로써, 각 업무별로 일정의 시작과 끝을 그래픽으로 표시하여 전체 일정을 한눈에 볼 수 있다. 또한 각 업무 사이의 관계를 보여줄 수도 있다.<br>－좌축은 각 업무를 나타내며, 상단은 시간을 나타낸다.<br>－도표상의 막대는 작업계획과 실제 작업의 진행률을 동시에 나타낼 수 있다.<br>－계획과 통제의 기능을 동시에 할 수 있다.<br>－작업의 진행상황과 자원할당이 잘 표현된다. |
| 마일스톤 차트<br>(Milestone Chart) | <br><br>마일스톤 차트는 팀이 프로젝트의 최종산출물을 생각하기 위한 목표를 설정하고, 그 목표를 중요한 하위 목표들로 세분하여 각각의 하위 목표들에 마감시한을 할당한 것으로, 프로젝트에 대한 전체적인 그림을 보고자 할 때 사용한다.<br>1. 구분 : 목표수준의 크게 분류된 업무를 기입한다.<br>2. 세부업무 : 실행가능한 소단위 업무를 기입한다.<br>3. 기간 : 주/월/분기/년 등으로 구분하여 표기한다.<br>4. 완료된 마일스톤, 예정된 마일스톤 일정을 넘겨 완료된 마일스톤을 각기 다르게 표기한다. |
| 애로우 다이어그램 | 원과 화살표를 이용하여 각 단계별 진행되어야 하는 업무 리스트를 정리한다. 단순 서술형 형식 대비 비쥬얼적으로 보여주므로 여러 사람이 한눈에 일정 공유 시 효과적이다. |

## [실습 3] 개발계획 수립

### 목적

개발할 항목들에 대하여 자체 개발 혹은 외주 개발 여부를 결정하고 구체적인 개발 예산 및 일정을 계획하는 것이다.

### 진행방법

① 개발할 항목들에 대하여 자체 개발할 것인지, 외주 개발할 것인지를 결정한다.
② 개발 항목들에 대하여 예산계획과 일정계획을 수립한다.

**〈실습 3〉 개발계획 수립**

| 개발 항목 | 개발 방법 | 개발 예산 | 개발 일정 |
|---|---|---|---|
| | | | |
| | | | |
| | | | |
| | | | |

# Ⅲ 종합 실습: 제품개발계획서 작성

## ◎ 목적

지금까지 학습한 내용을 중심으로 제품개발계획 수립 방법을 이해하고 작성하는 것이 목적이다.

## ◎ 진행방법

① 디자인싱킹의 각 단계에 맞춰 제품개발 과정을 기록해본다.
② 피드백은 받은 후 다시 첫 단계인 공감부터 시작하여 사이클을 반복하여 최적화 제품을 기획해본다.

**| 디자인싱킹 방식 제품개발계획서 작성 |**

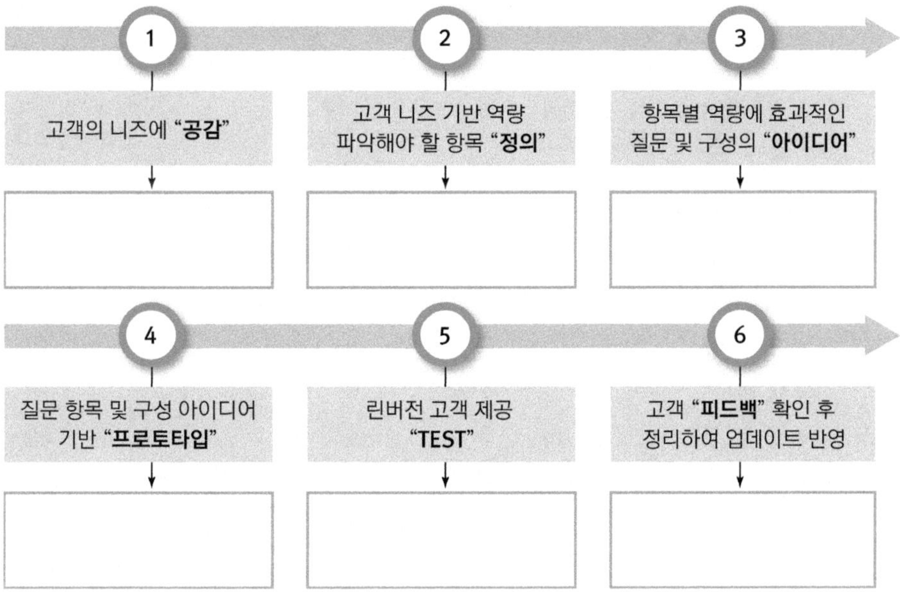

## [종합 실습사례] 제품개발계획서 작성

아래의 사례는 김 박사가 챗봇 컨설팅 개발을 위해 수립한 디자인싱킹 방식으로 작성한 제품개발계획서이다.

**| 디자인싱킹 방식 제품개발계획서 작성 사례 |**

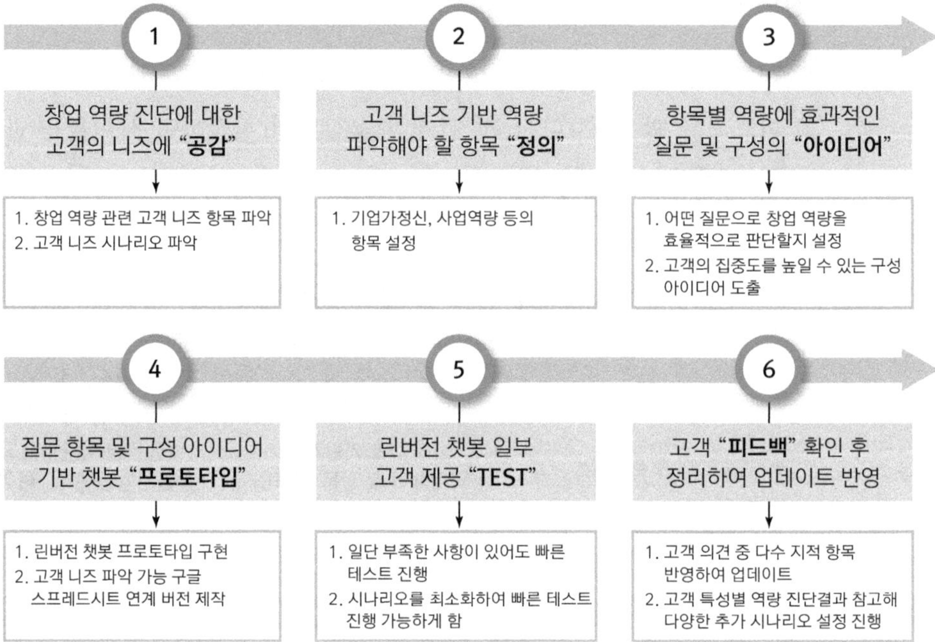

## Ⅳ 창업과 창의성: 체크리스트를 활용하여 차별화된 전략을 만들어보자

사실상 제일 현실적인 방법이다. 창의적인 아이디어를 고려해야 할 필수 체크 요소들을 정리해놓고 해당 내용과 연관된 아이디어를 도출해본다.

### ■ 체크리스트 실습 템플릿

| 구분 | 주요 내용 | 창의적 아이디어 개발 |
|---|---|---|
| | • | |
| | • | |
| | • | |
| | • | |

### ■ 체크리스트 사례 - 경영 시뮬레이션 게임 관련 아이디어

| 구분 | 주요 내용 | 창의적 아이디어 개발 |
|---|---|---|
| 제품과 서비스 | • 경영 시뮬레이션 게임을 활용한 경영교육 서비스 | 1. 웹 기반의 게임으로 개발<br>2. 경영 전반을 경험할 수 있는 게임 개발<br>3. 교육생이 직접 참여하는 체험 중심의 게임 개발<br>4. 경쟁하는 형태의 게임 개발 |
| 사업모델 | • 경영교육 서비스 제공<br>• 게임 개발 서비스 제공 | 1. 고객 유형및 수준별 맞춤 교육 서비스<br>2. 기업 특성에 맞는 커스터마이징된 게임 개발 서비스<br>3. 기능별, 업종별 게임개발 서비스 |
| 기술개발 전략 | • 시뮬레이션 기술 적용<br>• 웹 기반의 게임 개발 | 1. 미션과 분석도구를 탑재하여 개발<br>2. 동영상 기술을 활용한 경영 이러닝 개발 |
| 마케팅전략 | • 직접 마케팅<br>• 전문 마케팅 채널 활용 | 1. SERI 및 Café를 통한 인터넷 마케팅 홍보<br>2. 기업 간, 대학 간 경쟁 배틀 추진<br>3. 언론 기사를 통한 홍보 |

CHAPTER 09

# 마케팅계획을 수립하라

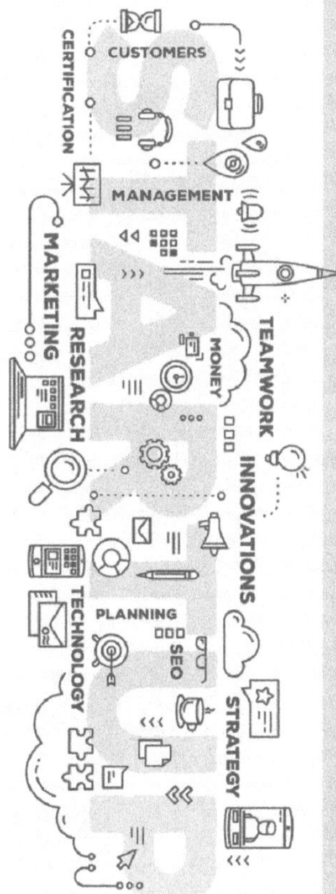


Ⅰ. 마케팅계획 수립의 개념

Ⅱ. 마케팅계획 수립 방법

Ⅲ. ESG 연관 기업 마케팅 사례

Ⅳ. 종합 실습: 마케팅계획 수립

Ⅴ. 창업과 창의성: 만다라트 툴을 이용하여 발산형 사고를 해보자

## 도입 대화

[형선] 제품개발에 대한 준비는 모두 끝났어. 이제 이걸 어떻게 홍보하느냐가 문제인데… 전공이 공대 쪽이다 보니 설계나 개발 쪽에 대한 지식은 있어도 마케팅에 대해서는 전혀 모르겠네….

[종규] 너무 걱정할 것 없어. 마케팅 관련 학문을 배우는 것이 아니고, 정말 실질적으로 개발한 제품이나 서비스를 고객에게 어떻게 판매하느냐에 관한 내용이니까, 좀 더 쉽게 생각하면 좋을 것 같아.

[형선] 마케팅이라는 용어보다도 고객에게 어떻게 판매하느냐는 관점으로 생각해보니 좀 더 와닿는 것 같아. 그래도 아직 정확히 감이 안 오네.

[종규] 4P라는 용어 들어봤지? 제품, 가격, 판매, 프로모션, 유통을 의미하는 영어 단어들의 앞 글자가 모두 P라서 4개의 P라는 용어인데, 사실 마케팅 할 때는 이 4개만 계획을 잘 짜놓으면 큰 도움이 될 거야.

[형선] 정말 고마워. 4P는 여러 번 들어본 것 같아. 마케팅계획을 막상 짜려니 난감했는데, 저렇게 4P 관점의 큰 틀을 잡고 생각을 해보면 훨씬 쉽게 접근할 수 있을 것 같아!

[종규] 그래, 이번 장에서는 마케팅계획 수립하는 개념과 수립 방법을 배워보고 최종적으로 4P 관점에서 실습도 진행해보자. 마케팅을 처음 접하는 사람들도 따라만 하면 쉽게 정리할 수 있을 거야.

**마케팅계획의 구성**

마케팅계획 수립의 개념 ➡ 마케팅계획의 수립 방법 ➡ 종합 실습: 마케팅 계획 수립

# Ⅰ 마케팅계획 수립의 개념

## 1. 마케팅계획의 이해

마케팅계획 수립이란 목표시장에서 고객이 가진 니즈(Needs)와 욕구(Wants)를 충족시키기 위해 어떠한 제품과 서비스를 만들 것인지, 어떠한 가격으로 판매할 것인지, 어떻게 제품과 서비스를 고객에게 전달할 것인지, 어떻게 프로모션 활동을 할 것인지 등에 대한 구체적인 마케팅 및 영업활동 계획을 수립하는 것이다.

예를 들어, 온라인 게임을 개발하는 창업 기업이 게임을 판매하기 위하여 어떠한 종류의 게임을 만들 것인지, 가격을 중저가 혹은 고가로 책정할 것인지, 게임을 직접 판매할 것인지 아니면 별도의 유통회사와 계약을 맺을 것인지, 어떤 수단으로 게임을 홍보할 것인지 등에 대한 마케팅계획을 수립하여 추진해야 한다.

만약 마케팅계획이 잘못 수립되면 힘들며 개발한 제품과 서비스를 고객에게 판매하기에 어려움이 있기 때문에 매출과 수익이 발생할 수 없고, 기업은 생존할 수 없다. 그러므로 제품과 서비스를 효과적이고 효율적으로 판매할 수 있는 체계적인 마케팅계획을 수립해야 한다.

**마케팅계획 수립의 절차**

## 2. 마케팅계획의 수립 방법

마케팅계획을 수립하기 위해서는 제일 먼저 경쟁하고자 하는 목표시장을 선정하고, 제품전략, 가격전략, 유통전략 및 프로모션 전략 등을 중심으로 세부적인 마케팅 계획을 수립해야 한다.

① 목표시장 선정은 목표시장에서 어느 세분화된 시장에 집중할 것인가를 결정하는 과정이다.
② 제품전략 수립은 고객의 니즈를 충족시키기 위해 어떤 제품과 서비스를 제공할 것인가를 결정하는 과정이다.
③ 가격전략 수립은 제품원가 및 가격 경쟁력을 고려하여 제품과 서비스의 판매가격을 결정하는 과정이다.
④ 유통전략 수립은 제품의 전달과 판매의 확장 및 새로운 고객의 발굴을 위해 유통채널을 구축하는 과정이다.
⑤ 프로모션 전략 수립은 제품과 서비스에 대해 고객에게 알리고 이해시켜 구입하도록 설득하는 과정이다.

보통 이러한 개념을 4P로 정리하는 경우가 많으며, 해당 표로 마케팅계획을 정리하면 초보자도 쉽게 정리할 수 있다. 물론 이 장의 종합 실습사례에서도 진행할 것이다.

4P 분석은 기업의 제품, 가격, 유통, 프로모션의 관점에서 마케팅 활동과 요소들의 특성을 분석하고 이 요소들을 적절히 믹스하여 다양한 마케팅전략을 수립하기 위한 분석방법론이다.

제품(Product)은 소비자의 욕구 충족을 위해 구입하고 소비하는 모든 형태의 재화와 서비스를 의미하며 상품, 서비스, 아이디어, 브랜드, 품질 등 유·무형의 재화를 포함한다.

가격(Price)은 제품과 서비스의 대가로 지불하는 가치를 의미하며 가격, 할인, 신용을 포함한다.

유통(Place)은 제품이나 서비스가 소비자에게 전달 경로로 유통채널, 재고, 운송방식 등을 포함한다.

프로모션(Promotion)은 기업이 자사를 알리고 판매를 원활하게 하기 위한 커뮤니케이션 활동을 의미하며 판매촉진, 광고, 홍보 등을 포함한다.

이때 제일 중심에 있는 목표시장의 경우 평소 생각한 시장을 바로 적어도 되지만 STP 방법론을 활용할 경우 좀 더 명확한 설정을 할 수 있다. 해당 방법론은 다음 파트에서 상세히 알아보고 실습도 진행해보도록 하자.

## 사례 9-1 '감성커피', 차별화된 SNS 마케팅전략 실시

### 1. 차별화된 마케팅전략

- MZ세대에 있어 신박한 메뉴 홍보와 마케팅은 고객 확보 및 매장 수익성으로 이어진다. '감성커피'는 일반적인 카페 브랜드들과 달리 이색적인 콜라보 메뉴 출시, 다양한 SNS 채널을 활용한 차별화된 마케팅전략을 실시하여 효과를 극대화하는 브랜드다. 유명 브랜드들과의 콜라보를 통해서 상상치 못한 이색 조합을 제시, 기존 브랜드의 팬층에게는 흥미 유발 효과를 극대화하고 새로운 팬층을 유입시키는 전략을 실행 중이다. 감성커피의 메뉴는 시각적인 효과를 극대화하는 비주얼 선사, 맛과 퀄리티로 고객 만족도를 2배 높이고 있다. 최근 출시된 농심과의 콜라보 제품인 '바나나킥 음료 2종'의 인기는 감성커피의 SNS 마케팅전략의 성공 사례로 볼 수 있다.

### 2. SNS 마케팅전략의 성공 사례

- '오늘뭐먹지, 먹킷리스트, 맛장소' 등 페이스북과 인스타그램 유명 SNS 채널에서 제품에 대한 이색 소개로 흥미 유발을 일으키게 만든 것이다. 해당 채널을 확인한 소비자들은 "최애과자가 음료라니 당장 출동" "바나나킥 사랑하는데 이건 진짜다, 내사랑 바나나킥" 등 다양한 반응도를 보이고 있다, 다양한 SNS 마케팅전략을 실행하여, 바나나킥 메뉴를 먹기 위해 1시간 소요되는 매장을 방문한다는 사례까지 등장한다. 과도한 마케팅 비용을 투자하거나, 작위적인 홍보가 이뤄지지 않고도, 그 파급력으로 인해 바나나킥 2종 신메뉴는 SNS에서 급속도로 인기를 얻기 시작했고 자연스럽게 매출 상승효과를 일으켰다. 또한 홍보 영상 제작 시에도 단순히 브랜드와 음료를 홍보하는 방식이 아닌, 소비자들의 흥미를 유발하고 더욱 친근감을 가질 수 있는, 메뉴에 관한 스토리를 넣거나 이색 상황 연출을 시도하고 있다. 최근에는 인스타그램 트렌드인 릴스를 다양한 연출로 시도하여, 신규 소비자들의 유입을 늘리고 있다. 제품 구성과 분위기는 물론 홍보 방식에서조차 확실한 아이덴티티(정체성)를 지니고 있는 감성커피. 자신들만의 차별화된 전략을 보여주고 있는 '감성커피'는 소비자가 음료를 찾아 방문하는 카페 브랜드로 통한다.

출처: FETV(2021.6)

### 생각해보기

- 이 사례는 고객의 차별화된 SNS 마케팅에 성공한 대표적인 사례이다.
- 여러분의 주변에서 특별한 방법으로 마케팅에 성공한 창업기업의 사례를 찾아보시오.

# Ⅱ 마케팅계획 수립 방법

## 1. 목표시장 선정

### 1) 목표시장 선정의 의미

창업 기업은 모든 시장에서 경쟁하는 데 한계가 있으므로 주요 시장을 세분화하고 가장 경쟁력 있는 시장을 선정하여 집중하는 것이 바람직하다.

예를 들어, 사무용 기기를 생산하는 창업 기업의 주요 시장이 기업 고객이라고 할 때, 대기업, 중견기업, 중소기업으로 시장을 세분화한 후 이 중에서 중소기업을 목표시장으로 선정하여 초저가 상품이라는 콘셉트로 제품을 판매할 수 있다.

## 사례 9-2 '창업 삼수'… 4050 패션앱으로 성공

### 1. "이대로 창업하면 또 망한다. 부족한 실력부터 보충해오자."

- 4년 만인 재창업한 라포랩스는 지난달 소프트뱅크벤처스, 카카오벤처스 등 유명 벤처캐피털(VC)들로부터 "더 투자하고 싶다"는 역제안을 받으며 당초 목표액의 3배인 55억원을 수혈받았다. MZ세대(밀레니얼+Z세대) 고객 일변도의 창업 트렌드와 달리 틈새시장인 중장년 패션족을 겨냥해 매월 거래액이 240%씩 뛰며 성장세를 이어가고 있다.

  최근 조(兆) 단위 투자를 받는 스타트업이 늘면서 스톡옵션(주식매수청구권) 잭팟과 유사창업 노하우로 무장한 '유니콘(기업가치 1조원 이상 비상장기업) 키즈'들의 창업 성공 사례가 늘고 있다. 지난달 서울 강남구 라포랩스 사무실에서 만난 두 대표는 "스타트업에서 모의 사업 경험을 쌓은 직원들이 창업 전선에 나서는 선순환이 늘고 있다"며 "창업사관학교(스타트업)에서 '문송(문과라서 죄송)'도 미니 최고경영자(CEO)처럼 서비스를 개발하고, 사내 회의에선 경영 노하우를 배웠다"고 말했다.

### 2. 4050 여성 패션 애플리케이션(앱) '퀸잇'을 운영하는 라포랩스

- 퇴사 후 3번째 창업을 고민할 때도 토스, 아자르처럼 '강한 니즈(수요)+좋은 앱=대박'의 킬러앱 방정식을 적용했다. 연간 거래액이 5조원이 넘고 이중 절반 이상이 모바일 결제인 홈쇼핑 통계를 연구하며 시니어 모바일 시장에 시선이 꽂혔다. 홍 대표는 "퀸잇 출시 전 중장년층 300명을 인터뷰하면서 스마트폰을 잘 쓰고 구매력이 크지만 전용 앱은 없는 4050 여성복으로 범위를 좁혔다"고 말했다.

  시장조사를 마친 뒤에도 매주 2, 3명씩 현장 목소리를 반영하며 '어머니 취향'을 저격하는 앱을 만들었다. 한 화면에 6개 넘는 상품을 보여주는 다른 앱과 달리 상품 1개만 보여주고 대신 가격, 할인율을 큰 글씨로 썼다. 클릭률, 구매 전환율에 따라 상품 노출 순위를 바꾸거나 사이즈를 입력하면 비슷한 체격의 유저 리뷰를 보여주는 데이터 기술로 패션 문외한인 약점을 보완했다.

출처: 동아일보(2021.6)

### 생각해보기

- 이 사례는 틈새시장을 찾아내고 역량을 집중함으로써 창업에 성공한 대표적인 사례이다.
- 여러분의 주변에서 틈새시장을 공략하여 성공한 사례를 찾아보시오.

## 2. 제품전략 수립

### 1) 제품(Product)전략 수립의 개념

제품전략 수립이란 목표하고 있는 시장에서 고객들이 필요로 하는 제품과 서비스의 기능, 디자인, 용도 등 다양한 속성들을 파악하고 이를 공급하기 위한 계획을 수립하는 것을 의미한다.

제품전략에 따라 고객에게 불일치, 불균형, 불편함이 일어날 수 있기 때문에 제품전략을 효율적으로 수립해야 한다.

① 불일치란 고객이 원하는 제품과 기업이 공급하는 제품이 서로 다른 것이다. 예를 들어, 고객은 신입사원을 위한 쉬운 교육을 원하는데 기업은 관리자급 이상의 고 난이도 교육만을 제공하는 경우이다.

② 불균형이란 고객이 원하는 제품의 양, 질, 속성 등에서 차이가 있는 것을 의미한다. 예를 들어, 고객사는 대규모 인원을 한꺼번에 교육할 수 있는 교육을 원하지만 제공사는 소규모로 진행하는 교육만 제공할 수 있는 경우이다.

③ 불편함이란 고객이 제품을 구매하고 사용하는 과정에서 불편함을 느끼는 것을 의미한다. 예를 들어, 고객은 이러닝 콘텐츠와 같은 방법으로 쉽고 편리하게 교육을 받고 싶어 하지만 불편하고 복잡한 교육 시스템을 제공하는 경우이다.

고객의 다양한 니즈를 만족시키기 위해서는 시장에서 필요로 하는 제품과 서비스를 만들어 고객에게 필요한 가치를 제공해야 함과 동시에 제품과 서비스의 개념이나 특성을 단기간에 효율적으로 전달할 수 있는 브랜드 네임을 결정해야 한다.

**제품전략 수립의 주요 과정**

제품의 구성 → 제품의 가치 정의 → 브랜드 네이밍

### 2) 제품전략 수립 방법

목표시장에서 필요로 하는 제품을 구성한 후 제품이 주는 가치를 정의하고 제품별로 브랜드 네임을 결정한다.

**| 분석방법 |**

| 단계 | 내용 |
| --- | --- |
| 1. 제품의 구성 | 목표시장에서 필요로 하는 제품의 유형이 무엇이 있는지를 분석하여 제품을 구성함 |
| 2. 제품의 가치 정의 | 각 제품이 고객에게 주는 가치를 정의함 |
| 3. 브랜드 네이밍 | 각 제품의 브랜드 네임을 결정함 |

## [실습 1] 제품전략 수립

### ◯ 목적

목표시장에서 필요로 하는 제품을 구성하고 제품이 주는 가치와 제품의 브랜드네임을 결정하는 것이 목적이다.

### ◯ 진행방법

① 고객 3불 분석방법론을 이용하여 템플릿을 작성해본다.
② 작성 내용을 기반으로 마케팅전략의 시사점에 대해 생각해본다.

**3불 분석**

<table>
<tr><td>고객의 정의</td><td colspan="3"></td></tr>
<tr><td>고객의 니즈</td><td colspan="3"></td></tr>
<tr><td>제공하는 제품과<br>서비스의 가치</td><td colspan="3"></td></tr>
<tr><td></td><td>번호</td><td>내용</td><td>해결 방안</td></tr>
<tr><td rowspan="2">고객의 불편함<br>(inconvenience)</td><td>1</td><td></td><td></td></tr>
<tr><td>2</td><td></td><td></td></tr>
<tr><td rowspan="2">고객의 불균형<br>(unbalance)</td><td>1</td><td></td><td></td></tr>
<tr><td>2</td><td></td><td></td></tr>
<tr><td rowspan="2">고객의 불일치<br>(incongruity)</td><td>1</td><td></td><td></td></tr>
<tr><td>2</td><td></td><td></td></tr>
</table>

**전략적 시사점**

<table>
<tr><td>1.<br><br>2.<br><br>3.</td></tr>
</table>

아래의 사례는 3불 분석방법론을 이용해 여러 항목에 대한 해결방안을 도출한 사례이다.

| 창업 아이템 | 창업 경영 시뮬레이션 | | | | |
|---|---|---|---|---|---|
| 1. 불일치 | | 2. 불균형 | | 3. 불편함 | |
| 주요 내용 | 해결 방안 | 주요 내용 | 해결 방안 | 주요 내용 | 해결 방안 |
| 1. 창업자의 경영 역량을 향상할 교육 없음 | 1. 경영 역량을 향상할 수 있는 교육 필요 | 1. 경영 교육은 시간이 많이 걸림 | 1. 단기간에 경영 역량 향상 필요 | 1. 지루한 강의실 교육 | 1. 게임 방식의 교육 |
| 2. 기존 창업 교육은 사업계획 교육만 제공 | 2. 경영 역량을 향상할 수 있는 교육 필요 | 2. 이론 중심의 교육만 제공 | 2. 실무 중심의 교육 필요 | 2. 집합 교육만 제공 | 2. 온라인 교육 제공 |
| | | | | | |

## 사례 9-3 '다방' - '부동산 통합플랫폼' 도전장

### 1. 새로운 부동산 통합 플랫폼

- '사람과 집이 서로 만날 때 비로소 삶이 만들어진다'라는 모토와 함께 부동산 중개 플랫폼 다방이 '통합 주거플랫폼'으로의 도전장을 내민다. 젊은 경영자 한유순 스테이션3 대표의 경영 드라이브 아래 다방은 부동산 중개 플랫폼 1, 2위를 다투는 국내 대표 브랜드 중 하나로 성장했다. 보수적인 부동산 시장에서 전자계약 등 신성장동력을 개발중인 다방의 행보에 많은 관심이 몰리고 있다.

### 2. 원룸 · 전월세 등 틈새시장 공략

- 수년간 관행적으로 이루어지던 임대차 계약 관행을 바꾸는 데 일조했다. 원룸과 투룸, 전월세 등 수요가 확실한 타깃을 공략해 2018년 24억 5,169만 원의 영업이익을 기록했다. 창업 이후 줄곧 적자행진에서 흑자전환에 성공했다. 특히 한 대표는 틈새시장인 원룸 관련 서비스 공략을 통해 앞으로의 성장 가능성을 높이고 있다. 다방은 2017년 데이터 분석센터를 오픈하고 2018년부터 국내 최초 원룸, 투쓰리룸 임대시세 리포트를 발행하고 있다.

  한 대표는 "최근 디지털 경제가 사회 전반적으로 형성되며 비대면 서비스에 대한 수요가 증가하는 추세다"라며 이런 흐름에 맞춰 "다방은 더욱 고도화된 부동산 서비스를 선제적으로 제공하고자 한다"고 말한 바 있다. 또 "다방은 지속적으로 혁신적인 기술을 도입, 서비스로 구현해가며 프롭테크(proptech) 시장을 견인해 나갈 것"이라고 말했다.

출처: FETV(2021.7)

**생각해보기**

- 이 사례는 부동산시장에 대한 고정관념을 바꿔 부동산 서비스 산업에 정보기술을 결합한 사례이다.
- 여러분의 주변에서 고정관념을 바꿔 성공한 사례를 찾아보시오.

## 3. 가격전략 수립

### 1) 가격(Price)전략 수립의 개념

가격전략 수립이란 제품의 가격정책, 제품의 원가, 경쟁제품의 가격 등을 고려하여 목표시장에서 판매하고자 하는 제품과 서비스의 판매가격을 결정하는 과정을 의미한다.

예를 들어, 어학교육을 위한 이러닝 서비스를 제공하는 창업기업이 프리미엄 교육 콘텐츠라는 콘셉트에 맞추어 고가격 정책을 정하고 동시에 콘텐츠를 제작하는 데 발생한 비용과 경쟁사의 가격정책 등을 고려하여 콘텐츠의 최종 판매가격을 결정해야 한다.

가격은 고객의 구매 결정에 가장 큰 영향을 미치는 요소이기 때문에 자사 제품의 콘셉트에 따라 고가격, 혹은 저가격 정책을 신중히 선택해야 하고 원가 분석, 경쟁제품의 가격 분석을 토대로 최종적인 판매가격을 결정해야 한다.

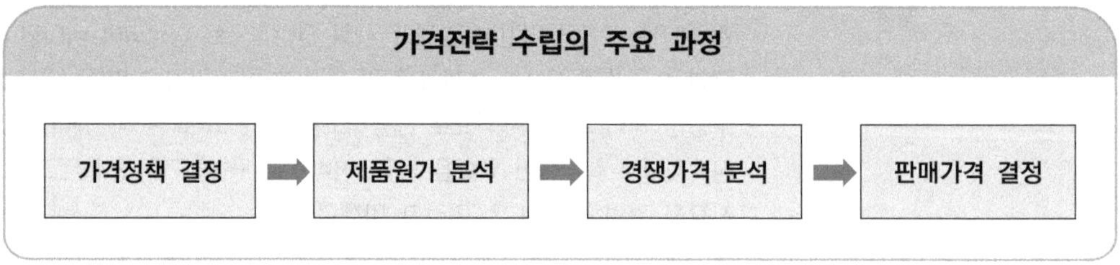


### 2) 가격전략 수립 방법

제품 콘셉트에 따라 프리미엄 혹은 저가 정책 등과 같은 가격정책을 결정하고 제품 원가와 주요 경쟁제품의 가격을 비교하여 최종 판매가격을 결정한다.

**| 분석방법 |**

| 단계 | 내용 |
|---|---|
| 1. 가격정책 결정 | 제품의 콘셉트에 따라 가격정책(프리미엄 정책, 저가정책 등)을 결정함 |
| 2. 제품원가 분석 | 제품이 고객에게 전달되는 총비용을 고려하여 원가를 분석함 |
| 3. 경쟁가격 분석 | 주요 경쟁제품의 가격을 분석하여 자사 제품과 비교함 |
| 4. 판매가격 결정 | 가격정책, 제품원가, 경쟁가격을 고려하여 최종 가격을 결정함 |

### 3) 가격 결정의 중요성

제품 초기의 가격 결정은 매우 중요한 부분이다. 저가의 전략으로 가격을 결정한 후 제품을 출시하고 시장에서 좋은 반응으로 나타났을 때 가격을 올리기는 매우 어려운 부분이다. 고객들은 처음에 고가였다가 나중에 가격을 인하하는 데는 대체로 만족을 한다. 하지만 반대로 처음에는 저가였다가 반응이 좋자 고가로 가격을 올릴 경우 반감이 심할 수 있다. 그렇기 때문에 처음 가격을 정할 때 합리적인 선에서 가격을 결정하는 것이 매우 중요하다.

## [실습 2] 가격전략 수립

### 목적

제품 콘셉트, 제품 원가, 경쟁가격 등을 기반으로 판매가격과 최저 허용 가격을 결정하는 것이 목적이다.

### 진행방법

① 주요 제품과 서비스의 콘셉트에 따라 가격정책의 방향을 결정하고 판매가격을 산정한다.

② 원가 및 경쟁제품의 가격과 비교해보고 최저 허용 가격을 결정한다.

〈실습 2〉 가격전략 수립

| 목표시장 | 주요 제품 | 가격정책 | 원가 | 경쟁사의 가격 | 판매가격 |
| --- | --- | --- | --- | --- | --- |
| | | | | | |
| | | | | | |
| | | | | | |
| | | | | | |

## 사례 9-4 마켓컬리 고급화 전략, 적자 계속돼도 투자 몰리는 원동력

### 1. 김슬아의 마켓컬리 고급화 전략

- 컬리가 매년 적자를 내는데도 김슬아 대표가 꾸준히 투자를 유치하는 원동력은 새벽배송 경쟁이 치열해지는 가운데 제품의 고급화를 통해 경쟁력을 유지하고 있기 때문으로 보인다. 유통업계에 따르면 국내 새벽배송시장은 2015년 100억원 규모에서 출발해 2018년 4천억원, 2019년에는 약 1조원 규모로 추산된다. 컬리가 운영하는 쇼핑몰 마켓컬리는 신선제품의 품질을 보존하기 위해 다양한 설비투자를 진행하고 이를 바탕으로 고급제품이라는 점을 앞세워 소비자의 호응을 얻고 있다.

### 2. 웰가격이 높아도 고품질 제품을 제공하는 것이 경쟁력

MARKET Kurly

- 마켓컬리 관계자는 “가격이 높아도 다른 이커머스업체보다 고품질 제품을 제공한 것이 경쟁력으로 이어지고 있다”며 “마켓컬리의 고객 재구매율이 높은 것은 고객이 마켓컬리가 선보이는 제품의 품질을 신뢰하기 때문”이라고 말했다. 실제로 2019년 마켓컬리에 가입한 고객의 재구매율은 61.2%로 홈쇼핑이나 인터넷쇼핑업계의 평균 재구매율(28.8%)보다 높다.

  주영훈 유진투자증권 연구원은 “마켓컬리의 제품 가격이 경쟁사보다 저렴하다고 볼 수는 없으나 높은 퀄리티의 신선식품을 제공한다는 강점을 내세우고 있다”며 “실제 마켓컬리의 최다 구매지역은 1위가 강남구, 2위가 서초구, 3위가 마포구인 것으로 확인된다”고 말했다.

  김 대표는 2019년 기자간담회에서 적자구조를 벗어나지 못하고 있다는 지적에 “지금까지의 적자는 물류자산과 직원채용, 데이터 등 적절한 인프라를 위해 투자했기 때문”이라며 “브랜드와 고객 가치를 위한 투자기간이 끝나면 이익을 낼 수 있을 것”이라고 말했다.

출처: 비즈니스포스트(2020.5)

**생각해보기**

- 이 사례는 가격전략을 통해 창업에 성공한 대표적인 사례이다.
- 여러분의 주변에서 가격전략을 잘 수립하여 성공한 사례를 찾아보시오.

## 4. 유통전략 수립

### 1) 유통(Place)전략 수립의 개념

유통전략 수립이란 판매하고자 하는 제품과 서비스를 누가 어떠한 경로를 통하여 고객에게 최종적으로 전달할 것인가에 관한 계획을 수립하는 활동을 의미한다.

예를 들어, 건강 보조식품을 판매하는 창업 기업이 자사의 판매 지점이나 영업사원들을 통해 제품을 판매하기도 하지만 더 많은 고객을 발굴하고 매출을 확대하기 위하여 별도의 유통업체들과 제휴하여 할인점이나 온라인 쇼핑몰과 같은 다양한 경로를 통해 판매할 수 있다.

창업 기업이 가진 제한된 마케팅 역량만으로는 제품과 서비스의 판매 능력에 한계가 있을 뿐만 아니라 새로운 고객을 지속적으로 발굴하기가 매우 어렵다. 그러므로 제품과 서비스를 고객들에게 전달할 수 있는 유통채널들을 발굴하고, 고객과의 판매 접점을 넓히고 고객을 지속적으로 발굴할 수 있는 유통전략을 수립해야 한다.

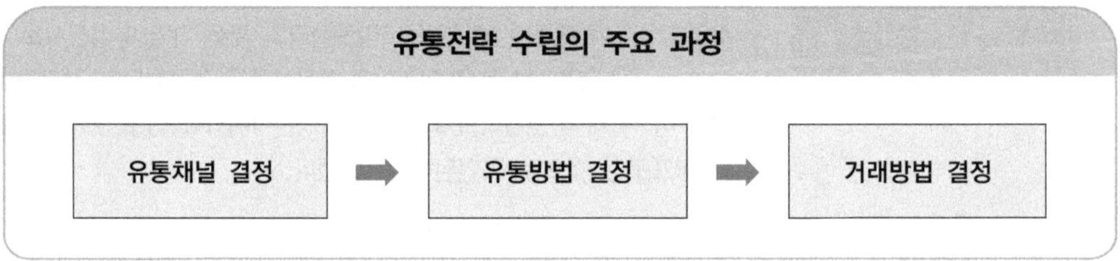


### 2) 유통전략 수립 방법

제품과 서비스의 판매 방식에 따라 직접판매와 간접판매로 구분하여 유통채널을 구성하고 주요 내용과 유통방법을 정의한 것이다.

ICT 기술의 발전으로 오프라인 중심이었던 유통의 구조가 모바일 쇼핑과 온라인 쇼핑으로 유통의 구조도 온라인으로 재편되었다. 모바일 쇼핑은 언제 어디서나 시간과 공간에 제약 없이 편하고 손쉽게 쇼핑할 수 있는 환경을 제공하고 있다. 또 결제 프로세스도 간편해서 구매자 입장에서는 최적의 쇼핑 플랫폼으로 자리 잡고 있다.

이처럼 국내 유통 구조가 온라인이나 모바일로 재편되는 시점에서 자사에 맞는 유통 구조는 어떤 것인지 생각해봐야 한다.

많은 기업들이 오프라인과 온라인을 함께 하는 멀티유통의 형태 구조를 가진다. 유통 구조를 선택해야 할 때는 각 유통경로별로 특성을 잘 파악해서 자사에 맞는 최적화된 유통경로를 선택해야 한다. 정부 규제, ICT 기술의 발전과 소비자 수요 변화에 따라서 유통전략도 바뀌어야 한다.

**| 분석방법 |**

| 단계 | 내용 |
| --- | --- |
| 1. 유통채널 결정 | 판매방식에 따른 직접판매와 간접판매를 기준으로 유통채널들을 찾아내고 결정함 |
| 2. 유통방법 결정 | 유통채널들이 제품과 서비스를 유통하는 방법을 결정함 |
| 3. 거래방법 결정 | 유통채널별로 자사와의 거래방법을 결정함 |

## [실습 3] 유통전략 수립

### ◎ 목적

제품과 서비스의 판매를 위한 유통채널들을 찾아내고 유통방법과 거래방법을 결정하는 것이 목적이다.

### ◎ 진행방법

① 직접판매와 간접판매를 기반으로 유통채널들을 찾는다.
② 유통채널들의 유통방법을 분석해보고 자사와의 거래방법을 결정한다.

**〈실습 3〉 유통전략 수립**

| 판매방식 | 유통채널 | 유통방법 | 거래방법 |
|---|---|---|---|
| 직접판매 | | | |
| | | | |
| 간접판매 | | | |
| | | | |

## [실습사례 3] 유통전략 수립

아래의 사례는 김 박사가 직접판매와 간접판매를 기준으로 챗봇 컨설팅 서비스를 판매하는 유통채널을 찾아낸 후, 유통채널의 유통방법을 분석하여 자사와의 거래방법을 결정한 것이다.

**〈실습사례 3〉 유통채널 구성 사례**

| 판매방식 | 유통채널 | 유통방법 | 거래방법 |
|---|---|---|---|
| 직접판매 | 직접 수주 | 고객사의 문의와 요청에 의해 직접 교육서비스를 제공 | 강사에게 교육비를 지불 |
| 간접판매 | 강사 수주 | 강사가 교육을 수주하고 직접 교육서비스를 제공 | 강사가 교육비의 일정 부분을 자사에 지불함 |
| | A 교육회사 | 전문 교육회사가 교육을 수주하고 교육서비스도 제공 | 콘텐츠 이용료를 자사에게 제공 |
| | B 컨설팅 | 전문 교육회사가 교육을 수주하고 자사에 교육 의뢰 | 마케팅 비용을 제외하고 자사에게 교육비를 지불함 |

## 5. 프로모션 전략 수립

### 1) 프로모션 전략 수립의 개념

프로모션 전략 수립이란 고객에게 자사가 판매하고자 하는 제품과 서비스에 관한 정보를 전달하고, 제품과 서비스의 특징과 우수성을 인지시켜 구매를 유도하는 모든 활동들을 의미한다.

예를 들어, 새로운 식당을 개업한 창업자가 매출을 향상하기 위하여 마일리지 서비스, 점심시간 할인, 가족 고객 할인, 1+1 서비스 등과 같은 다양한 마케팅 활동들이 대표적인 프로모션 활동이다.

아무리 우수하고 차별화된 제품과 서비스를 만들었다 하더라도 고객과 기업 사이의 정보의 불균형으로 인해 제품의 우수성과 차별성을 전달하지 못하면 거래가 일어날 수 없다. 그러므로 기업의 역량과 제품 및 서비스의 특성을 고려하여 TV, 신문, 인터넷 광고, 메일링, 커뮤니티, 인적 판매 등과 같은 다양한 수단들을 활용한 적절한 프로모션 전략을 수립해야 한다.

**프로모션 전략 수립의 주요 과정**

프로모션 방법 결정 ➡ 프로모션 대상 결정 ➡ 프로모션 시기 결정

### 2) 프로모션 전략 수립 방법

온라인과 오프라인 관점에서 다양한 프로모션 방법을 찾아보고 프로모션의 주요 대상은 누구인지, 프로모션 활동을 얼마나 자주 수행할 것인지에 관한 시기를 결정한다.

**| 분석방법 |**

| 단계 | 내용 |
| --- | --- |
| 1. 프로모션 방법 결정 | 온라인과 오프라인 관점에서 활용 가능한 프로모션 방법들을 찾아보고 주요 방법들을 결정함 |
| 2. 프로모션 대상 결정 | 프로모션 방법별로 주요 프로모션 대상이 누구인지를 분석함 |
| 3. 프로모션 시기 결정 | 프로모션 방법별로 프로모션 활동을 얼마나 자주 수행할 것인가에 관한 프로모션 시기를 결정함 |

## [실습 4] 프로모션 전략 수립

### 목적

제품과 서비스의 판매를 위한 구체적인 프로모션 전략을 도출하는 것이 목적이다.

### 진행방법

① 온라인과 오프라인을 구분하여 수행 가능한 프로모션 방법을 찾는다.
② 프로모션 방법들에 대한 주요 내용, 주요 대상, 프로모션 시기 등을 정리한다.

〈실습 4〉 프로모션 전략 수립

| 구분 | 방법 | 주요 내용 | 프로모션 대상 | 프로모션 시기 |
|---|---|---|---|---|
| 오프라인 | | | | |
| | | | | |
| | | | | |
| 온라인 | | | | |
| | | | | |
| | | | | |

## [실습사례 4] 프로모션 전략 수립

아래의 사례는 김 박사가 챗봇을 활용한 컨설팅 서비스의 프로모션 전략을 온라인과 오프라인으로 나누어 수립한 것이다.

**〈실습사례 4〉 프로모션 전략 수립**

| 구분 | 방법 | 주요 내용 | 프로모션 대상 | 프로모션 시기 |
|---|---|---|---|---|
| 오프라인 | 오픈 세미나 | 제품 홍보를 위한 유료세미나 개최 | 기업 교육 담당자 | 연 2회 |
| | 아카데미 | 교육생을 직접 모집하여 교육과 홍보를 동시에 진행 | 기업 교육 담당자 일반인 | 연 4회 |
| | 직접 마케팅 | 고객사와 직접 접촉하여 제품 홍보 | 기업 교육 담당자 대학 교수 및 교육 담당자 | 상시 |
| 온라인 | 사이트 홍보 | 자사 홈페이지를 통한 홍보 | 모든 고객 | 상시 업데이트 |
| | 커뮤니티 | Café, 온라인 Forum 등을 활용한 커뮤니티 구축 및 홍보 | 커뮤니티 회원 | 상시 업데이트 |

## 6. 경쟁 방식에 따른 전략 수립

### 1) 경쟁 방식에 따른 전략 수립의 개념

기업이 선택할 수 있는 기본적 전략을 경쟁 범위와 경쟁 방식에 따라 원가우위, 차별화 전략, 집중화 전략으로 분류하여 경쟁전략을 수립하는 방법이다.

원가우위전략(cost leadership)이란 넓은 시장에서 경쟁 기업보다 낮은 가격의 제품을 공급하는 전략으로 경쟁우위 지속을 위해서는 비용구조를 줄일 수 있는 새로운 방법을 지속적으로 추구하는 것이다.

차별화 전략(differentiation)은 넓은 시장에서 독특하고 차별화된 제품과 서비스를 제공하는 방법으로 모방에 대비하여 유형적 요소보다는 무형적 요소(브랜드, 서비스 등)의 차별화에 대한 노력이 필요하다는 것이다.

집중화 전략(focus)은 좁은 경쟁 영역(틈새시장)에서 원가 우위 혹은 차별화 우위를 추구하는 전략으로 특정 시장과 고객에 대한 전문화된 차별화나 원가 선도를 위한 지속적 노력이 필요하다는 것이다.

### 2) 경쟁 방식에 따른 전략 수립의 방법

아래 그림과 같이 경쟁 방식, 경쟁 범위에 따라 2×2 매트릭스를 작성하고 4가지 영역의 분류에 따라 마케팅전략을 수립하면 된다.

꼭 아래의 표에 따라 진행을 하지 않더라도, 경쟁의 종류에 따른 차별화되는 마케팅전략을 고민할 필요가 있음에 주목해야 한다.

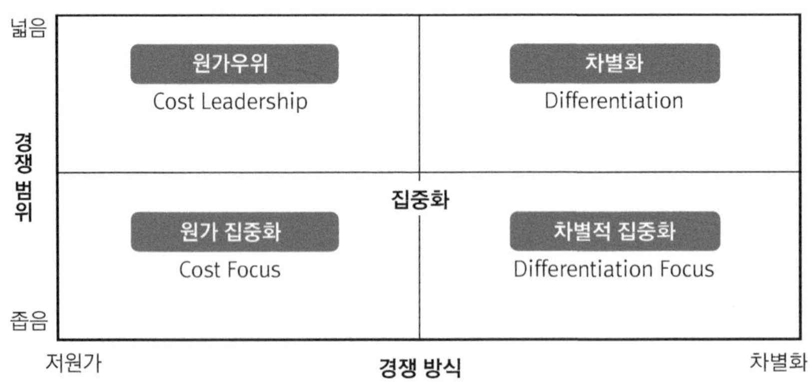

## Ⅲ ESG 연관 기업 마케팅 사례

ESG는 환경, 사회, 지배구조의 앞글자를 따서 만들어진 용어로 최근 들어 재무적 관점이 아닌 측면에서 기업의 가치를 평가하는데 활발하게 사용되고 있는 요소이다. 3가지 구성 요소 중에서도 환경적인 측면에 맞춰 많은 기업들이 관련된 마케팅전략을 실행하고 있다.

마케팅이라는 것이 최근 사회적인 트렌드에 굉장히 민감하게 영향을 받는다는 것을 생각해보면 ESG와 같이 2021년 시점에 제일 뜨거운 이슈들에 대한 마케팅 사례들을 알아나가고 벤치마킹하는 것만으로도 많은 도움이 될 것이다.

이와 관련해 '대학내일20대연구소'에서 Z세대 커뮤니티인 제트워크를 통해 젊은 세대들이 생각하는 ESG 연상 기업에 대해 조사한 내용이 있어 소개하고자 한다. 젊은 세대들이 ESG 경영과 밀접한 활동을 하고 있다는 기업들의 사례에 대해 인터뷰한 것인데, 확실히 ESG 중에서도 E, 즉 친환경과 관련된 사례를 많이 떠올린다는 것을 알 수 있다. 따라서, 만약 ESG 관점에서 어필하는 마케팅 트렌드를 계획하기 위해서는 친환경적인 부분을 집중 공략하는 것이 매우 효율적일 수 있다.

아래의 인터뷰 내용은 실제 '대학내일20대연구소'에서 Z세대 인원들을 대상으로 인터뷰한 내용들이다.

나는 ESG경영 하면 CU가 떠올라. 편의점 3사 중에서 처음으로 비닐봉투 사용을 멈추고 친환경 봉투를 전면도입했기 때문이야. 무분별한 비닐 사용을 기업 측에서 자발적으로 중단시킨 것이 인상적이라 기억에 남았어.

나는 스타벅스! 종이빨대를 도입했을 때부터 충격이였거든. 이번에 제주점에 일회용 컵을 없애면서 무인반납기 운영도 곧 일상화될 것 같아. 친환경에 힘쓰는 스타벅스 칭찬해!

한솥이 환경을 위해 많이 노력하더라. 오늘 도시락 사러 갔는데 일회용품을 당연하게 주지 않고 필요하냐고 묻더라고! 물 절약 챌린지도 하던데 사소한 부분도 신경쓰는 것 같아!

내가 생각하는 ESG를 잘 실천하는 기업은 카카오프렌즈야. 얼마 전 생일이라 카톡으로 배달 선물을 받아서 택배가 한꺼번에 5개 정도 왔는데 그 중에서 유일하게 종이테이프, 종이 포장지, 종이에어캡인 건 카카오밖에 없었어. 그래서 내 머릿속에 딱 각인된 것 같아.

하나은행의 의류 기부 캠페인이 인상 깊었어! 제로웨이스트 캠페인으로 의류 자원을 재활용하는 거야! 옷을 기부 받아 국내 노숙인과 동남아 취약계층을 위해 쓰인다고 해. 의류 기부도 ESG 캠페인의 일환이 될 수 있다는 걸 깨닫게 되었어.

공병 회수에 진심인 이니스프리에서 새로운 오프라인 팝업스토어를 열었대. 바로 공병공간! 방문만 해도 공병으로 만든 하트 키링을 주고, 직접 공병을 가져오면 튜브 짜개도 만들어준대. 내가 받아온 키링도 자랑할게!

난 알맹상점이 먼저 생각나! 용기에 내용물을 담아가는 상점이라니, 처음 봤을 때부터 신선한 충격이었어! 텀블러 세척기, 브리타 필터 수거, 용기내 캠페인 등을 통해서 긍정적인 영향을 주더라고!

내가 소개하고 싶은 ESG 기업은 매일유업이야. 유당불내증 소비자를 위해 우유를 만들고, 그 수익으로 혼자 사시는 분들의 안부를 묻는 일을 하고 있어. 기업은 이제 제품 말고도 다양한 것에 신경을 써야 하는 것 같아. 소비자가 똑똑해졌으니까! 나도 그럴 거고.

ESG 기업은 역시 매일유업! 매일유업은 몇 십 년간 이윤이 남지 않는 특수분유를 생산해서 환아들의 생명을 살리고 있어! 이외에도 미혼모, 노인 등 취약계층을 대상으로 사회 공헌 활동도 펼치고 있으니 다들 매일유업 제품 많이 소비해줘.

내가 소개할 ESG 기업은 바로 SK텔레콤이야. 그 중에서도 사회적 가치 창출 프로그램인 '레드 커넥트'를 소개할게. 헌혈과 재헌혈을 장려하여 혈액 부족 현상을 해결하기 위한 대한민국 공식 헌혈 서비스 앱이야.

나는 SK! 경영철학과 환경면에서도 우수하지만 특히 사회적 가치 부분이 인상적이야. "아리야, 살려줘"라는 외침을 듣고 독거노인을 살린 인공지능 스피커 NUGU, 청각장애인 택시인 고요한 택시 등 사회적 가치를 위해 노력하는 모습이 좋아.

출처: 대학내일20대연구소 SNS 칼럼(2021.9)

## 사례 9-5 스타벅스와 ESG - 스타벅스의 3년

### 1. 환경

- 종이 빨대는 미국 스타벅스 본사가 2020년까지 전 세계 모든 스타벅스 매장에서 플라스틱 빨대를 없애겠다는 목표에 따라 국내 모든 매장에 적용한 것이다. 초기 종이 빨대가 음료에 오래 담갔을 때 흐물거리고 휘어진다거나 맛이 이상하다는 불만도 있었지만 빨대 안팎에 콩기름으로 코팅을 하는 등 수정을 거쳐 지금의 갈색 종이 빨대를 사용하게 되었다. 이 정책을 통해 연간 1억 8,000여만 개의 플라스틱 빨대 사용이 줄었다고 스타벅스는 설명했다. 플라스틱 빨대 1개의 무게를 약 0.6g으로 계산하면 126톤의 플라스틱 생산이 준 것이다. 이에 더해, 차가운 음료에는 빨대 없이 마시는 뚜껑을 사용할 수 있도록 한 것은 월 평균 빨대 사용량이 도입 이전 대비 50% 가량이나 감소하는 성과를 거두었다.

### 2. 사회와 지배구조

- 환경 분야뿐 아니라, ESG의 S(Social)와 G(Governance), 사회와 지배구조 분야에서도 힘쓰고 있다. 2007년 장애인 채용을 시작해, 스타벅스코리아 장애인 직원은 올해 상반기 708명이었고, 중증 장애를 2배수로 계산하는 법적 장애인 수 기준으로 장애인 고용률이 전체 임직원 대비 약 4% 수준으로 업계 최고 수준이다. 장애인과 비장애인 구분 없이 승진 기회를 부여해 현재 51명이 중간 관리자 직급 이상에 재직 중이다. 스타벅스코리아는 작년 12월 전 세계 스타벅스 최초로 장애인 편의시설을 강화한 서울대치과병원점을 오픈했다. 총 12명의 파트너 중 절반이 장애인이고, 해당 지점의 수익금 일부는 서울대학교치과병원에 기부되어 취약계층 장애인의 치료비를 지원한다. 2013년에는 여성가족부와 '리턴맘 재고용 협약'을 체결해 경력단절여성의 재취업 기회를 지원하고 있으며, 2020년까지 총 160명의 경력단절여성이 바리스타로 고용됐다. 이들은 주 20시간씩 근무하는 정규직 부점장으로 근무한다. 스타벅스는 육아휴직기간을 최대 2년까지 보장해주어 일과 육아를 병행할 수 있도록 제도적으로도 지원하고 있다.

출처: 르몽드디플로마티크(2021.12)

### 생각해보기

- 이 사례는 기업에서 ESG 경영을 하고 있는 사례이다.
- 여러분 주위에서 ESG 경영을 하고 있는 기업의 사례를 찾아보시오.

# Ⅳ 종합 실습: 마케팅계획 수립

## 목적

STP분석과 마케팅믹스를 중심으로 마케팅계획을 한 장으로 표현하는 것이 목적이다.

## 진행방법

① 제품과 서비스를 판매하고자 하는 목표시장을 분석한다.
② 판매할 제품과 서비스의 종류와 가격, 유통채널 및 프로모션을 위한 전략을 정의한다.

〈종합 실습〉 마케팅계획 수립

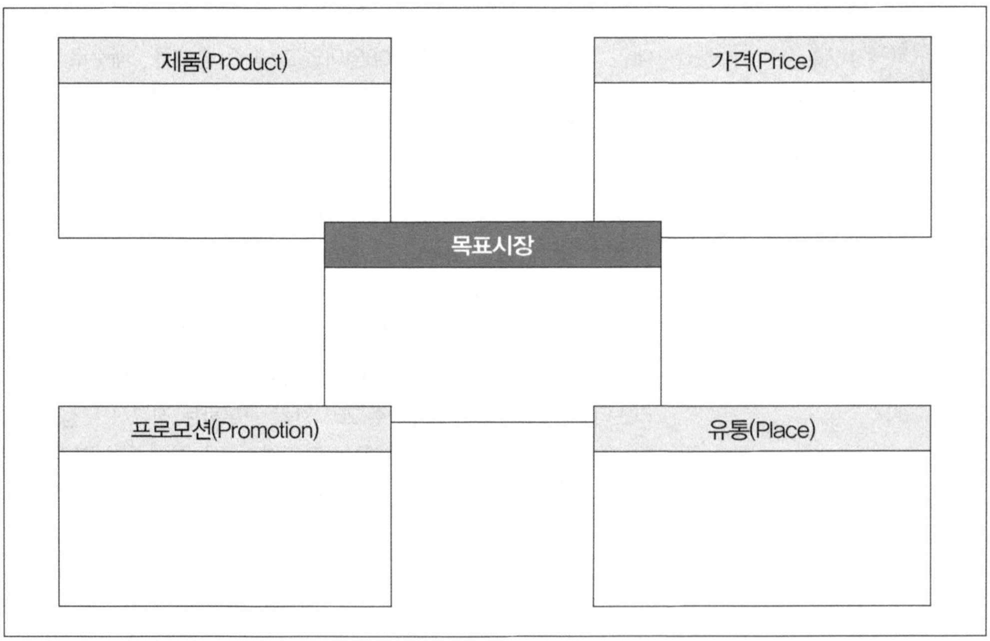

## [종합 실습사례] 마케팅계획 수립

[형선] 나는 지능형 챗봇을 이용해 창업 사업계획 진단을 해보려고 했는데, 비슷한 챗봇으로 기업인을 타깃 해봐도 좋을 것 같아. 일단 목표시장은 기업, 창업 컨설팅 2개가 되겠네.

[종규] 맞아, 잘 이해했구나! 그 다음에는 4P에 해당하는 기준으로 항목을 정리해보자.

[형선] 마케팅이 막연해보였는데 4P 기준 만다라트표로 작성해보니 금방 금방 눈에 들어오고 어떤 식으로 고객에게 접근해야 할지 쉽게 정리가 되네!

| | | | | | | | | |
|---|---|---|---|---|---|---|---|---|
| 기업: 대기업 방법론 가이드 챗봇 | **제품** | 창업자: 창업사업 계획 진단 챗봇 | | | | 기업인 컨설팅 150만원 | **가격** | 창업 컨설팅 30만원 |
| | | | | | | | | |
| | | | | | | | | |
| | | | 기업 컨설팅 | **써니 컨설팅** | 창업 컨설팅 | | | |
| | | | | | | | | |
| | | | | | | | 강사 수주 | |
| 온라인 프로모션 | **프로모션** | 오프라인 프로모션 | | | | 직접 수주 | **유통** | 교육회사 |
| | | | | | | | 컨설팅회사 | |

## Ⅴ 창업과 창의성: 만다라트 툴을 이용하여 발산형 사고를 해보자

하나의 주제와 관련해 다양한 아이디어를 도출하는 방법에는 브레인스토밍 등이 있다. 이때 산발적으로 나오는 아이디어를 만다라트 툴을 이용하면 좀 더 깔끔하게 정리할 수 있다.

만다라트 툴의 가운데 박스에 핵심 주제를 적어놓고, 주위 테이블의 중심에 미리 논의할 항목들인 소주제를 적어놓는다. 이후 소주제별로 돌아가며 브레인스토밍을 진행하고 나온 아이디어를 소주제 주위 테이블에 적는다.

이렇게 하면 발산형 사고를 하면서도 특정 주제별로 연관성이 있는 아이디어들을 단기간에 모을 수 있어 효율적이다.

### ■ 만다라트 템플릿

| | | | | | | | | |
|---|---|---|---|---|---|---|---|---|
| | 소주제1 | | | 소주제2 | | | 소주제3 | |
| | | | | | | | | |
| | | | | | | | | |
| | 소주제4 | | | 핵심<br>주제 | | | 소주제5 | |
| | | | | | | | | |
| | | | | | | | | |
| | 소주제6 | | | 소주제7 | | | 소주제8 | |
| | | | | | | | | |

## ■ 만다라트 실습사례 - 학교 주변 환경 개선

| | 풋살장<br>추가 | | | 의자<br>개선 | | | 영양사<br>교체 | |
|---|---|---|---|---|---|---|---|---|
| 상시<br>개방 | **운동장** | | 책상<br>개선 | **교실** | | 메뉴<br>증대 | **식당** | |
| | | | | | | | | |
| | 조명<br>증대 | | 운동장 | 교실 | 식당 | | 학생<br>할인권 | |
| 연예인<br>초대 | **노천<br>극장** | | 노천<br>극장 | **학교<br>환경** | 주변<br>상가 | 다양한<br>놀거리 | **주변<br>상가** | |
| | | | 과사 | 도서관 | 교통<br>수단 | | | |
| | 친절도<br>증대 | | | 도서<br>증대 | | | 공유<br>킥보드 | |
| 운영시간<br>증대 | **과사** | | 좌석<br>증대 | **도서관** | | 교내<br>셔틀 | **교통<br>수단** | |
| | | | | | | | | |

CHAPTER 10

# 생산운영계획을 수립하라

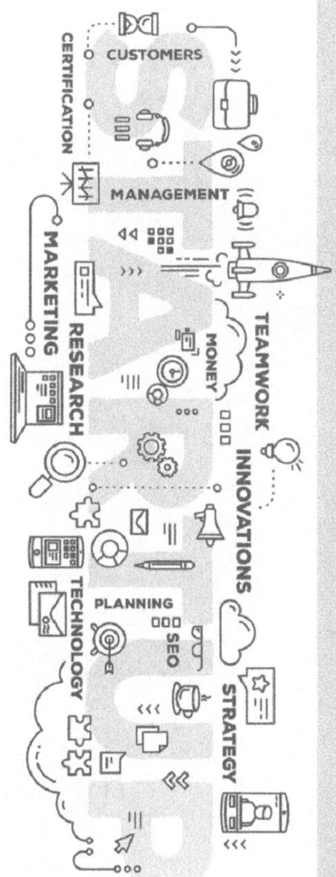


Ⅰ. 생산운영계획의 개념

Ⅱ. 생산운영계획의 수립 방법

Ⅲ. 최신 온라인 제품 운영 트렌드

Ⅳ. 종합 실습: 생산운영계획 수립

Ⅴ. 창업과 창의성: 5Why 기법을 활용하여 문제의 근본 원인을 해결하는 아이디어를 찾아내보자

## START UP 도입 대화

[형선] 제품개발하고 어떻게 팔지도 고민이 끝났으니, 이 제품을 어떻게 만들지 고민해봐야겠어. TV에서 공장에서 물건 만드는 건 많이 봤는데, 진짜 제품을 만들려면 어떤 걸 고려해야 하는지 모르겠네?

[종규] 말하고 있는 단계가 바로 생산운영을 계획하는 단계야. 기본적으로 제품은 누군가 필요하니까 만드는 거니까, 일단 어떤 사람이 그 제품을 필요로 하는지 수요 분석이 필요하겠지? 그리고 수요에 따라 어떤 생산방식으로 만들지 정하면 되는 거고. 다음은 물론 그 생산방식에 필요한 재료를 어떻게 가져오고, 금액 처리는 어떻게 할지 알아보면 되겠지.

[형선] 아, 순서대로 생각해보니 머리에 대략적인 계획이 잡히는 거 같아! 그런데 생산방식에도 요즘에 많은 변화가 있다고 들은 것 같은데? 혹시 그쪽으로 아는 내용 있어?

[종규] 맞아. 이전 장들에서 애자일 이야기는 들어봤을 거야. 고객에 빠르게 제품을 내보내고 그 반응을 보고 피드백 반영한 제품을 만들어내는 거지. 물론 모든 제품이 그렇진 않겠지만 애자일한 방식에 해당하는 제품은 생산 역시 애자일해야겠지? 최근 이러한 변화가 일어나고 있으니 그 부분도 조금 설명해줄게.

[형선] 오, 고마워! 이번 장도 초심자인 나처럼 간단히 큰 그림의 생산계획을 잡는 사람들에게 정말 유용할 것 같아!

**생산운영계획의 구성**

생산운영계획 수립의 개념 ➡ 생산운영계획의 수립 방법 ➡ 종합 실습: 생산운영계획 수립

# Ⅰ 생산운영계획의 개념

## 1. 생산운영계획의 이해

생산운영계획이란 창업 기업의 제품과 서비스를 생산하고 공급하기 위해 제품과 서비스의 생산 규모를 분석해보고 이를 기반으로 생산시설을 어떻게 갖추어야 할지, 원자재 및 부품은 어떻게 조달할 것인지, 생산원가는 어느 정도로 유지할 것인지 등에 관한 계획을 수립하는 활동을 의미한다.

예를 들어, 전자제품 회사를 창업한다고 가정한다면, 공장은 어디에 설립할 것인지, 생산시설은 어떻게 구성할 것인지, 생산에 필요한 원자재를 어떻게 조달할 것인지 등에 대한 계획을 수립해야 한다. 반면에 교육 서비스를 제공하는 교육 회사는 고객이 원하는 교육 서비스를 어떤 방법으로 만들고, 제공할 것인지에 대한 운영 계획을 수립해야 한다.

만약, 생산운영계획이 잘못 수립된다면 제품과 서비스의 원가 및 품질, 생산성이 크게 달라지고, 안정적인 제품 공급에 차질이 생기기 때문에 합리적이고 안정적인 생산계획을 수립해야 한다.

생산운영계획은 생산과 판매가 동시에 이루어지는 서비스업과 원재료 구입을 통하여 완제품 혹은 반제품을 제조하는 제조업에 따라 생산운영계획이 크게 달라진다.

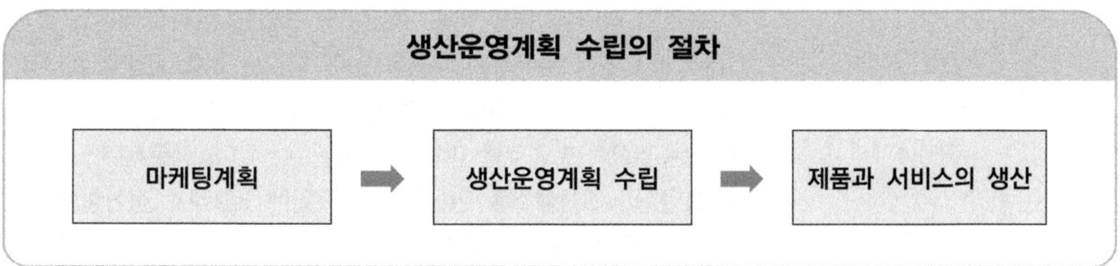

## 사례 10-1 전기차 시대, 생산공정도 변신. 공장에 컨베이어가 사라진다

### 1. 영국 스타트업 어라이벌 컨베이어벨트 없는 자동차 공장 제시

- 영국 전기 상용차 스타트업 '어라이벌'이 현재 영국과 미국에 짓고 있는 공장에는 자동차 공장의 핵심인 컨베이어벨트가 없다. 대신 가로세로가 각각 20m인 네모난 '셀(cell)'들이 격자무늬로 배치돼 있다. '공장 속의 공장'으로 불리는 이 셀에서 로봇들이 모여 차를 한 대씩 조립한다. 셀과 셀 사이의 길에는 각 차종에 맞는 부품을 실어나르는 무인 운반대(AGV · Automated Guided Vehicles)들이 오간다. 컨베이어벨트를 없앤 이유는 '다차종 유연 생산'을 위해서다. 어라이벌의 주세페 나포 생산 총괄은 "기존 컨베이어벨트는 한 가지 차종만 생산할 수 있지만, 이 셀들은 무한히 다양한 제품을 고객 수요에 맞게 생산할 수 있다"며 "이것이 바로 미래 자동차 공장의 모습"이라고 말했다.

### 2. 소품종 대량생산 최적화하기 위한 자동차 공장의 변화

- 자동차 업계가 최근 '소품종 대량생산'에 최적화된 컨베이어벨트에서 탈출하기 위한 시동을 걸고 있다. 고객들이 원하는 다양한 차종을 주문 즉시 공급해주는 유연 시스템을 갖추기 위해서다. 1913년 헨리 포드가 자동차 공장에 처음 도입해 산업화를 앞당긴 컨베이어벨트는 이제 역사 속으로 사라지게 될까.

컨베이어벨트에서 탈출하기 위한 시도는 앞서 독일 자동차 업계에서 먼저 시작됐다. 메르세데스-벤츠는 작년 9월 독일 진델핑겐에 '팩토리56'이라는 첨단 공장을 열었다. 벤츠는 이곳에 컨베이어벨트는 최소한만 남기고, 대부분의 조립 작업에 '무인 운송 시스템'을 도입했다. 바닥에는 차를 한 대씩 옮기는 대형 무인 운반차와 부품을 실어 나르는 소형 운반대까지 약 400개의 AGV가 돌아다닌다. 컨베이어벨트는 작업 노선이 고정돼 있지만, 이 무인 운반차는 필요하면 경로를 마음대로 바꿀 수 있다. 메르세데스-벤츠 관계자는 "금요일까지 S클래스를 만들다가 월요일에 E클래스 생산할 수 있다"고 말했다. 현재 이곳에선 S클래스, 전기차 EQS, 마이바흐 S가 생산되고 있다.

출처: 조선일보(2021.5)

## 2. 생산운영계획 수립 방법

생산운영계획 수립 과정은 제품과 서비스의 수요를 예측하고, 이를 생산하기 위한 생산입지 및 시설을 결정하고, 원자재 구매에 관한 조달 계획을 수립하고, 마지막으로 생산원가분석을 수립하는 과정으로 구성된다.

① 생산 수요 예측은 시장의 규모와 상황을 분석하여 목표 생산량을 결정하는 것을 의미한다. 정확한 생산 수요 예측을 통해 불필요한 설비 투자를 막을 수 있으며 과다 재고 또는 재고 부족의 손실을 막을 수 있다. 수요 예측 방법에는 정량적 기법과 정성적 기법이 있다.

② 생산시설 계획은 제품과 서비스 생산을 위한 공장 및 사업장의 위치를 선정하고 생산에 필요한 시설과 생산공정을 계획하는 과정을 의미한다.

③ 원자재 조달 계획은 생산에 필요한 원자재에 대한 정보를 수집하고 공급처를 확보하는 과정을 의미한다.

④ 생산원가관리는 생산에 소요된 비용을 고려하여, 생산량과 생산비용에 따른 생산원가를 관리하는 과정을 의미한다.

**생산운영계획의 수립 방법**

생산운영 계획 수립

| 생산 수요 예측 | 제품과 서비스를 얼마나 생산해야 하는가? |
|---|---|
| 생산시설 계획 | 생산 설비 및 기자재는 어떻게 투자할 것인가? |
| 원자재 조달 계획 | 어떤 원자재를 누구로부터 조달할 것인가? |
| 생산원가 관리 | 생산원가는 얼마나 될 것인가? |

## 사례 10-2 과자 생산공정의 친환경화 - 오리온

### 1. 신제품 꼬북칩 생산 시스템 친환경화

- 꼬북칩을 생산하는 오리온 익산 공장은 최근 변신을 거듭하고 있다. 설비 개선을 통해 온실가스를 무려 570톤 가량 감축했다. 이런 성과 덕분에 한국표준협회(KSA)가 개최한 제46회 전국품질분임조 경진대회에서 최고상격인 대통령상 금상을 받기도 했다.

  25일 오리온에 따르면 꼬북칩 제조에 꼭 필요한 보일러를 기존 3대에서 2대로 줄였다. 기존 로딩·언로딩 시스템의 공기압축기를 인버터 제어형으로 바꾸면서 에너지 사용량을 줄인 것. 인버터 에어컨(에어컨디셔너)과 같이 가동 전류를 낮게 유지하면서 정압을 유지할 수 있어 부하도 적게 운전할 수 있어 설비 고장에도 종전보다 효과적으로 대응 가능할 것으로 오리온은 보고 있다.

### 2. 친환경 생산 시스템 '폐열 회수 시스템'

- 200도에 육박하는 온도로 과자를 튀기는 프라이어에선 고온의 열기가 매일 뿜어져 나온다. 그러나 지금까지는 그대로 버려졌다. 오리온은 이를 '잠열(폐열) 회수 시스템'을 통해 '부활'시켰다. 60도에 달하는 열기를 모아서 약간의 에너지를 더해 온도를 74도까지 1차로 올린다. 여기에 오븐 배기시스템의 에너지까지 더하면 물의 온도를 90도까지 올릴 수 있다. 오리온은 온수를 활용해 설비를 씻고, 직원 복지용 난방·목욕·식당 등에서 사용 가능할 것으로 보고 있다.

  이 효과로 청주공장은 매년 이산화탄소 320톤을 저감하게 될 것으로 계산됐다. 전력으로 치면 연간 8만5,000㎾h, 에너지소비효율 1등급 에어컨(246.3㎾h/h) 1만353대를 한 번에 켤 수 있는 수준이다. 설비 구축은 5월 중 시작해 9월까지 구축 완료를 목표로 하고 있다.

출처: 뉴스1(2021.4)

**생각해보기**

- 이 사례는 새로운 제품을 개발하고, 생산 시스템을 통해 친환경화시킨 성공사례이다.
- 여러분의 주변에서 차별화된 생산 시스템을 통해 성공한 창업기업을 찾아보시오.

# Ⅱ 생산운영계획 수립 방법

## 1. 생산 수요 예측

### 1) 생산 수요 예측의 개념

생산 수요 예측이란 창업하고자 하는 제품과 서비스의 전체 시장 규모와 시장 상황을 기반으로 목표 시장점유율과 판매량을 예측한 후 재고정책을 고려하여 최종적으로 생산하고자 하는 목표 생산량을 결정하는 과정을 의미한다.

예를 들어, 어느 창업자가 교육용 소형 전자제품을 생산하는 회사를 창업했을 때 전자제품의 총 시장 규모와 시장 상황을 분석한 다음에 예상되는 시장점유율을 기반으로 목표 판매량을 예측하게 된다. 그 후 안정적인 제품 공급을 위한 안전재고량을 고려하여 제품의 생산 수량을 결정하게 된다.

이처럼 생산계획을 수립할 때에는 수요 예측을 통하여 정확한 목표 판매량을 예측한 다음에 안전재고량 등을 고려하여 최종적으로 목표 생산량을 결정해야 한다.

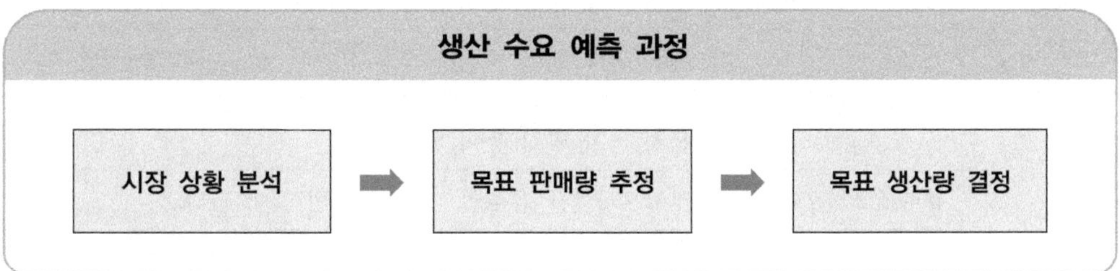


### 2) 생산 수요 예측 방법

시장의 규모와 상황 등을 고려하여 달성하고자 하는 목표 판매량을 예측하고, 안전재고를 고려하여 최종적으로 목표 생산량을 결정한다.

**| 분석방법 |**

1. 시장 상황 분석 — 판매하고자 하는 시장의 전체 규모와 경제환경, 경쟁사의 전략 등 시장 상황 등을 분석함
2. 목표 판매량 추정 — 시장 분석을 기반으로 예상 시장점유율을 추정하고 목표 판매량을 결정함
3. 목표 생산량 결정 — 목표 판매량과 안전재고량을 고려하여 최종적으로 목표 생산량을 결정함

### 3) 생산 수요 예측 연관 기법

| 수요 예측 방법론 | 방법론 내용 |
|---|---|
| 델파이법 | 전문가들에게 시장의 미래 등 여러 가지 미래 항목에 대한 의견을 받아서 전체 의견을 평균값 등으로 표시하여 추정 |
| 경영자 판단법 | CEO들의 의견을 종합하여 예측함 |
| 위원회 합의법 | 특정 분야의 전문가 집단을 이용하여 의견을 받아 정리하는 예측 |
| 판매원 의견 종합법 | 판매, 영업사원 및 유관부서 거래 담당자의 의견을 종합하여 예측 |
| 시장조사법 | 제품 판매 전에 소비자들의 다양한 의견 내용 확인 및 시장조사하는 방법. 전화, 면담에 의한 조사 / 동호회 등의 소비자 모임에 의견 확인 / 설문지 조사 방식 등이 있다. |
| 유추에 의한 예측 | 라이프사이클 유추법, 자료 유추법 등이 있다. |
| 시계열 분석 | 연, 월, 주 등의 시간별로 자료의 수집이 가능하고 변화의 경향이 뚜렷하여 안정적일 때 이러한 시간 간격에 따라 과거의 자료를 분석함. 이후 이 분석을 기반으로 미래를 예측함. 최소자승법, 이동평균법, 지수평활법 등이 있다. |
| 인과형 분석 | 수요는 외부의 환경 요인을 포함해 다양한 요인과 관계가 있다고 가정하여 수학적으로 연관관계를 확인한 뒤 해당 수식을 기반으로 미래를 예측하는 방법. 회귀 모델이 대표적이다. |

## [실습 1] 생산 수요 예측

### ◎ 목적

시장 규모와 상황을 기초로 목표 판매량을 분석한 후, 안전재고를 고려하여 최종 생산량을 결정하는 것이 목적이다.

### ◎ 진행방법

① 전체 시장 규모를 분석하고 예상되는 시장점유율을 예측한다.
② 목표 판매량과 안전재고량을 더하여 목표 생산량을 결정한다.
③ 이때 각 과정을 추정하는 과정에서 수요 예측과 연관된 여러 가지 기법 중 효과적인 방법들을 다양하게 적용하며 비교해볼 수 있도록 한다.

**〈실습 1〉 생산 수요 예측**

| 항목 | 2020년 | 2021년 | 2022년 |
|---|---|---|---|
| 전체 시장 규모 | | | |
| 목표 시장점유율 | | | |
| 목표 판매량 | | | |
| 안전재고량 | | | |
| 목표 생산량 | | | |

## [실습사례 1] 서비스 수요 예측

아래의 사례는 챗봇 컨설팅이라는 아이템을 가지고 창업한 대학생이 시장 규모와 목표 판매량 등을 기반으로 교육서비스의 수요량을 예측한 것이다.

**〈실습사례 1〉 서비스 수요 예측 사례**

| 항목 | 2020년 | 2021년 | 2022년 |
| --- | --- | --- | --- |
| 전체 시장 규모 | 45억원 | 50억원 | 55억원 |
| 목표 시장점유율 | 10% | 15% | 20% |
| 목표 판매량 | 150회 | 250회 | 360회 |

## 사례 10-3 코로나 시대, 비대면 건강 상담 챗봇

### 1. 정신 건강 솔루션 열풍

- 코로나 19로 정신건강이 위협받는 상황이 지속됨에 따라 미국인들 사이에 외부 환경에 능동적으로 대처하면서 위기에 무너지지 않는 지속성의 원천인 회복력(Resilience)이 주목받고 있다. 회복력의 사전적 의미는 '외부의 힘으로부터 변형된 상태에서 원래 상태로 돌아가려는 힘'이지만 개인에게는 '어려움을 극복하고 재도약할 수 있는 잠재적인 힘이자 위기 대응 능력'으로 볼 수 있다.

### 2. 비대면 건강 상담 증가

- 이에 따라 정신질환에 적용되는 인지행동 치료를 목적으로 하는 디지털 치료 솔루션을 개발하는 스타트업이 빠르게 증가하고 있다. 정신과적 치료 수요는 증가하고 있는데 사회적 거리두기는 지속해야 하는 상황에서 디지털 치료 솔루션은 좋은 대안이 될 수 있기 때문이다. 정신건강 관련 디지털 치료 솔루션은 원격 진료는 물론 치료 목적의 게임 등을 포함하며 이는 모바일 애플리케이션의 형태로 구동되거나 가상현실(VR), 챗봇, 인공지능(AI) 등 다양한 기술과 결합돼 제공되고 있다.

  몇 해 전부터 열풍을 일으킨 정신건강 관리 앱도 다운로드 횟수가 급증하고 있다. 모바일 시장 데이터 분석 기업인 센서타워의 최근 연구에 따르면 정신건강 카테고리의 상위 10개 앱은 미국에서 작년 4월 한 달 동안 400만 건 이상의 다운로드를 기록했는데 이는 팬데믹 이전인 1월 대비 17.6% 증가한 수치다.

출처: 한국무역신문(2021.1)

**생각해보기**

- 이 사례는 창업 아이템에 대한 시장을 예측하여 성공한 대표적인 사례이다.
- 여러분의 주변에서 창업자의 전문성을 기반으로 창업 기회를 살려 성공한 사례들을 찾아보시오.

## 2. 전통적 & 현대적 생산시설

### 1) 생산시설 계획의 개념

생산시설 계획이란 생산활동을 위해 필요한 사업장의 위치를 결정하고 생산에 필요한 공정을 정의한 후 각 공정에 필요한 시설 및 장비, 기자재를 구매하는 과정을 의미한다.

예를 들어, 전자제품을 생산하기 위해서는 근로자의 수급 요건, 임대료 및 주변 인프라 등을 고려하여 사업장의 위치를 결정해야 하고, 생산량을 달성하기 위해 필요한 장비와 기자재들을 구매하여 생산공정에 맞게 배치해야 한다.

전통적 제조업에서 입지 선정 및 생산시설 구축은 사업의 목표와 장기적인 방향을 고려하여 대규모의 자본 투자가 이루어지는 것으로서 제품의 생산비, 유통비 등에 중요한 영향을 미치기 때문에 생산입지와 시설을 구축하는 과정은 매우 중요하다. 또한 컨베이어벨트 방식의 생산방식이 일반적이다. 하지만 최근 공장의 자동화라는 새로운 혁신의 바람이 불고 있음을 명심해야 한다. 린 스타트업, 디자인싱킹, 애자일 방법론 등 고객의 반응에 맞추어 빠르게 변화를 반복하는 요즘 트렌드를 고려했을 때, 과거의 일정 기간 동안 동일한 제품을 정해진 규칙에 맞추어 생산하는 컨베이어 이용 방식은 적합하지 않을 수 있다. 이와 관련 소품종 대량생산에 최적화된 신규 생산방식을 제안하는 스타트업들이 등장하고 있고 이를 실제 양산에 적용하는 대기업들도 많아지고 있다. 생산시설을 고정된 시스템이 아닌 최신 혁신에 맞추어 끊임없이 변화시켜야 하는 시스템으로 접근할 필요성이 있다.

다만 최근에 유행하는 애자일한 방식의 생산시설의 경우 무인 로봇들이 다수 존재해야 하는 등 현실적으로 소자본으로 시작하는 작은 기업은 적용하기가 어렵다. 따라서 대다수 창업자들은 기존의 전통적 생산방식을 이용하는 것이 당연한 현실일 것이다.

전통적 서비스업은 제조업의 입지 선정 및 시설 구축보다 더 많은 요소들을 고려해야 한다. 서비스업의 특성상 주변 환경에 많은 영향을 받기 때문에 교통량, 주변 지역의 인구, 임대료, 인프라 등을 고려하여 선정하는 것이 중요했으나 최근에는 온라인 위주의 사업도 많이 진행되므로 이 경우에는 입지 및 시설 등의 요소보다도 웹사이트의 보안이나 원활한 온라인 데이터 처리 등이 더 중요할 것이므로 본인 사업

형태에 맞는 맞춤형 생산방식에 대해 고민하는 것이 필요하다.

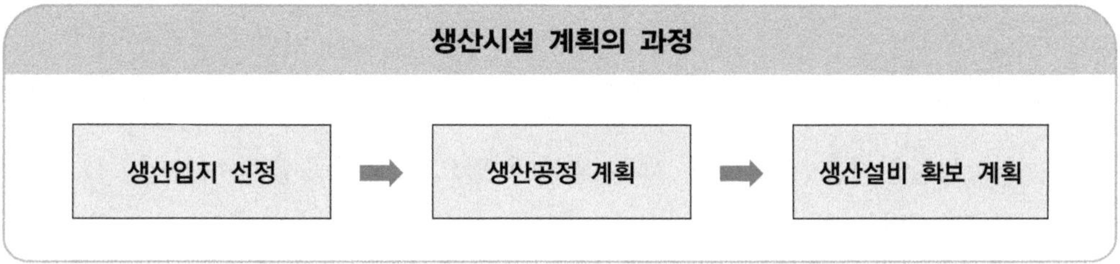


## 2) 생산시설 계획 수립 방법

생산시설의 위치를 선정하고 제품 생산을 위해 거쳐야 하는 생산공정을 정의한 후 필요한 생산시설에 대한 구매계획을 수립한다.

**| 분석방법 |**

| 단계 | 내용 |
|---|---|
| 1. 생산입지 선정 | 근로자, 원재료 수급, 주변 인프라 등을 고려하여 사업장의 위치를 선정하고 예상 비용을 추정함 |
| 2. 생산공정 계획 | 원자재의 투입에서 제품의 완성 단계까지 수행되는 모든 작업을 과정을 정의함 |
| 3. 생산설비 확보 계획 | 생산공정에 필요한 시설 및 장비, 기자재, 장비 등의 구매계획을 수립함 |

## [실습 2] 생산시설 계획

### 목적

생산입지를 결정하고 제품 생산에 필요한 생산공정과 생산설비를 정의하는 것이 목적이다.

### 진행방법

① 노동환경, 원자재 수급의 용이성, 주변 인프라 여건 등을 고려하여 생산입지를 선정하고 비용을 추정한다.
② 제품 생산에 필요한 생산공정을 정의하고 구매해야 할 생산설비를 찾는다.

**〈실습 2〉 생산시설 계획**

<table>
<tr><td rowspan="2">1. 생산입지</td><td colspan="2">공장의 위치</td><td>예상 비용</td></tr>
<tr><td colspan="2"></td><td></td></tr>
<tr><td rowspan="5">2. 생산공정</td><td>생산공정</td><td colspan="2">주요 내용</td></tr>
<tr><td></td><td colspan="2"></td></tr>
<tr><td></td><td colspan="2"></td></tr>
<tr><td></td><td colspan="2"></td></tr>
<tr><td></td><td colspan="2"></td></tr>
<tr><td rowspan="5">3. 생산설비</td><td>설비 명</td><td>용도</td><td>가격</td></tr>
<tr><td></td><td></td><td></td></tr>
<tr><td></td><td></td><td></td></tr>
<tr><td></td><td></td><td></td></tr>
<tr><td></td><td></td><td></td></tr>
</table>

## [실습사례 2] 서비스 시설 계획

아래의 사례는 김 박사가 챗봇 컨설팅을 개발하고 서비스하기 위해 필요한 입지를 선정하고 운영 프로세스와 필요한 설비를 분석한 것이다.

**〈실습사례 2〉 서비스 시설 계획 사례**

<table>
<tr><td rowspan="2">1. 생산입지</td><td colspan="2">회사의 위치</td><td>예상 비용</td></tr>
<tr><td colspan="2">경기도 안산시 00대학교 창업보육센터</td><td>연 3,600,000원</td></tr>
<tr><td rowspan="5">2. 생산공정</td><td>운영 프로세스</td><td colspan="2">주요 내용</td></tr>
<tr><td>콘텐츠 개발</td><td colspan="2">챗봇 컨설팅 콘텐츠를 개발</td></tr>
<tr><td>교육매뉴얼 개발</td><td colspan="2">챗봇 컨설팅 강의를 위한 교육용 매뉴얼 개발</td></tr>
<tr><td>교육서비스</td><td colspan="2">창업자 또는 창업 교육자에 챗봇 컨설팅 제공</td></tr>
<tr><td>시스템 유지보수</td><td colspan="2">창업 챗봇의 프로그램 유지 보수</td></tr>
<tr><td rowspan="4">3. 생산설비</td><td>설비 명</td><td>용도</td><td>가격</td></tr>
<tr><td>Visual studio 2010</td><td>C++ 프로그래밍</td><td>2,200,000원</td></tr>
<tr><td>서버</td><td>시뮬레이션 프로그램 운영</td><td>3,000,000원</td></tr>
<tr><td>노트북</td><td>교육 매뉴얼 개발</td><td>1,800,000원</td></tr>
</table>

## 3. 원자재 수급계획

### 1) 원자재 수급계획의 개념

원자재 수급계획이란 제품과 서비스 생산에 필요한 원자재의 항목을 파악하여 필요한 구매량을 결정하고, 이를 저렴하고 지속적으로 공급해줄 수 있는 공급처를 발굴하는 과정을 의미한다. 예를 들어, 전자제품을 생산하는 회사는 제품 생산을 위해 콘덴서, 코일, LED 등의 다양한 부품들이 필요하기 때문에 이들 부품이 얼마나 필요한지를 파악해야 하고 이 부품들을 안정적으로 공급해줄 거래처를 찾아 공급 가격, 납품기간 등을 지속적으로 관리해야 한다.

원자재에 대한 조달 계획이 이루어지지 않는다면 예기치 못한 사고나 문제 발생 시에 적절히 대응하기 힘들고 최악의 경우 생산이 중단되는 사태까지 발생할 수 있기 때문에, 지속적이고 안정적인 원자재 조달 계획을 수립하는 것은 매우 중요하다.

**원자재 수급계획의 주요 과정**

원자재 구매 항목 분석 → 원자재 수요 분석 → 공급자 분석

### 2) 원자재 수급계획의 수립 방법

제품 생산에 필요한 부품 및 원자재의 종류 및 수요량을 분석하고 이를 안정적으로 공급해줄 수 있는 다수의 공급자들을 찾아낸다.

**| 분석방법 |**

| | |
|---|---|
| 1. 원자재 구매 항목 분석 | 제품 생산을 위해 필요한 부품 및 원자재들이 무엇인지를 분석함 |
| 2. 원자재 수요 분석 | 부품 및 원자재별로 필요한 수량을 추정함 |
| 3. 공급자 분석 | 부품 및 원자재를 공급해줄 수 있는 공급자들을 찾아내고 공급자별 가격과 평균 납품 기일을 분석함 |

## [실습 3] 원자재 수급계획

### ◎ 목적

필요한 부품 및 원자재의 종류와 수요를 분석하고, 이를 납품할 수 있는 공급자들의 특성을 분석하는 것이 목적이다.

### ◎ 진행방법

① 제품 생산에 필요한 부품 및 원자재의 종류를 찾아보고 이들의 필요 수량을 결정한다.

② 부품 및 원자재에 대한 공급자를 정의하고 납품가격과 평균 납품기간을 분석한다.

**〈실습 3〉 원자재 수급계획**

| 원자재 | 수요량 | 공급자 | 납품가격 | 납품기간 |
|---|---|---|---|---|
| | | | | |
| | | | | |
| | | | | |
| | | | | |
| | | | | |
| | | | | |
| | | | | |
| | | | | |
| | | | | |
| | | | | |
| | | | | |
| | | | | |

## [실습사례 3] 서비스 협업계획

아래의 사례는 김 박사가 챗봇 컨설팅을 개발하고 서비스하기 위해 필요한 프로세스를 분석하고 협업계획을 수립한 것이다.

**〈실습사례 3〉 서비스 협업계획 수립 사례**

| 협업 프로세스 | 협력사 | 계약조건 | 계약기간 |
|---|---|---|---|
| 마케팅 | A 컨설팅 | 매출액의 30% | 3년 |
| | Y 에듀 | 매출액의 20% | 1년 |
| 교육서비스 | B 컨설팅 | 매출액의 60% | 3년 |
| | D 컨설팅 | 매출액의 50% | 2년 |
| 유지보수 | D 챗봇 플랫폼 | | 1년 |

## 4. 생산원가관리

### 1) 생산원가관리의 개념

생산원가관리란 제품이나 서비스를 생산하는 과정에 소요되는 모든 생산 비용을 고정비(시설 임대료, 장비 구입비 등)와 변동비(재료비, 인건비, 가공비, 기타 경비 등)로 나누어 분석하고, 생산량에 따른 개당 생산원가를 추정해보는 과정을 의미한다. 예를 들어, 전자제품을 생산할 때 필요한 시설 임대료 및 장비 구입비와 같은 고정비뿐만 아니라 부품들의 재료비와 인건비 및 재료 가공비 등의 변동비를 더한 후 제품의 생산량에 따라 제품의 개당 생산원가를 분석해야 한다.

제품 한 개를 생산할 때 들어가는 원가를 모르고서는 합리적인 가격을 결정할 수 없다. 생산원가분석의 실패는 기업의 이익에 큰 영향을 미치기 때문에 생산원가를 정확하게 분석하는 과정은 매우 중요하다.

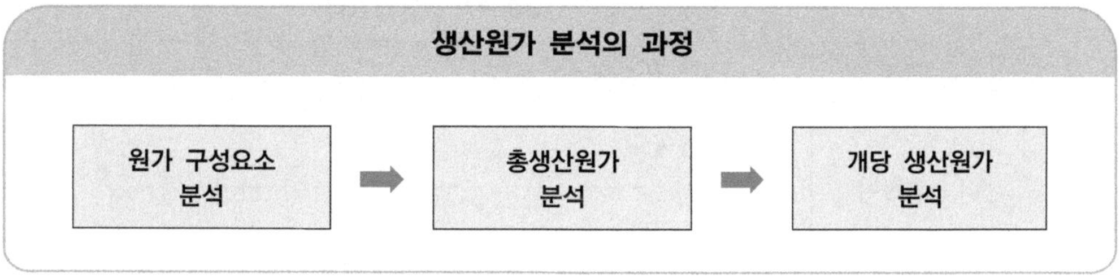


### 2) 생산원가관리 방법

생산과정에 투입된 항목과 비용을 분석하여 총생산원가를 추정하고 총생산량에 따른 개당 생산원가를 계산한다.

**| 분석방법 |**

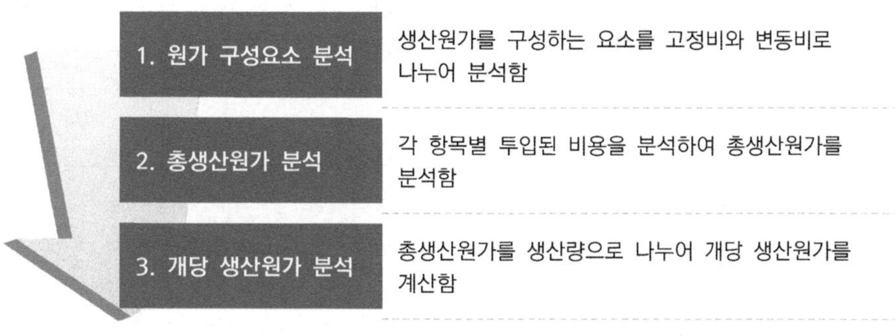

# [실습 4] 생산원가관리

## ◎ 목적

생산에 소요된 비용을 계산하여 총생산원가를 구하고 생산량에 따른 개당 생산원가를 분석하는 것이 목적이다.

## ◎ 진행방법

① 생산에 필요한 고정비와 변동비의 항목들을 찾아낸 후 모두 합하여 총생산원가를 계산한다.
② 총생산원가를 생산량으로 나누어 단위당 생산원가를 구한다.

**〈실습 4〉 생산원가관리**

| 구분 | 원가 구성 요소 | 비용 |
|---|---|---|
| Ⅰ. 고정비 | 1. 건물 임대료 | |
| | 2. 시설 구입비 | |
| Ⅱ. 변동비 | 1. 인건비 | |
| | 2. 재료비 | |
| | 3. 가공비 | |
| | 4. 기타 경비 | |
| Ⅲ. 총생산원가(Ⅰ+Ⅱ) | | |
| Ⅳ. 생산량 | | |
| Ⅴ. 개당 생산원가(Ⅲ/Ⅳ) | | |

## [실습사례 4] 서비스 원가관리

아래의 사례는 김 박사가 챗봇 컨설팅의 서비스 원가를 분석한 것으로 월 100회를 서비스했을 때, 단위당 서비스 원가가 2,496,000원이라는 것을 분석할 수 있었다.

〈실습사례 4〉 서비스 원가 분석

| 구분 | 원가 구성 요소 | 비용 |
|---|---|---|
| Ⅰ. 고정비 | 1. 건물 임대료 | 3,600,000원 |
| | 2. 시설 구입비 | 6,000,000원 |
| Ⅱ. 변동비 | 1. 인건비 | 150,000,000원 |
| | 2. 재료비 | 50,000,000원 |
| | 3. 기타 제조경비 | 40,000,000원 |
| Ⅲ. 총 서비스 원가(Ⅰ+Ⅱ) | | 249,600,000원 |
| Ⅳ. 서비스 횟수 | | 100회 |
| Ⅴ. 개당 서비스 원가(Ⅲ/Ⅳ) | | 2,496,000원 |

# Ⅲ 최신 온라인 제품 운영 트렌드

앞서 전통적 제조업에 초점이 맞추어진 생산운영 개념을 주로 설명하였다. 하지만 최근에는 소규모 창업이 활발한 만큼 제품의 생산은 간단히 공장에 외주를 주는 식으로 간단히 해결하고 창업자 본인은 온라인을 통한 제품 유통 운영을 하는 경우가 상당히 많다.

이런 트렌드를 반영하여 온라인 제품 운영 관련해서 별도로 설명하는 순서를 마련하고자 한다. 창업 운영 관점에서 온라인 기반 운영은 이제 필수적인 지식이다.

## 1. 오픈 마켓

오픈 마켓 중에서는 네이버의 스마트 스토어가 가장 유명하다. 네이버를 사용하는 유저는 특별한 제약조건 없이 본인만의 쇼핑몰을 만들 수 있다. 앞서 말한 창업 유형 중 1인 창업일 경우 개인 스토어를 여는 것이 굉장히 효율적일 수 있다. 특히, 개인 스토어는 사업자등록증이 필요없고, 추후 금액 정산을 받기 위해 네이버 페이에 가입하면 된다.

상품에 대한 정보 및 광고, 매출 분석 등을 모두 이용할 수 있어 특별한 개발 전문지식이 없이도 쇼핑몰을 쉽게 운영할 수 있다. 2020년 이후로 우리나라 대부분의 쇼핑 사업을 운영하는 사람들은 이곳을 이용하는 것이 트렌드이다.

## 2. 소셜 커머스

특정 인원 이상의 사람이 모이면 많은 할인을 받을 수 있는 판매방식을 의미하는데, 이때 이러한 사람을 모으기 위해 SNS 네트워크 서비스를 주로 이용하여 소셜커머스라는 이름이 붙게 되었다.

2005년 야후의 장바구니 공유 서비스로 처음 알려지긴 했지만 본격적으로 사람들에게 많이 전파된 것은 스마트폰 및 SNS 채널이 등장한 이후이다. 사람을 모으는 것이 상당히 용이해지면서 많은 주목을 받게 되었다.

온라인으로 창업하여 운영하는 사람이 소셜 커머스에 주목해야 하는 이유는, 이미 선구매한 사람들이 다른 인원을 모으기 위해 자발적으로 홍보에 나서기 때문에 사람을 끌어모으는 데 매우 유리한 방식이기 때문이다.

## 3. SNS 채널

인스타그램, 트위터, 페이스북 같은 소셜 네트워크를 이용하여 사업을 진행하는 방식이다. 기존에 운영하던 본인의 SNS 채널에는 이미 본인이 판매하고자 하는 제품의 취향이 가까운 사람들이 모여 있으므로, 꾸준히 관리한 SNS 채널을 이용해 창업 시도를 하면 그만큼 더 충성 고객을 확보하기가 쉽다. 다만 최근 지나치게 많은 사람들이 SNS를 이용한 창업을 하면서 광고에 대한 피로도가 높아지고 있어 SNS만 가지고 운영하기에는 리스크가 있다는 점을 고려해야 한다.

# Ⅳ 종합 실습: 생산운영계획 수립

## ○ 목적

생산의 수요를 예측하고 생산시설 투자계획, 원자재 수급계획, 생산원가분석을 통해 생산운영계획을 수립하는 것이 목적이다.

## ○ 진행방법

① 목표 판매량을 기반으로 제품의 목표 생산량을 예측한다.

② 생산을 위해 필요한 공장 및 설비, 원자재 수급계획 등을 수립해보고, 생산원가를 분석한다.

**〈종합 실습〉 생산운영계획 수립**

<table>
<tr><td rowspan="2">1. 생산 수요 예측</td><td>예상 판매량</td><td>목표 생산량</td></tr>
<tr><td></td><td></td></tr>
<tr><td rowspan="6">2. 생산시설 투자 계획</td><td>공장위치</td><td>예상비용</td></tr>
<tr><td></td><td></td></tr>
<tr><td>생산설비</td><td>예상 비용</td></tr>
<tr><td></td><td></td></tr>
<tr><td></td><td></td></tr>
<tr><td></td><td></td></tr>
<tr><td rowspan="4">3. 원자재 수급계획</td><td>원자재 구매 항목</td><td>주요 거래처</td></tr>
<tr><td></td><td></td></tr>
<tr><td></td><td></td></tr>
<tr><td></td><td></td></tr>
<tr><td rowspan="2">4. 예상 생산원가</td><td>총생산원가</td><td>단위당 생산원가</td></tr>
<tr><td></td><td></td></tr>
</table>

## [종합 실습사례] 생산운영계획 수립하기

아래의 사례는 챗봇 컨설팅을 서비스하는 김 박사가 창업 아이템인 창업 컨설팅 교육을 서비스하기 위한 서비스 계획을 한 장의 표로 요약한 것이다.

**〈종합 실습사례〉 생산운영계획 수립 사례**

<table>
<tr><td rowspan="2">1. 서비스 수요 예측</td><td>예상 판매량</td><td>목표 서비스 횟수</td></tr>
<tr><td>150회</td><td>100회</td></tr>
<tr><td rowspan="6">2. 설비 투자 계획</td><td>사업장 위치</td><td>예상비용</td></tr>
<tr><td>경기도 안산시 00대학교<br>창업보육센터</td><td>연 3,600,000원</td></tr>
<tr><td>생산설비</td><td>예상 비용</td></tr>
<tr><td>Visual studio 2010</td><td>2,200,000원</td></tr>
<tr><td>서버</td><td>3,000,000원</td></tr>
<tr><td></td><td></td></tr>
<tr><td rowspan="3">3. 협업 계획</td><td>협업 프로세스</td><td>주요 거래처</td></tr>
<tr><td>마케팅</td><td>A컨설팅, Y애듀</td></tr>
<tr><td>교육서비스</td><td>B컨설팅, D컨설팅</td></tr>
<tr><td rowspan="2">4. 예상 생산원가</td><td>총생산원가</td><td>단위당 생산원가</td></tr>
<tr><td>1,800,000원</td><td>18,000원</td></tr>
</table>

## Ⅴ 창업과 창의성: 5Why 기법을 활용하여 문제의 근본 원인을 해결하는 아이디어를 찾아내보자

표면상에 보이는 문제를 더 쪼개지지 않을 때까지 분해하는 것 역시 창의적 문제 해결에 도움이 되는 방법이다. 흔히 이러한 과정은 5Why라는 기법을 통해 진행된다. 꼬리에 꼬리를 무는 질문을 계속 진행하는 것인데, 더 쪼개지지 않는 영역에 각각 아이디어를 도출하면 근본 원인을 해결할 수 있는 좋은 아이디어일 가능성이 높다.

그리고 위의 꼬리물기 질문법은 MECE 한 개념에서 진행이 되는 것이 제일 좋다. Mutually Exclusive Collectively Exhaustive의 약자로 항목들이 상호 배타적이면서 모였을 때는 완전히 전체를 이루는 것을 의미한다. 용어 설명은 어려운데, 간단히 이야기하면 누락되는 항목 없이 분류를 진행하는 것이다. 만약 MECE 하지 않게 꼬리물기 질문이 진행되면 최종 아이디어를 도출할 때 고려하지 못하는 요소들이 생기기 마련이다.

■ 5Why 실습 템플릿

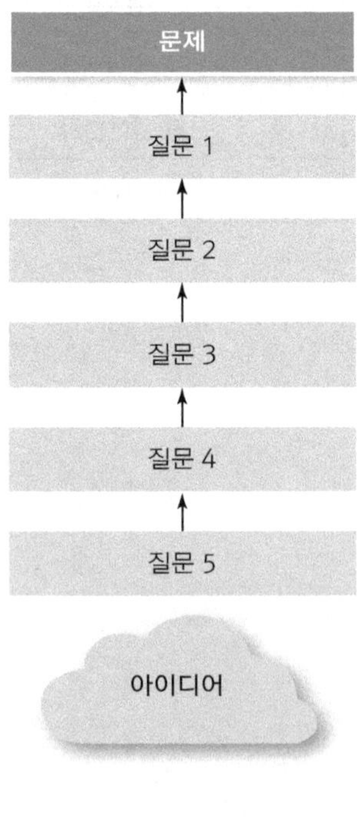

## ■ 5Why 사례: 램프 점등필링 문제 원인 분석

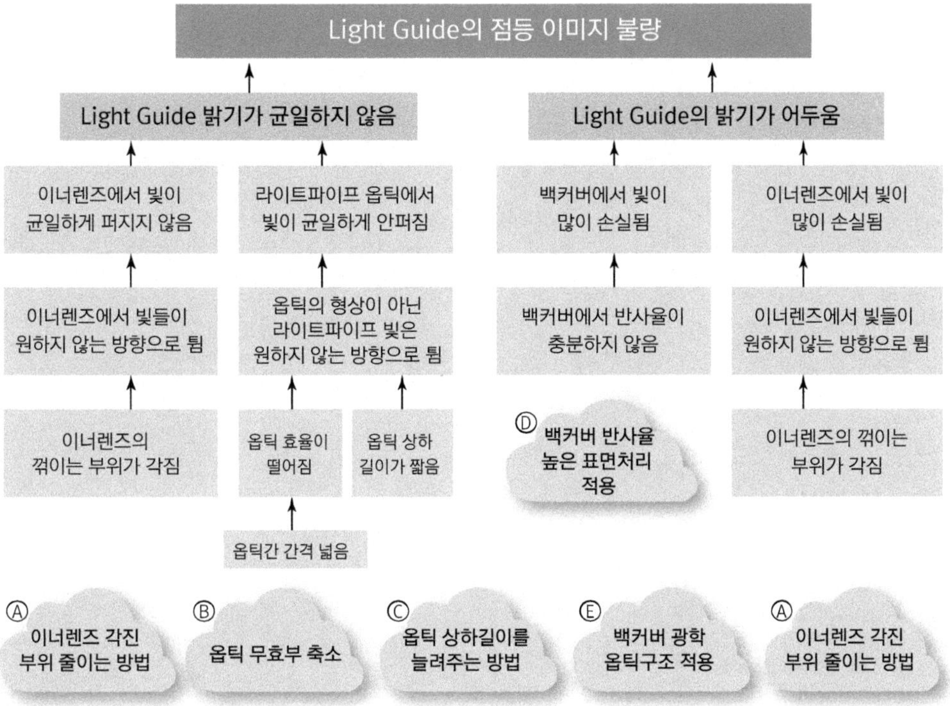

CHAPTER 11

# 인적자원계획을 수립하라

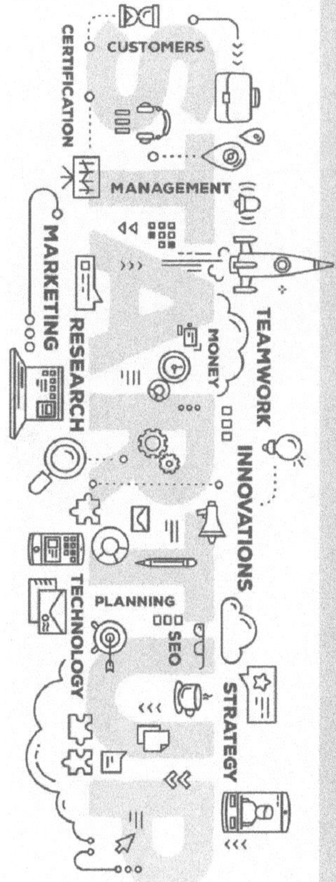


Ⅰ. 인적자원계획 수립의 개념

Ⅱ. 인적자원계획 수립 방법

Ⅲ. 종합 실습: 인적자원계획 수립

Ⅳ. 창업과 창의성: 유추기법을 활용하여 다른 산업 분야에서 아이디어를 찾아보자

## 도입 대화

[형선] 스타트업 대표들 이야기 들어보면 가장 힘든 점이 사람 문제라고 하던데… 사실 내가 HR 관련해서 배운 적도 없고, 어떻게 사람들과 일할지 참 걱정되는 부분이야. 아마 이건 많은 창업자들이 비슷한 생각일 거 같아.

[종규] 맞는 말이야. 인적자원 관리만큼 어려운 것이 없지. 처음부터 제대로 할 수는 없는 거지만 여기서는 기초적인 개념 측면에서 접근해보자. 기본적으로 사람을 채용하고 배치할 때 고려해야 할 제일 기본적인 요소를 템플릿 형식으로 제공하니, 이 장을 따라 해보면 큰 그림에서의 인적자원계획이 잡힐 거야.

[형선] 정말 도움이 될거 같아. 사실 다른 자료에서는 인적 관리에 대해 너무 깊게 다루고 있어서 바로 써먹기에는 많은 추가 학습이 필요하다고 느꼈거든… 일단 간단히 당장 사용할 수 있는 템플릿을 가지고 인적자원계획 초기 계획을 잡아 볼게!

**인적자원계획의 구성**

인적자원계획 수립의 개념 → 인적자원계획의 수립 방법 → 종합 실습: 인적자원계획 수립

# Ⅰ 인적자원계획 수립의 개념

## 1. 인적자원계획 수립의 이해

인적자원계획 수립이란 창업 팀원들의 핵심 역량을 분석하여 업무를 할당하고, 추가로 필요한 인력에 대한 채용 계획 및 인적자원의 능력 극대화를 위한 인적자원 개발계획을 수립하는 과정을 의미한다.

예를 들어, 모바일 APP 개발 회사를 창업한다고 가정했을 때, 창업 팀원들의 핵심 역량이 무엇인지를 분석하여 모바일 APP 개발의 핵심 업무에 창업 팀원들을 배치하고, 추가로 채용해야 할 인력은 몇 명인지, 그들을 어떠한 조건으로 채용할 것인지를 결정하고, 인적자원들의 지속적인 능력 발휘를 위해 교육 훈련을 실시하는 것이다.

모든 것이 부족할 수밖에 없는 창업 기업에서 인적자원의 능력은 매우 중요한 핵심 자원이기 때문에 한정된 인력을 가장 효율적으로 활용해야 하고, 이들의 능력을 극대화하기 위한 합리적이고 체계적인 교육 훈련 계획을 수립해야 한다.

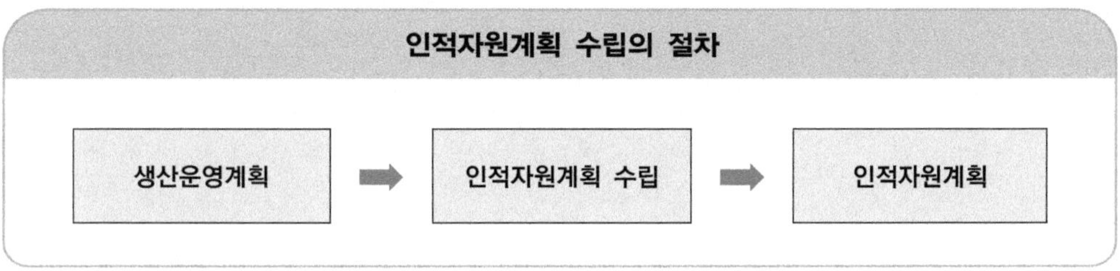


## 2. 인적자원계획 수립 방법

인적자원계획을 수립하기 위해서는 창업 팀원들의 핵심 역량 및 기업의 핵심 업무가 무엇인지 명확히 분석한 후 팀원들을 업무에 배치하고 추가로 필요한 인력의 채용 계획과 인적자원의 능력 개발을 위한 계획을 수립해야 한다.

인적자원 활용계획은 창업 팀원들의 핵심 역량과 기업의 핵심 업무를 분석하여 창업 팀원들을 배치하고, 보강해야 할 인적자원의 규모를 분석하는 과정을 의미한다.

인적자원 수급계획은 인적자원 활용계획을 기초로 채용 인력의 수를 결정하고 채용 조건과 채용 시기 및 채용 방법들을 결정하는 과정을 의미한다.

인적자원 개발계획은 핵심 인적자원들의 능력을 향상시키기 위해 체계적인 교육훈련 계획을 수립하는 과정을 의미한다.

**인적자원계획 수립 방법**

인적자원 계획 수립

| | |
|---|---|
| 인적자원 활용계획 | 창업 팀원들의 핵심 역량과 담당 업무는 무엇인가? |
| 인적자원 수급계획 | 필요한 인력을 어떻게 확충할 것인가? |
| 인적자원 개발계획 | 핵심 인력들의 능력을 어떻게 극대화할 것인가? |

## 사례 11-1 해커톤(Hackerthon)에서의 인적자원계획 수립

- 해커톤은 해킹(hacking)과 마라톤(marathon)의 합성어로 프로그래밍 분야에서 개발자 · 디자이너 등이 팀을 구성해 결과물을 만드는 대회로 마라톤을 하듯 장시간 쉼 없이 진행한다는 특징이 있다.

몇일을 걸쳐 이루어지는 해커톤 기간 동안 창업을 꿈꾸는 예비 창업자들은 액셀러레이팅센터(초기 스타트업의 성장을 돕는 기관)에 모여 각자 갖은 프로젝트의 아이디어를 갖고 해커톤에서 우승할 수 있는 아이디어 기획부터 결과물 도출하기 위해 참여한다.

TVN 드라마 "스타트 업"에서는 서달미(수지)와 남도산(남주혁)이 액셀러레이팅센터(초기 스타트업의 성장을 돕는 기관) '샌드박스'에 입주하기 위해 해커톤에 참여하였다. CEO로 선정된 서달미(수지)와 다른 참가자들은 창업의 아이템 및 아이디어의 기획안을 발표하게 된다. 발표를 본 다양한 분야의 기획자, 개발자, 디자이너들은 제한된 시간과 자원 속에서 자신들이 가장 최대의 효율을 낼 수 있는 아이디어와 CEO를 향해 팀을 찾아가게 된다.

출처: TVN 드라마 "스타트 업"

### 생각해보기

- 한정된 시간과 모든 것이 부족할 수밖에 없는 상황에서 각 인적자원의 효율을 최대로 활용하기 위해서 어떤 인적자원계획을 수립하는 것이 좋을지를 논의해보시오.

# Ⅱ 인적자원계획 수립 방법

## 1. 인적자원 활용계획

### 1) 인적자원 활용계획의 개념

인적자원 활용계획이란 현재 창업 팀이 가진 핵심 역량, 가능성 그리고 기업의 핵심 업무들을 분석하여 창업 팀원들의 업무를 할당하고 추가 채용이 필요한 업무들을 찾아내는 과정을 의미한다.

예를 들어, 기획과 프로그래밍 역량을 가진 창업 팀원들이 모바일 APP을 개발회사를 창업하려 한다면, 기획, 프로그래밍 업무를 제외한 나머지 디자인, 영업, 관리 등의 업무를 수행할 인력 충원이 필요하다고 분석하는 것이다.

창업 기업은 자원이 한정되어 있고 최소의 인원으로 사업을 시작해야 하기 때문에 개개인의 능력과 역할이 성과에 매우 큰 영향을 미치게 된다. 따라서 창업 팀의 핵심 역량과 업무가 무엇인지, 어느 업무에 몇 명의 인력이 필요한지를 정확하게 분석하는 것은 매우 중요하다.

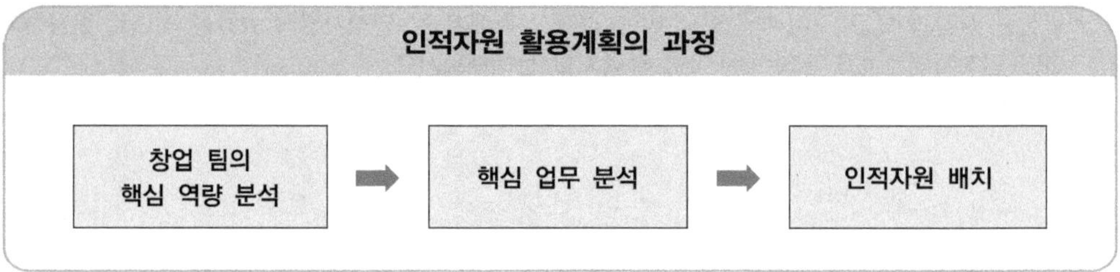

### 2) 인적자원 활용계획의 과정

창업 팀원들의 핵심 역량과 사업 추진을 위한 핵심 업무를 분석하고 이를 기반으로 인적자원의 배치 및 추가 채용 인원의 규모를 분석한다.

**| 분석방법 |**

| 단계 | 내용 |
|---|---|
| 1. 창업 팀의 핵심 역량 분석 | 창업 팀원들의 학력, 경력 등을 기초로 핵심 역량을 분석함 |
| 2. 핵심 업무 분석 | 사업을 추진하는 데 필요한 핵심 업무들을 분석함 |
| 3. 인적자원 배치 | 핵심 업무에 따라 창업 팀원들을 배치하고 추가로 채용이 필요한 업무들을 찾아냄 |

## [실습 1] 인적자원 활용계획

### ◎ 목적

창업 팀의 핵심 역량, 가능성 그리고 기업의 핵심 업무를 분석하여 인적자원을 배치하고 채용이 필요한 업무를 분석하는 것이 목적이다.

### ◎ 진행방법

① 기존 창업 팀원들의 핵심 역량과 창업 기업의 핵심 업무를 분석한다.
역량 분석을 위해 다음과 같은 기존 인적자원의 기술 목록(Skill Inventory)을 활용하여 기재해본다.

**인적자원의 기술 목록(Skill Inventory)**

- 경 력
- 학 력
- 교 육
- 특 기
- 잠재력
- 가능성

② 창업 팀원들의 핵심 역량에 따라 핵심 업무를 할당하고, 추가 채용이 필요한 업무를 분석한다.

**〈실습 1〉 인적자원 활용계획**

| | 창업 팀원 | 학력/경력 | 핵심 역량 |
|---|---|---|---|
| 창업 팀 역량 분석 | | | |
| | | | |
| | | | |
| | 핵심 업무 | 주요 내용 | 담당인력 |
| 인적자원 배치 | | | |
| | | | |
| | | | |

## [실습사례 1] 창업 단계에서의 인적자원 활용계획

아래의 사례는 챗봇 컨설팅 콘텐츠를 개발할 예정인 창업 팀원들의 핵심 역량을 분석하고 핵심 업무에 따라 팀원들을 배치한 후 채용이 필요한 업무를 분석한 것이다.

**〈실습사례 1〉 인적자원 배치계획 수립 사례**

| | 창업 팀원 | 학력/경력 | 핵심 역량 |
|---|---|---|---|
| 창업 팀 역량 분석 | 1. 김 00 | 경영학 박사, 챗봇 콘텐츠 개발 경력 20년 | 콘텐츠 기획 및 교육 능력 |
| | 2. 최 00 | 경영학 석사, 컨설팅 콘텐츠 개발경력 5년 | 콘텐츠 기획능력 |
| 인적자원 배치 | **핵심 업무** | **주요 내용** | **담당인력** |
| | 1. 챗봇 컨설팅 기획 | 컨설팅 챗봇 기획 및 알고리즘 개발 | 김 00 |
| | 2. 챗봇 프로그래밍 | 웹 기반의 챗봇으로 프로그래밍 | 최 00 |
| | 3. 컨설팅 콘텐츠 개발 및 교육 | 컨설팅 자료를 개발하고 교육 | 채용 예정 |
| | 4. 마케팅 및 영업 | 개발된 교육용 콘텐츠를 마케팅하고 영업 | 채용 예정 |

## 사례 11-2 해커톤(Hackerthon)에서의 인적자원 활용계획

- CEO로 선정된 서달미(수지)의 창업의 아이템 및 아이디어의 기획안 발표를 들은 개발자 남도산(남주혁)과 그의 개발자 친구들은 서달미 CEO와 함께 팀을 구성하기로 결정했다. 서달미는 새롭게 꾸려진 팀원들의 핵심 역량과 창업 기업의 핵심 업무를 분석하기 시작한다.

출처 : TVN 드라마 "스타트 업"

### 생각해보기

- CEO 서달미는 그녀의 아이디어 기획안을 구현해줄 개발자들을 만나게 된 후 새롭게 꾸려진 팀원들의 핵심 역량과 창업 기업의 핵심 업무를 분석하기 시작했다. 분석 후 추가 채용이 필요한 업무가 무엇이 있을지를 찾아보시오.
- 여러분의 회사 혹은 팀의 핵심 업무를 분석해보고, 추가 인력이 필요한 부분이 있는지 고민해보시오. 또는 주위에서 인적자원을 잘 관리하고 활용하여 성공한 사례를 찾아보시오.

## 2. 인적자원 수급계획

### 1) 인적자원 수급계획의 개념

인적자원 수급계획이란 인적자원 활용계획을 기초로 채용하고자 하는 인력의 수를 결정하고 채용 인력에 대한 채용 조건, 채용 시기 및 채용 방법 등을 상세하게 결정하는 과정을 의미한다.

예를 들어, 모바일 APP 개발 업체에서 디자인을 담당할 직원을 채용한다고 할 때, 최신 디자인 TOOL에 대한 활용능력을 반드시 갖추어야 하고, 산업 디자인 전공, 30대 미만, 경력 3년 이상, 연봉 2,500만원 정도라는 구체적인 채용 조건을 수립해야 하며, 언제, 어떻게 채용할 것인지를 결정해야 한다.

인적자원에 대한 수급계획은 기계나 장비처럼 쉽게 교체할 수 없는 신중한 의사결정이기 때문에 창업 기업에 적합한 인적자원을 채용하는 일은 매우 중요하다. 특히 창업 기업은 인적자원을 구하기가 쉽지 않고, 어떠한 직원을 채용하는가에 따라 기업의 분위기와 성과에 큰 영향을 끼치기 때문에 새로운 직원을 채용하는 것에 대해 항상 신중하고 체계적으로 결정해야 한다.

**인적자원 수급계획의 과정**

채용 규모 결정 → 채용 조건 결정 → 채용 시기 및 방법 결정

### 2) 인적자원 수급계획 방법

인적자원의 수급을 위해 업무별로 채용 규모 및 채용 조건을 결정하고 구체적인 채용 시기와 채용 방법을 결정한다.

**| 분석방법 |**

| | |
|---|---|
| 1. 채용 규모 결정 | 채용이 필요한 업무 분야와 채용 인원을 분석하여 채용 규모를 결정함 |
| 2. 채용 조건 결정 | 채용하고자 하는 인력의 핵심 역량, 전공, 나이, 학력 및 경력, 급여수준 등 구체적인 채용 조건을 결정함 |
| 3. 채용 시기 및 방법 결정 | 채용하고자 하는 시기와 채용 방법을 결정함 |

## [실습 2] 인적자원 수급계획

### ◎ 목적

업무 분야에 따라 채용이 필요한 인원과 채용 조건을 결정하고 채용 시기와 방법을 결정하는 것이 목적이다.

### ◎ 진행방법

① 인적자원 배치 계획을 바탕으로 채용 분야에 따른 채용 인원과 채용 조건을 결정한다.
② 인적자원 수급을 위한 채용 시기 및 채용 방법을 결정한다.

〈실습 2〉 인적자원 수급계획

<table>
<tr><th>채용 분야</th><th>채용<br>인원</th><th>핵심 역량</th><th>전공</th><th>나이</th><th>경력<br>/학력</th><th>급여<br>수준</th></tr>
<tr><td></td><td></td><td></td><td></td><td></td><td></td><td></td></tr>
<tr><td></td><td></td><td></td><td></td><td></td><td></td><td></td></tr>
<tr><td></td><td></td><td></td><td></td><td></td><td></td><td></td></tr>
<tr><td></td><td></td><td></td><td></td><td></td><td></td><td></td></tr>
<tr><td>채용 시기</td><td colspan="6"></td></tr>
<tr><td>채용 방법</td><td colspan="6"></td></tr>
</table>

## [실습사례 2] 창업 단계에서의 인적자원 수급계획

아래의 사례는 챗봇 컨설팅 콘텐츠를 개발하는 김 박사가 새로운 인력을 채용하기 위해 채용 규모를 결정하고 채용 조건과 시기 및 방법을 계획한 것이다.

**〈실습사례 2〉 인적자원 수급계획 수립 사례**

| 채용 분야 | 채용 인원 | 핵심 역량 | 전공 | 나이 | 경력 /학력 | 급여 수준 |
|---|---|---|---|---|---|---|
| 1. 챗봇 컨설팅 콘텐츠 개발 및 교육 | 1 | 기업 컨설팅 | 경영학 | 30대 | 3년 이상 | 2,500만원 |
| 2. 마케팅 및 영업 | 1 | 기업 마케팅 | 마케팅 | 30대 | 5년 이상 | 3,000만원 |
| 3. 행정 처리 및 관리 | 1 | 전산회계 처리 | 경영학 | 20대 | 1년 이상 | 2,000만원 |
| 채용 시기 | 2013년 01월 ~ 03월 | | | | | |
| 채용 방법 | 취업정보 전문업체, 창직인턴제 활용 | | | | | |

## 사례 11-3 새로운 회사의 인적자원 수급계획

- 해커톤에서 우승한 CEO 서달미(수지)와 개발자 남도산(남주혁), 그의 개발자 친구들은 액셀러레이팅센터(초기 스타트업의 성장을 돕는 기관) '샌드박스'에 입주하면서 삼산텍이라는 회사를 이끌어 나가게 된다. CEO, 개발자 그리고 디자이너로 구성된 삼산텍은 향후 사업을 위해 업무를 분석하고 추가 채용이 필요한 업무가 무엇이 있을지를 찾아보게 된다. 전문적으로 재무계획을 짜줄 인력이 필요하다고 판단하였을 때, CEO 서달미는 인적자원 수급을 위해 고민을 하기 시작했다.

출처: TVN 드라마 "스타트 업"

### 생각해보기

- CEO 서달미는 재무 직무를 수행해줄 인력이 필요한 상황이다. 인적자원 수급을 위해 그녀는 어떠한 요소들을 고려하여 수급계획을 세워야 할지 고민해보시오.

## 3. 인적자원 개발계획

### 1) 인적자원 개발계획의 개념

인적자원 개발계획이란 각 업무를 담당하는 인적자원에 대한 업무 수행 능력과 수준을 평가하고, 이를 기반으로 지속적으로 능력을 발휘하고 새로운 능력을 개발할 수 있도록 교육 훈련을 계획하는 과정을 의미한다.

예를 들어, 모바일 APP을 개발하는 창업 기업에서 핵심 인력들의 프로그래밍 능력이 차이가 난다면 함께 프로젝트를 수행하기 힘들기 때문에 업무 수행 수준을 파악하여 능력이 떨어지는 인력에 대해서는 교육 훈련을 실시하게 된다. 규모가 작은 회사일수록 개인의 역량은 전체적인 성과에 큰 영향을 미치기 때문에 인적자원의 업무 능력 수준을 측정하고 교육 훈련을 통하여 향상시키는 과정이 매우 중요하다.

지속적인 성과 창출을 위해서는 인적자원에 대한 교육 훈련을 통하여 새로운 능력을 끊임없이 개발할 필요가 있다. 창업 초기에 있는 기업들은 인적자원 개발에 대한 여력이 상대적으로 부족하지만 장기적인 관점에서 이에 대한 관심을 가져야 한다.

**인적자원 개발계획 과정**

업무 수준 평가 ➡ 교육 훈련 방법 결정 ➡ 교육 훈련 기간 결정

### 2) 인력 개발계획 과정

핵심 업무를 수행하는 인적자원들의 능력을 진단하고, 이들의 능력을 향상하기 위한 교육 훈련 계획을 수립한다.

**| 분석방법 |**

| 단계 | 내용 |
| --- | --- |
| 1. 업무 수준 평가 | 업무영역과 담당자에 따른 인적자원의 능력과 업무 수행 수준을 평가함 |
| 2. 교육 훈련 방법 결정 | 업무 수준 평가 결과를 기반으로 최적의 교육 훈련 방법을 결정함 |
| 3. 교육 훈련 기간 결정 | 업무 강도와 일정을 고려하여 교육 훈련 기간과 횟수를 결정함 |

## [실습 3] 인적자원 개발계획

### ◯ 목적

창업 기업의 핵심 자산인 인적자원의 능력을 극대화하기 위한 인적자원 개발계획을 수립하는 것이 목적이다.

### ◯ 진행방법

① 업무 영역 및 담당자별로 현재 업무 수준을 분석한다.
② 각 담당자의 능력을 극대화하기 위한 교육 훈련 방법과 기간을 수립한다.

〈실습 3〉 인적자원 개발계획

| 주요 업무 | 담당자 | 현재 수준 | 교육 훈련 방법 | 기간 |
|---|---|---|---|---|
| | | | | |
| | | | | |
| | | | | |
| | | | | |
| | | | | |

## [실습사례 3] 창업 단계에서의 인적자원 개발계획

아래의 사례는 챗봇 컨설팅 콘텐츠를 개발하는 기업을 창업한 김 박사가 인적자원의 개발을 위해 업무 분야별 담당자들의 업무 수준을 분석하고 교육 훈련 계획을 수립한 것이다.

**〈실습사례 3〉 인적자원 개발계획 수립 사례**

| 주요 업무 | 담당자 | 현재 수준 | 교육 훈련 방법 | 기간 |
|---|---|---|---|---|
| 1. 챗봇 컨설팅 기획 | 김 00 | 우수 | 세미나 참가 | 연 2회 |
| 2. 챗봇 프로그래밍 | 최 00 | 보통 | 이러닝 및 교육기관에 참석 | 연 4회 |
| 3. 컨설팅 콘텐츠 개발 및 교육 능력 | 김 00 | 우수 | 세미나 참가 | 연 2회 |
| 4. 마케팅 및 영업 | 이 00 | 보통 | 자체 학습 및 세미나 | 연 6회 |
| 5. 행정 처리 및 관리 | 박 00 | 보통 | 자체 학습 및 사내 훈련 | 상시 |

# Ⅲ 종합 실습: 인적자원계획 수립

## ◎ 목적

창업 기업의 인적자원에 대한 활용과 채용 계획을 수립하고, 교육 훈련 계획을 수립하는 것이 목적이다.

## ◎ 진행방법

① 창업자를 포함한 창업 팀원들의 핵심 역량과 특성을 분석하여 담당 업무를 지정한다.
② 핵심 업무를 수행하기 위하여 추가로 필요한 인력의 채용계획을 수립한다.
③ 핵심 인력의 업무 수준을 향상시키기 위한 개발계획을 수립한다.

〈종합 실습〉 인적자원계획 수립

<table>
<tr><td rowspan="3">인적자원<br>활용계획</td><td>주요 업무</td><td>담당자</td><td>핵심<br>역량</td><td>전공</td><td>나이</td><td>경력<br>/학력</td><td>급여<br>수준</td></tr>
<tr><td></td><td></td><td></td><td></td><td></td><td></td><td></td></tr>
<tr><td></td><td></td><td></td><td></td><td></td><td></td><td></td></tr>
<tr><td rowspan="5">채용계획</td><td></td><td></td><td></td><td></td><td></td><td></td><td></td></tr>
<tr><td></td><td></td><td></td><td></td><td></td><td></td><td></td></tr>
<tr><td></td><td></td><td></td><td></td><td></td><td></td><td></td></tr>
<tr><td>채용 시기</td><td colspan="6"></td></tr>
<tr><td>채용 방법</td><td colspan="6"></td></tr>
<tr><td>개발계획</td><td>교육 훈련 방법</td><td colspan="6"></td></tr>
</table>

## [종합 실습사례] 창업 단계에서의 인적자원계획 수립

아래의 사례는 챗봇을 활용한 컨설팅 서비스를 제공하고자 하는 김 박사가 인적자원의 활용, 채용 및 교육 훈련 계획을 수립한 것이다.

**〈종합 실습사례〉 인적자원계획 수립**

| | 주요 업무 | 담당자 | 핵심 역량 | 전공 | 나이 | 경력/학력 | 급여 수준 |
|---|---|---|---|---|---|---|---|
| 인적자원 활용계획 | 1. 챗봇 기획 | 김 00 | 콘텐츠 기획 및 교육 능력 | 경영학 | 40대 | 경영학 박사 | 4천만원 |
| | 2. 챗봇 프로그래밍 | 최 00 | 콘텐츠 기획 능력 | 경영학 | 30대 | 경영학 박사 | 3천만원 |
| 채용계획 | 채용 분야 | 채용 인원 | 핵심 역량 | 전공 | 나이 | 경력/학력 | 급여 수준 |
| | 1. 컨설팅 콘텐츠 개발 및 교육 | 1 | 기업 컨설팅 | 경영학 | 30대 | 3년 이상 | 2천5백만원 |
| | 2. 마케팅 및 영업 | 1 | 기업 마케팅 | 경영학 | 30대 | 5년 이상 | 3천만원 |
| | 3. 행정 처리 및 관리 | 1 | 전산회계 처리 | 경영학 | 20대 | 1년 이상 | 2천만원 |
| | 채용 시기 | 2022년 02월 ~ 03월 | | | | | |
| | 채용 방법 | 창직 인턴 및 학교 내 동아리 인력, 친구 활용 | | | | | |
| 개발계획 | 교육 훈련 방법 | 자체 학습 및 프로젝트 진행, 교육 및 세미나 참가, 외부 교육 | | | | | |

## Ⅳ 창업과 창의성: 유추기법을 활용하여 다른 산업 분야에서 아이디어를 찾아보자

본인이 속한 산업영역은 당연히 본인이 제일 전문가일 것이다. 하지만 다른 분야는 그렇지 않다. 다른 분야에 내가 속한 문제를 해결한 유사한 사례가 있다고 해서 제대로 된 지식 없이 그 아이디어를 가져오는 것은 잘못하면 큰 문제를 만들 수 있다. 하지만 자기 분야에서 아이디어가 전혀 떠오르지 않는다면 조심스럽게 그러한 선택도 고려해보아야 할 방법이다.

21세기 최고의 혁신가로 손꼽히는 스티브 잡스는 법적인 테두리 내에서 가능한 많은 아이디어를 훔쳤다고 말한다. 남의 것에 영감을 받고 새로운 화학작용으로 발전시켜 완전히 새로운 것으로 만든다는 것이다. 다른 분야의 영역에서 영감을 받아 이를 유추 또는 연상하여 본인의 상황에 맞는 방법으로 만든다면 굉장히 혁신적인 아이디어가 나올 것이다.

현재 내가 속한 조직의 수준이 높지 못하다면, 더 뛰어난 조직의 제품을 보고 배울 점을 흡수하게 된다면, 그 어느 방법보다 효율적으로 발전하게 될 것이다.

유추기법은 나와 다른 분야의 아이디어를 가져온다는 점에서 조금은 불안정하지만 기존 대비 더 발전된 모습을 기대할 수 있다.

## ■ 유추기법 실습 템플릿

| | 내가 속한 산업 | 타 산업 |
|---|---|---|
| 아이템 | | |
| 유사 항목 | | |
| 원리 | | |
| 아이디어 | | |

## ■ 유추연상기법 사례

| | 내가 속한 산업 | 타 산업 1 | 타 산업 2 | 타 산업 3 |
|---|---|---|---|---|
| 아이템 | 자동차 램프 | 길 안내 초록색 표지판 | 도로면상 표기된 안내표시 | 환경미화원 옷 |
| 유사 항목 | 빛을 반사하여 원하는 곳으로 보냄 | | | |
| 원리 | 거울 반사 | 재귀 반사 | 재귀 반사 | 재귀 반사 |
| 아이디어 | 기존 자동차 램프에 기존 사용하던 거울 반사 외에도 재귀 반사 원리를 접목하여 효율이 더 높아지는 램프 개발 | | | |

CHAPTER 12

# 재무계획을 수립하라

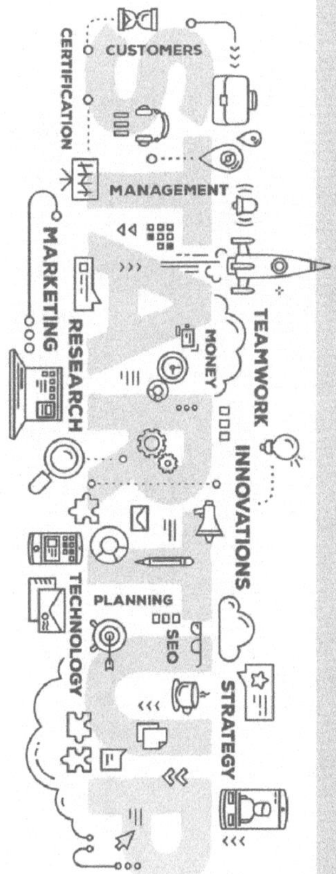


Ⅰ. 재무계획 수립의 개념

Ⅱ. 재무계획 수립 방법

Ⅲ. 종합 실습: 재무계획 수립

Ⅳ. 창업과 창의성: TRIZ 40가지 발명원리를 활용하여 아이디어를 만들어보자(part 1)

## START UP 도입 대화

[형선] 이제 창업 관련 전체적인 큰 그림은 많이 완성된 거 같아! 하지만… 제일 중요한 돈 문제가 남았네. 경영학 전공자도 아닌 내가 재무계획을 제대로 만들 수 있을지가 걱정이야.

[종규] 물론 전문적인 재무 관련 내용은 직원을 채용해서 맡겨야겠지. 하지만 본인이 정말 창업자의 대표라면 기본적인 경제 지식과 큰 그림에서의 예산계획은 잡을 줄 알아야 나중에 전문가와 이야기할 때도 소통이 되고 여러 가지 창업 경진 대회를 나가서도 할 말이 생기겠지?

[형선] 응 맞아. 사실 이전에 나갔던 창업 관련 경진 대회에서는 내 전문 분야가 아니라는 이유만으로 경제 관련 부분을 소홀히 다뤘었는데, 심사위원들의 날카로운 질문에 무너졌던 기억이 나네. 대표자라면 전문가 수준만큼은 아니더라도, 적어도 전문가들과 기본적인 소통이 가능하고 다른 사람들에게도 간단한 설명은 할 수 있는 사람이 되어야 할 거 같아.

[종규] 그런 사람들을 위해 이번 장을 준비했어. 앞 장을 보면 알겠지만 기존 배경 지식이 없어도 당장 따라해서 쓸 수 있을 만한 템플릿 위주로 장을 구성했으니, 따라해봐. 크게는 재무제표 분석을 통해 손익계산서, 현금흐름표, 재무상태표, 재무비율 분석을 해볼 거야.

[형선] 고마워. 이번 장을 통해 창업과 관련된 재무 지식에 대한 이해도를 높이고 소통할 때 무리 없는 수준까지 실력을 끌어올려 보겠어!

# Ⅰ 재무계획 수립의 개념

## 1. 재무계획의 이해

재무계획 수립이란 창업 과정에서 발생하는 비용을 분석하여 창업에 소요되는 자금이 얼마인지를 파악하고, 이를 조달하기 위하여 자기 자금은 얼마나 투자할 것인지, 타인 자금은 얼마나 어떻게 차입할 것인지를 분석한 후 상환 계획까지 수립하는 모든 과정을 의미한다.

창업 사업 모델을 개발한 다음에는 경영의 각 기능을 구성하는 마케팅, 생산, 기술개발 등에 관해 구체적인 실행 계획을 수립해야 한다. 이를 기반으로 창업을 위해 필요한 자금을 조달하고 상환하기 위한 재무계획을 수립해야 한다.

만약 재무계획이 잘못 수립된다면 자금 조달이 원활하지 않아 창업 추진 과정에서 어려움을 겪게 되고, 자금 상환계획이 체계적으로 수립되지 못할 경우 신용도 하락으로 인해 추가적인 자금이 발생할 뿐만 아니라 차후 자금 조달에도 매우 큰 영향을 미치기 때문에 재무계획을 철저하게 수립해야 한다.

**재무계획 수립의 절차**

## 2. 재무계획 수립 방법

재무계획을 수립하기 위해서는 먼저 창업에 소요되는 자금의 규모가 어느 정도인지를 분석해야 하고, 이를 기반으로 소요 자금의 조달계획 및 자금 상환계획이 수립되어야 한다.

① 소요 자금 분석은 창업 과정에서 초기 투자와 운영에 관련된 자금이 얼마나 필요한지를 분석하는 것을 의미한다.

② 자금 조달계획은 창업 과정에 소요되는 자금 규모의 분석 결과를 기반으로 필요한 자금의 조달 방법을 결정하는 과정을 의미한다.

③ 자금 상환계획은 창업 자금에 사용할 목적으로 차입한 타인 자금을 상환하기 위해 차입 현황을 분석하고, 차입금의 유형에 따라 상환 시기와 규모를 결정하는 과정을 의미한다.

**재무계획 수립의 방법**

재무계획 수립

| | |
|---|---|
| 소요 자금 분석 | 창업을 위해 얼마의 자금이 필요한가? |
| 자금 조달계획 | 필요한 자금을 어떻게 조달할 것인가? |
| 자금 상환계획 | 조달한 자금을 어느 시기에 얼마만큼 상환할 것인가? |

# Ⅱ 재무계획 수립 방법

## 1. 소요 자금 분석

### 1) 소요 자금 분석의 의미

소요 자금 분석이란 창업 과정에서 소요되는 시설자금과 운전자금을 분석하는 과정이다. 시설자금이란 공장 설립, 설비 구입, 비품 구입 등과 같이 기업의 시설 투자에 소요되는 자금을 말하며, 운전자금이란 원료 구입비, 인건비, 각종 운영 경비 등과 같이 운영 활동에 활용되는 자금을 의미한다.

예를 들어, 커피전문점을 창업할 경우 보증금, 커피 메이커나 의자, 테이블, 각종 집기류 등은 시설자금에 속하며, 매장의 월 임대료, 직원의 인건비, 판촉 홍보활동에 관한 비용 등은 운전자금이 되는 것이다.

사업 운영의 전 과정에서 비용이 발생하기 때문에 소요 자금의 규모가 어느 정도 되는지를 분석하고 이에 대비하는 작업은 매우 중요하다. 그러므로 창업 과정에 발생할 수 있는 모든 소요 자금의 유형과 규모가 얼마인지를 정확하게 분석하고 이를 조달할 수 있는 방법을 수립해야 한다.

**소요 자금 분석의 과정**

시설자금 분석 ➡ 운전자금 분석 ➡ 소요 자금 추정

### 2) 소요 자금 분석방법

시설자금과 운전자금을 중심으로 창업을 위해 비용이 소요되는 항목은 무엇이고 얼마만큼의 자금이 필요한지를 분석한다.

**| 분석방법 |**

| 단계 | 내용 |
| --- | --- |
| 1. 시설자금 분석 | 사무실 혹은 시설 임차료, 설비 구입, 비품 구입비 등과 같은 시설자금이 얼마나 필요한지를 분석함 |
| 2. 운전자금 분석 | 인건비, 운영 경비 등과 같은 운전자금이 얼마나 필요한지를 분석함 |
| 3. 소요 자금 추정 | 창업을 위해 소요되는 총 자금을 추정 |

## [실습 1] 소요 자금 분석

### ◎ 목적

시설자금과 운전자금을 분류하여 창업 기업의 경영에 필요한 자금을 예측해보는 것이 목적이다.

### ◎ 진행방법

① 창업에 소요되는 자금을 시설자금과 운전자금으로 분류하여 항목을 세분화한다.
② 그런 다음 각 항목에 대한 예상 소요 자금을 분석한다.

**〈실습 1〉 소요 자금 분석**

| 구분 | 항목 | 주요 내역 | 소요 자금 |
|---|---|---|---|
| 시설자금 | | | |
| | | | |
| | | | |
| | 소계 | | |
| 운전자금 | | | |
| | | | |
| | | | |
| | | | |
| | 소계 | | |
| 총 소요 자금 | | | |

## [실습사례 1] 소요 자금 분석

아래의 사례는 챗봇을 활용한 컨설팅 서비스 사업을 위해 소요되는 비용 항목을 시설자금과 운전자금으로 분류하고 예상되는 소요 자금을 분석한 것이다.

**〈실습사례 1〉 소요 자금 분석**

| 구분 | 항목 | 주요 내역 | 소요 자금 |
|---|---|---|---|
| 시설자금 | 사무실 임대보증금 | 오피스텔 60$m^2$(18평) 기준 | 2,000만원 |
| | 컴퓨터 및 주변기기 | 노트북, 서버, 프린터 등 | 1,500만원 |
| | 사무실 집기 | 책상, 의자 | 500만원 |
| | 소계 | | 4,000만원 |
| 운전자금 | 인건비 | 박사급 1명, 석사급 4명, 학사급 1명 | 2,000만원 |
| | 제품개발비 | 콘텐츠 개발, 프로그램 개발, 사이트 개발 | 10,000만원 |
| | 마케팅비 | 오픈세미나, 온라인 광고, 카탈로그 제작 | 2,000만원 |
| | 기타 운영경비 | 등록비, 정보 수집비 등 | 1,000만원 |
| | 소계 | | 15,000만원 |
| 총 소요 자금 | | | 19,000만원 |

## 2. 자금 조달계획

### 1) 자금 조달계획의 개념

자금 조달계획이란 창업 과정에 소요되는 자금을 추정한 다음 필요한 자금을 어디에서 어떻게 조달할 것인가를 분석하는 과정이다. 창업 자금의 조달 방법은 창업자 자신의 현금이나 현물로 구성된 자기 자금을 활용하는 방법과 외부에서 조달하는 차입금인 타인 자금을 활용하는 방법으로 구분된다.

예를 들어, 소프트웨어 회사 창업에 필요한 자금이 3억원이라고 할 때 창업자 본인이 창업 자금 2억원을 투자할 경우 이는 자기 자금이 되고 모자란 1억원을 은행에서 조달하는 경우 이는 타인 자금이 되는 것이다.

사업 규모나 신용도에 따라서 자금을 조달할 수 있는 규모가 다르고 자금 조달 과정에서 비용이 발생하기 때문에 조달 방법과 규모를 결정하는 일은 매우 중요하다. 그러므로 조달해야 할 자금의 규모 및 자금 조달 비용, 자금 조달의 안정성 등에 맞추어 자기 자금과 타인 자금의 조달 비율을 결정하고 세부적으로 얼마나 조달할 것인지를 구체적으로 결정해야 한다.

자금 조달계획의 과정

### 2) 자금 조달계획 수립 방법

창업의 소요 자금 규모를 분석한 결과를 기반으로 자금 조달의 유형을 자기 자금과 타인 자금으로 구분하고, 각 유형별 조달 방법과 조달 규모 및 자금 조달에 소요되는 비용을 분석한다.

**| 분석방법 |**

| 단계 | 내용 |
|---|---|
| 1. 자금 조달 방법 결정 | 자금 조달의 유형을 자기 자금과 타인 자금으로 분류하여 각각의 조달 방법을 결정함 |
| 2. 자금 조달 규모 결정 | 각각의 조달 유형과 방법별로 자금 조달의 규모를 결정함 |
| 3. 자금 조달 비용 분석 | 각각의 자금 조달 방법에 따른 조달 비용을 분석함 |

## [실습 2] 자금 조달계획 수립

### ◎ 목적

창업 기업의 경영에 필요한 자금을 조달하기 위해 자금 조달의 유형과 방법 및 규모를 결정하는 것이 목적이다.

### ◎ 진행방법

① 창업 자금의 조달 유형을 자기 자금과 타인 자금으로 분류하여 항목을 세분화한다.
② 그런 다음 각 항목에 대한 자금 조달의 규모를 분석한다.

**〈실습 2〉 자금 조달계획 수립**

<table>
<tr><th>소요 자금</th><th>조달 유형</th><th>방법</th><th>주요 내용</th><th>조달 규모</th><th>조달 비용</th></tr>
<tr><td rowspan="8"></td><td rowspan="4">자기 자금</td><td></td><td></td><td></td><td></td></tr>
<tr><td></td><td></td><td></td><td></td></tr>
<tr><td></td><td></td><td></td><td></td></tr>
<tr><td colspan="2">소계</td><td></td><td></td></tr>
<tr><td rowspan="4">타인 자금</td><td></td><td></td><td></td><td></td></tr>
<tr><td></td><td></td><td></td><td></td></tr>
<tr><td></td><td></td><td></td><td></td></tr>
<tr><td colspan="2">소계</td><td></td><td></td></tr>
</table>

## [실습사례 2] 자금 조달계획 수립

아래의 사례는 챗봇을 활용한 컨설팅 서비스 사업을 위해 소요되는 자금을 조달하기 위한 방법과 조달 규모를 결정하고 자금조달에 소요되는 비용을 분석한 것이다.

**〈실습사례 2〉 자금 조달계획 수립**

<table>
<tr><th>소요 자금</th><th>조달 유형</th><th>방법</th><th>주요 내용</th><th>조달 규모</th><th>조달 비용</th></tr>
<tr><td rowspan="7">1억<br>9,000만원</td><td rowspan="4">자기 자금</td><td>창업자 자금</td><td>보유 현금, 부동산 매각</td><td>5,000만원</td><td></td></tr>
<tr><td>현물 출자금</td><td>박사급 인건비<br>(창업자)</td><td>7,000만원</td><td></td></tr>
<tr><td>투자자 자금</td><td>주식 인수자가<br>납입한 현금</td><td>2,000만원</td><td></td></tr>
<tr><td colspan="2">소계</td><td>1억 4,000만원</td><td></td></tr>
<tr><td rowspan="3">타인 자금</td><td>정부정책자금</td><td>창업자 지원 자금</td><td>2,000만원</td><td>100만원</td></tr>
<tr><td>은행 대출</td><td>시중 은행 대출</td><td>3,000만원</td><td>200만원</td></tr>
<tr><td colspan="2">소계</td><td>5,000만원</td><td>300만원</td></tr>
</table>

# 3. 자금 상환계획

## 1) 자금 상환계획의 개념

자금 상환계획이란 창업 자금으로 차입한 타인 자금을 상환하기 위하여 차입 현황을 분석하고 차입금의 성격에 따라 상환 시기와 규모를 결정하는 과정을 의미한다. 차입금은 단기 차입금과 중장기 차입금으로 나누어져 있어서 상환해야 하는 시기와 규모가 각각 다를 뿐만 아니라, 창업자의 재무 상태에 따라 차입금 상환 능력도 달라진다.

예를 들어, 교육 콘텐츠 회사를 창업하는 과정에서 총 3억원의 창업 자금을 조달하기 위해 3개의 시중 은행 대출을 이용했을 경우 은행의 대출 조건에 따라 이자율이 다르고 상환 조건에 따라 장기 혹은 단기 상환을 해야 한다.

차입금을 제때 상환하지 못할 경우 신용 하락과 동시에 추가 상환 비용이 발생하게 되고 이는 향후 자금 조달에 부정적인 영향을 미치기 때문에 적절한 상환계획을 수립하는 과정은 매우 중요하다. 그러므로 차입금의 출처별로 상환 시기와 매월 상환할 수 있는 규모를 결정하고 창업자의 재무 상태를 고려했을 때 상환계획이 적절한지 평가해야 한다.

### 2) 자금 상환계획 수립 방법

자금 조달계획을 기초로 자금의 차입 현황을 분석하고 차입 금액의 상환 시기와 규모에 따라 자금 상환 방법을 결정한다.

**| 분석방법 |**

| 단계 | 내용 |
|---|---|
| 1. 차입 현황 분석 | 자금 조달계획 수립 자료를 기초로 자금의 차입처와 차입금액 현황을 분석함 |
| 2. 상환 기간 분석 | 차입 자금의 성격에 따라 단기, 중장기 상환 시기를 분석함 |
| 3. 상환 방법 결정 | 차입 금액의 상환 시기와 규모에 따라 상환 방법을 결정함 |

## [실습 3] 자금 상환계획 수립

### 목적

조달 자금의 출처와 금액, 상환 기한을 기초로 상환 방법을 결정하는 것이 목적이다.

### 진행방법

① 조달한 자금의 차입처와 차입 금액을 분석한다.
② 조달한 자금의 상환 기한에 따라 자금 상환의 우선순위를 결정하고 상환 방법을 결정한다.

**〈실습 3〉 자금 상환계획 수립**

| 구분 | 차입처 | 차입금액 | 상환 기간 | 상환 방법 |
|---|---|---|---|---|
| | | | | |
| | | | | |
| | | | | |
| | | | | |
| | | | | |

## [실습사례 3] 자금 상환계획 수립

아래의 사례는 챗봇을 활용한 컨설팅 서비스 사업을 위해 조달한 자금을 상환하기 위하여 조달 자금의 차입처와 차입금액, 상환 기한 및 상환 방법을 결정한 것이다.

**〈실습사례 3〉 자금 상환계획 수립**

| 구분 | 차입처 | 차입금액 | 상환 기간 | 상환 방법 |
|---|---|---|---|---|
| 정부지원 자금 | 중소기업청 | 2,000만원 | 1년 | 일시 상환 |
| 은행 융자 | A은행 | 3,000만원 | 3년 | 분할 상환 |

# Ⅲ 종합 실습: 재무계획 수립

## ○ 목적

창업에 필요한 소요 자금, 자금의 조달계획, 차입금의 상환계획을 한 장으로 표현하는 것이 목적이다.

## ○ 진행방법

① 창업 기업 경영에 소요되는 자금을 분석한다.
② 소요 자금의 조달계획 및 조달한 자금의 상환계획을 수립한다.

**〈종합 실습〉 재무계획 수립**

<table>
<tr><th colspan="3">소요 자금( )</th><th colspan="4">조달계획</th><th colspan="2">상환계획</th></tr>
<tr><th colspan="2">항목</th><th>예상 소요 자금</th><th colspan="2">항목</th><th>조달 금액</th><th>조달 비용</th><th>상환기한</th><th>상환방법</th></tr>
<tr><td rowspan="4">시설자금</td><td></td><td></td><td rowspan="4">자기자금</td><td></td><td></td><td></td><td></td><td></td></tr>
<tr><td></td><td></td><td></td><td></td><td></td><td></td><td></td></tr>
<tr><td></td><td></td><td></td><td></td><td></td><td></td><td></td></tr>
<tr><td>소계</td><td></td><td>소계</td><td></td><td></td><td></td><td></td></tr>
<tr><td rowspan="4">운전자금</td><td></td><td></td><td rowspan="4">차입자금</td><td></td><td></td><td></td><td></td><td></td></tr>
<tr><td></td><td></td><td></td><td></td><td></td><td></td><td></td></tr>
<tr><td></td><td></td><td></td><td></td><td></td><td></td><td></td></tr>
<tr><td>소계</td><td></td><td>소계</td><td></td><td></td><td></td><td></td></tr>
</table>

## [종합 실습사례] 재무계획 수립

아래의 사례는 챗봇을 활용한 컨설팅 서비스를 제공하고자 하는 김 박사가 재무계획을 한 장의 도표로 표현한 것이다.

〈종합 실습사례〉 재무계획 수립 작성 사례

| 소요 자금( 190,000 ) | | | 조달계획 | | | | 상환계획 | |
|---|---|---|---|---|---|---|---|---|
| 항목 | | 예상 소요 자금 | 항목 | | 조달 금액 | 조달 비용 | 상환기한 | 상환방법 |
| 시설자금 | 사무실 임대보증금 | 20,000 | 자기자금 | 창업자 자금 | 50,000 | | | |
| 시설자금 | 컴퓨터 및 주변기기 | 10,000 | 자기자금 | 현물 출자금 | 70,000 | | | |
| 시설자금 | 사무실 집기 | 10,000 | 자기자금 | 투자자 자금 | 20,000 | | | |
| 시설자금 | **소계** | 40,000 | 자기자금 | **소계** | 140,000 | | | |
| 운전자금 | 인건비 | 20,000 | 차입자금 | 정부정책 자금 | 20,000 | 1,000 | 1년 | 일시 상환 |
| 운전자금 | 제품개발비 | 100,000 | 차입자금 | A은행 대출 | 30,000 | 9,000 | 3년 | 분할 상환 |
| 운전자금 | 마케팅비 | 20,000 | 차입자금 | | | | | |
| 운전자금 | 기타 운영경비 | 10,000 | 차입자금 | | | | | |
| 운전자금 | **소계** | 150,000 | 차입자금 | **소계** | 50,000 | 10,000 | | |

# Ⅳ 창업과 창의성: TRIZ 40가지 발명원리를 활용하여 아이디어를 만들어보자(Part 1)

많은 사람들이 애용하는 창의성 방법론 중에 TRIZ가 있다. 알트슐러라는 사람이 장기간 특허를 분석해 아이디어를 내는 데 효과적인 방법들을 제시했는데, 대중적으로 40가지 발명원리가 많이 알려져 있다.

다수의 특허에서 반복적으로 사용된 원리 40가지 핵심을 추출한 내용인데, 실제로 이러한 원리들을 순서대로 적용 시도를 해보는 것만으로도 좋은 아이디어를 얻을 수 있어 많은 도움이 된다. 좀 더 공부해보면 발명하고자 하는 주제의 특성에 따라 40가지 중 가장 최적의 방법을 알려주는 방법도 있지만, 실제로 순서대로 40가지 방법을 따라하는 것이 더 도움된다는 의견들이 많이 존재한다. 자세히 살펴보면 기존에 언급된 방법들도 녹아 있는 원리들도 있으니 주의 깊게 살펴보도록 하자.

한 번에 40가지를 소개하면 질릴 수 있으니 일단 이번 장에서는 20가지 방법만 소개하고자 한다. 나머지 20가지가 궁금하면 13장 뒷 부분을 참조하도록 하자.

### ■ TRIZ 40가지 발명원리 Part 1 템플릿

| 40가지 원리 | 설 명 |
|---|---|
| 1. 분할 | 몇 가지 부품으로 쪼개어 봐라. |
| 2. 추출 | 필요한 부분만 따로 뽑아보자. |
| 3. 국소적 품질 | 전체를 모두 똑같게 하지 말고 국소한 일부 부분만 바꿔보자. |
| 4. 비대칭 | 대칭 구조라면 비대칭 구조로 바꾸어보자. |
| 5. 통합 | 한 번에 여러 작업을 동시에 해보자. |
| 6. 다용도 | 하나의 부품을 여러 가지 용도로 이용해보자. |
| 7. 포개기 | 부품을 포개어보자. |
| 8. 평형추 | 평형을 맞추어보자. |
| 9. 사전 반대 조치 | 미리 반대 방향으로 사전 조치를 취해보자. |
| 10. 사전 조치 | 미리 조치해보자. |

| 40가지 원리 | 설 명 |
|---|---|
| 11. 사전 예방 조치 | 미리 예방 조치를 취해보자. |
| 12. 높이 맞추기 | 높이가 다르면 같은 높이로 바꾸어보자. |
| 13. 반대로 하기 | 기존 방식과 반대로 해본다. |
| 14. 곡선화 | 직선 구조라면 곡선화시켜 보자. |
| 15. 자유도 증가 | 부분, 단계마다 자유롭게 움직이게 해보자. |
| 16. 초과 또는 부족 | 지나치게 해보거나 부족하게 해보자. |
| 17. 차원 바꾸기 | X, Y축 등을 변환시켜 보자. |
| 18. 진동 | 진동 효과를 이용해보자. |
| 19. 주기적 작동 | 연속이 아닌 주기적인 효과를 이용해보자. |
| 20. 유용 작용 지속 | 유용한 작용을 연속적으로 지속해보자. |

CHAPTER 13

# 경제성을 분석하라

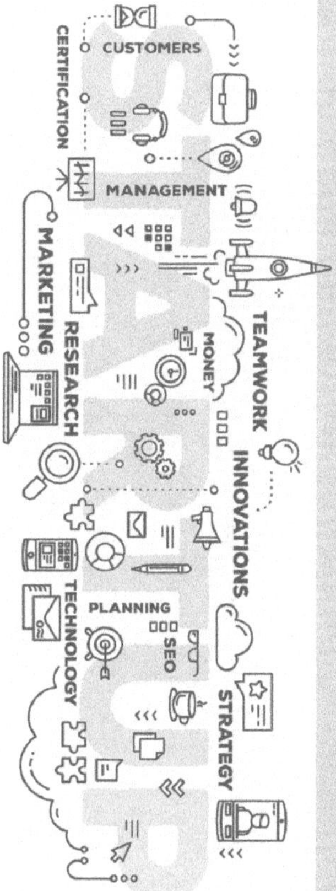

## START UP 도입 대화

[형선] 이제 마지막 순서네. 재무계획은 다행히 잘 넘겼는데 경제성 분석도 참 난해한 분야인 것 같아.

[종규] 여태까지 잘해왔는데 크게 걱정할 필요 없어. 경제성 분석에는 일부 재무적인 관점의 내용도 포함했어. 앞의 장을 잘 수행했다면 이번 장도 무리 없을 거야.

[형선] 응원 고마워! 모든 사업의 핵심은 바로 경제성이 아닐까 싶네. 이 장도 어렵겠지만 차근차근 공부해서 내 사업에 대한 경제적 방향성도 제대로 잡도록 해볼게.

# I 경제성 분석의 개념

## 1. 경제성 분석의 이해

경제성 분석이란 창업계획에 따른 사업의 결과로서 얼마나 이익이 나는지, 회사의 재무 상태가 어떻게 되는지, 언제부터 이익이 발생하는지, 투자수익률이 얼마나 되는지 등을 분석하여 창업의 경제적 타당성을 분석하는 과정이다.

예를 들어, 한 창업자가 음식점을 창업하고자 할 때, 이익이 얼마나 되는지, 현금이 얼마나 들어오고 얼마나 지출되는지, 언제부터 이익이 발생하는지, 투자수익률은 얼마나 되는지를 분석할 수 있어야 창업하는 것이 올바른 결정인지를 알 수 있을 것이다.

만약 경제성 분석을 하여 창업의 경제성이 떨어지면 창업 아이템을 변경하거나, 창업계획을 수정하거나 하는 등의 조정이 필요하다. 그러므로 창업을 시작하기 전에 창업의 경제성을 분석하는 일은 매우 중요하다.

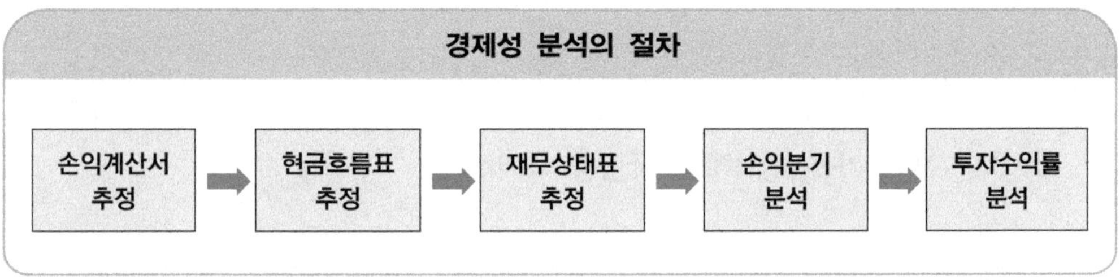


## 2. 경제성 분석방법

일반적으로 창업 과정에서 경제성은 재무제표 분석과 경제성 분석 크게 두 가지 측면에서 분석해볼 필요가 있다.

### 1) 재무제표 분석

기업의 재정 상태나 경영 내용을 정확히 파악하기 위해 재무제표를 토대로 분석한다.

재무제표 분석에는 4가지 분석을 수행할 수 있다.

① 손익계산서 추정은 일정 기간 동안 기업 경영의 결과에 따른 수익의 창출 여부를 나타내는 경영성과표를 의미한다.

② 현금흐름표 추정은 일정 기간 동안 현금이 얼마나, 어떤 이유로 들어오고 나갔는지를 보여주는 재무제표를 의미한다.

③ 재무상태표 추정은 일정 시점의 기업의 자산, 부채, 자본에 관한 정보를 제공하는 회계보고서를 의미한다.

④ 재무비율 분석은 재무제표 항목들 간의 비율을 통해서 기업의 재무 상태와 경영성과를 분석하는 방법이다.

### 2) 경제성 분석

위와 같이 재무제표 분석이 완료되면 회사의 미래 경영 상태를 예측하기 위해 다음과 같은 2가지 분석을 수행할 수 있다.

① 손익분기 분석은 총매출액과 총비용이 일치하여 이익이 '0'이 되는 시점을 분석하는 것을 의미한다.

② 투자수익률 분석은 창업 투자액의 순현재가치(NPV)와 내부수익률(IRR)은 얼마인가를 분석하는 방법을 의미한다.

**경제성 분석의 방법**

| 경제성 분석 | | |
|---|---|---|
| | 손익계산서 추정 | 일정 기간 동안 수익을 창출하였는가? |
| | 현금흐름표 추정 | 일정 기간 동안 현금의 유입과 유출은 어떠한가? |
| | 재무상태표 추정 | 일정 시점에서 자산, 부채, 자본의 현황은 어떠한가? |
| | 손익분기 분석 | 어느 시점에서 매출액과 총비용이 '0'이 될 것인가? |
| | 투자수익률 분석 | 순현재가치(NPV)와 내부수익률(IRR)은 얼마인가? |

## 사례 13-1 가격과 수익성 두 마리 토끼

10000LAB
COFFEE

- 상위 7%의 원두로 만든 스페셜티 커피를 한 잔에 2~3천 원대에 판매해 '매일 마실 수 있는 스페셜티 커피(Daily Specialty Coffee)'라는 슬로건을 실현하는 커피 창업 브랜드 '만랩커피'가 높은 소비자 만족도와 경쟁력을 인정받고 있으며, 스페셜티 커피 분야에선 1위에 올라 국내를 대표하는 스페셜티 커피 전문 브랜드로 입지를 굳히고 있다.

  요즘 뜨는 카페체인점으로 주목받는 만랩커피는 상위 7%의 스페셜티 커피의 가격 부담을 낮추면서도 낮은 가격이 가맹주의 수익률에 영향을 미치지 않도록 'FARM TO STORE' 시스템을 구축했다는 점에서 남다른 경쟁력을 자랑한다. 해당 시스템은 해외 농장에서 원두를 직수입해 자체 공장에서 직접 로스팅한 후, PM(생산관리)과 QC(품질관리)를 거친 스페셜티 커피를 전국 가맹점에 원천적으로 낮은 가격에 공급하는 방식이다.

  스페셜티 커피의 원가 자체를 낮췄기에 낮은 가격에 스페셜티 커피를 판매하더라도 점주의 마진율과 수익률에 영향을 미치지 않으며, 오히려 가격과 품질 경쟁력을 토대로 고객의 발길을 이끌기에 타 커피숍 창업브랜드보다 높은 수익을 얻고 있다.

출처: 뉴스프리존(2020.5)

### 생각해보기

- 이 사례는 유통과정의 간소화를 통해 가격파괴와 수익성을 동시에 달성한 대표적인 사례이다.
- 여러분의 주변에서 저렴한 가격에도 불구하고 수익을 창출하여 성공한 창업기업의 사례를 찾아보시오.

# Ⅱ 경제성 분석의 수행

## 1. 재무제표 분석

### 1.1 손익계산서(Income Statement)

#### 1) 손익계산서의 개념

손익계산서(Income Statement)란 일정 기간 동안 기업의 경영 성과를 나타내는 재무제표로서 일상적인 영업활동이나 부수적인 경영활동을 통해 발생한 이익과 손실을 보여주고 이를 통해 순이익 또는 순 손실의 발생 여부를 나타낸다.

예를 들어, 컴퓨터용 부품을 제조하는 창업 기업은 판매 활동을 통해 매출을 일으키고 수익을 창출하기도 하지만 제품의 생산에 들어가는 원가나 판매 과정에서 발생하는 비용 및 각종 세금도 함께 발생하기 때문에, 이들 수익과 비용의 구조를 분석하여 이익의 달성 여부를 추정해보는 일은 매우 중요하다.

그러므로 창업 기업을 경영하기 전 단계에서 손익계산서의 항목을 이해하고 최소한 영업이익까지 추정해봄으로써 경영활동의 결과에 대한 이익 발생 여부를 추정해 보아야 한다.

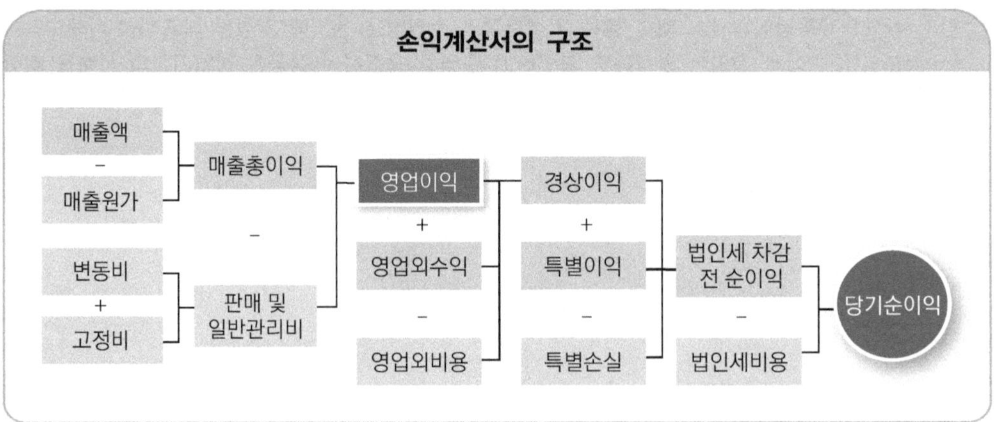

## 2) 손익계산서 작성 방법

매출액 추정을 시작으로 매출원가, 판매 및 일반 관리비를 추정하여 영업이익의 발생 여부를 확인한다.

**| 분석방법 |**

| 단계 | 내용 |
|---|---|
| 1. 매출액 추정 | 제품의 가격과 판매량을 곱하여 매출액을 계산함 |
| 2. 매출원가 추정 | 판매된 제품의 생산에 들어간 제조원가로서 재료비, 노무비, 외주용역비 등을 추정함 |
| 3. 판매 및 일반관리비 추정 | 제품 판매나 기업의 유지 및 관리에 필요한 비용으로 영업사원의 급여, 판촉비, 접대비, 연구개발비 등을 추정함 |
| 4. 영업이익 추정 | 매출총이익(매출액 – 매출원가)에서 판매 및 일반관리비를 차감하여 영업이익을 추정함 |

## [실습 1] 추정 손익계산서

### ◎ 목적

해당 분기의 손익계산서를 작성해 봄으로써 영업이익의 발생 여부를 확인하는 것이 목적이다.

### ◎ 진행방법

① 손익계산서의 과목별로 예상 금액을 구한다.
② 그런 다음, 최종적으로 영업이익이 발생하는지 여부를 확인한다.

**〈실습 1〉 추정 손익계산서**

| 과　목 | 예상 금액 | 계산 방법 |
|---|---|---|
| 1. 매출액 | | =제품의 가격 × 판매량 |
| 2. 매출원가 | | =기초 재고액+당 분기제품 생산원가−기말 재고액 |
| 3. 매출총이익(=1−2) | | =매출액−매출원가(매출 측면의 총이익) |
| 4. 판매 및 관리비 | | 판매활동 및 기업의 관리와 유지 활동에서 발생하는 비용 |
| 5. 영업이익(=3−4) | | =매출총이익−판매 및 관리비 |

## [실습사례 1] 추정 손익계산서

아래의 사례는 챗봇을 활용한 컨설팅 서비스 사업을 위해 김 박사가 1년 동안의 손익계산서를 작성하여 영업이익의 발생 여부를 도출한 사례이다.

**〈실습사례 1〉 추정 손익계산서**

| 과　목 | 예상 금액 | 계산 방법 |
|---|---:|---|
| 1. 매출액 | 125,000,000 | =가격 25,000원 × 5,000개 |
| 2. 매출원가 | 75,000,000 | =제조비용 15,000원 × 5,000개 |
| 3. 매출총이익(=1−2) | 50,000,000 | =매출액−매출원가 |
| 4. 판매 및 관리비 | 20,000,000 | =광고비 1천 5백만원+기타 영업비 5백만원 |
| 5. 영업이익(=3−4) | 30,000,000 | =매출총이익−판매 및 관리비 |

### 사례 13-2 코로나 사태의 위기가 가져온 '청년 창업 성공의 기회'

- 치킨 프랜차이즈 BBQ가 지난해 6월 선보인 배달 및 포장 전문 매장인 BSK(BBQ스마트키친)가 론칭 1년 만에 300호점을 돌파했다. 코로나 19의 팬데믹이 장기화가 되면서 원래 여행사에서 가이드로 일하던 백씨는 미래가 보장되는 안정적인 일자리를 찾아야겠다고 생각해서 백씨는 친구의 소개를 받아 강서구 소재 BBQ 매장에서 3개월간 일을 도우면서 외식업계에 발을 들이게 됐다.

백씨는 BBQ의 브랜드 파워와 본사의 지원 등을 염두에 두고 BBQ를 선택했다. 실제로도 외식업 경험이 없는 만큼 BBQ 본사의 지원이 큰 도움이 됐다는 설명이다. 백씨는 "본사 담당자가 직접 상권을 돌아다니며 검토한 덕분에 지금의 매장을 찾을 수 있었다"며 "창업에 있어 얕은 지식만 가지고 뛰어들었지만 전문적인 지원이 있어 문제없이 시작할 수 있었다"고 전했다.

가장 큰 도움이 된 점은 BBQ가 운영하는 '치킨대학'의 교육을 꼽았다. 백씨는 "평소에 먹던 치킨이 과학적이고 전문적인 과정을 거쳐 서비스된다는 점에 놀랐다. 외식업은 누구나 할 수 있지만 사업을 위한 매출과 손익분석, 조리기구의 이름과 사용방법 등 외식산업에 대한 지식을 체계적으로 배울 곳은 많지 않다"고 강조했다.

매장 개점 후에도 본사의 적극적인 지원이 이어졌다는 설명이다. 백 씨는 "슈퍼바이저가 매주 방문해 애로사항을 해결하고, 운영 노하우와 지식을 줘 더욱 빠르게 자리 잡을 수 있었다. 월 1억원으로 매출을 끌어올리고, 코로나 19 종식 이후에는 내점(홀)이 확보된 매장을 열고 싶다"며 웃음지었다.

출처: 한경경제(2021.7)

#### 생각해보기

- 이 사례는 프랜차이즈 본사의 시스템과 창업주의 노력이 합쳐져 성공한 대표적인 사례이다.
- 여러분의 주변에서 프랜차이즈 시스템을 잘 활용하여 성공한 사례를 찾아보시오.

## 1.2 현금흐름표(Statement of Cash Flow)

### 1) 현금흐름표의 개념

현금흐름표(Statement of Cash Flow)란 일정기간 동안 기업의 현금흐름을 나타내는 재무보고서로서 영업활동, 투자활동, 재무활동으로 구분하여 기업의 실제적인 현금 유입과 유출 현황을 파악할 수 있게 해주는 보고서이다.

① 영업활동으로 인한 현금흐름 : 상거래 및 손익에 영향을 미치는 기타 부수적인 거래로 인해 유입된 현금과 유출된 현금의 흐름을 나타냄
② 투자활동으로 인한 현금흐름 : 유형자산, 투자자산 등 비유동자산을 처분하거나 취득하면서 유입된 현금과 유출된 현금의 흐름을 나타냄
③ 재무활동으로 인한 현금흐름 : 비유동부채의 차입 및 자본의 증자로 조달된 현금과 비유동 부채의 상황 및 자본의 반환(자기주식의 취득, 배당금 지급 등)에 따라 유출된 현금의 흐름을 나타냄

예를 들어, 순이익 10억원이 발생했다 할지라도 아직 받지 못한 매출채권이 10억원일 경우 실제적인 현금의 흐름은 0원인 것처럼 손익계산서상에 아무리 이익이 많이 발생한다 할지라도 현금흐름이 원활하지 못하다면 기업은 어려움에 빠질 수밖에 없다. 따라서 기업의 실제적인 현금의 유입과 유출을 파악하는 일은 매우 중요하다. 따라서 현금흐름표를 작성하여 창업기업의 경영활동과 관련된 현금의 변동내용을 명확히 알 수 있게 해야 한다.

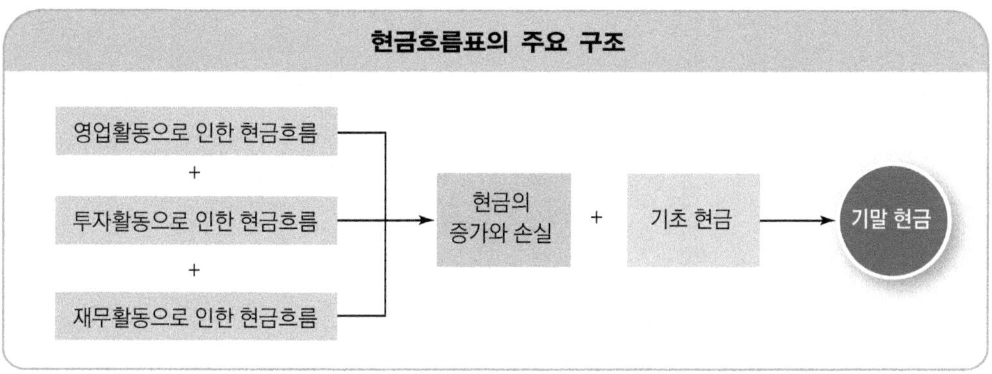

### 2) 현금흐름표 작성 방법

현금흐름표는 영업활동으로 인한 현금흐름, 투자활동으로 인한 현금흐름, 재무활동으로 인한 현금흐름을 계산하고, 여기에 기초의 현금을 빼서 기말의 현금을 산출한다.

**| 분석방법 |**

| 단계 | 내용 |
| --- | --- |
| 1. 영업활동으로 인한 현금흐름 분석 | 생산, 구매, 판매 등 영업활동에 따른 현금의 유출입을 분석함 |
| 2. 투자활동으로 인한 현금흐름 분석 | 투자자산의 처분 및 취득에 따른 현금의 유출입을 분석함 |
| 3. 재무활동으로 인한 현금흐름 분석 | 차입금의 차입/상환, 사채의 발행/상환, 유상증자/감자에 따른 현금의 유출입을 분석함 |
| 4. 기말 현금 계산 | 영업, 투자, 재무 활동에 관한 현금흐름에 기초 현금을 빼서 기말 현금을 계산함 |

## [실습 2] 현금흐름표 추정

### 목적

영업, 투자, 재무활동으로 인한 현금의 유출과 유입을 통해 기말 현금을 추정하는 것이 목적이다.

### 진행방법

① 현금흐름을 파악하기 위한 각 활동의 유입과 유출에 있어 어떤 요인이 포함되어 있는지 확인한다.
② 일정 기간 동안 영업활동, 투자활동, 재무활동으로 인한 예상 현금흐름을 추정한다.
③ 각 활동으로 인한 현금흐름을 더하여 현금 증가/손실을 계산한 후 기초 현금을 빼서 기말 현금을 추정 후 변화를 관찰한다.

**〈실습 2〉 현금흐름표 추정**

| 과 목 | 예상 금액 | 계산 방법 |
|---|---|---|
| Ⅰ. 영업활동으로 인한 현금흐름 | | =**현금유입**(매출 등 수익활동+이자수익+배당수익)−**현금유출**(매입 및 종업원에 대한 유출+이자비용+법인세) |
| Ⅱ. 투자활동으로 인한 현금흐름 | | =**현금유입**(유형자산 처분+투자자산 처분+대여금 회수)−**현금유출**(유형자산 취득, 투자자산 취득, 현금 대여) |
| Ⅲ. 재무활동으로 인한 현금흐름 | | =**현금유입**(단기차입금+장기차입금+주식 발행) −**현금유출**(단기차입금 상환+장기차입금 상환+배당금 지급) |
| Ⅳ. 현금의 증가/손실 (=Ⅰ+Ⅱ+Ⅲ) | | =**영업활동**으로 인한 현금흐름+**투자활동**으로 인한 현금흐름+**재무활동**으로 인한 현금흐름 |
| Ⅴ. 기초의 현금 | | =해당 분기 초의 현금 |
| Ⅵ. 기말의 현금(=Ⅳ+Ⅴ) | | =현금 증가/손실+기초의 현금 |

## [실습사례 2] 현금흐름표 추정

아래의 사례는 챗봇을 활용한 컨설팅 서비스 사업을 위해 김 박사가 창업한 기업이 향후 1년 동안 예상되는 현금흐름을 추정한 것이다.

**〈실습사례 2〉 현금흐름표 추정 사례**

| 과 목 | 예상 금액 | 계산 방법 |
|---|---|---|
| Ⅰ. 영업활동으로 인한 현금흐름 | 62,000,000 | =현금유입(매출 등 수익활동 125,000,000)-현금유출(매입 및 종업원에 대한 유출 55,000,000+이자비용 3,000,000+기타 비용 5,000,000) |
| Ⅱ. 투자활동으로 인한 현금흐름 | 0 | =현금유입(유형자산 처분+투자자산 처분+대여금 회수 0)-현금유출(유형자산 취득, 투자자산 취득, 현금 대여 0) |
| Ⅲ. 재무활동으로 인한 현금흐름 | 20,000,000 | =현금유입(단기차입금 20,000,000)-현금유출(0) |
| Ⅳ. 현금의 증가/손실 (=Ⅰ+Ⅱ+Ⅲ) | 82,000,000 | =영업활동으로 인한 현금흐름(62,000,000)+투자활동으로 인한 현금흐름(0)+재무활동으로 인한 현금흐름(20,000,000) |
| Ⅴ. 기초의 현금 | 50,000,000 | =해당 분기 초의 현금(50,000,000) |
| Ⅵ. 기말의 현금 (=Ⅳ+Ⅴ) | 132,000,000 | =현금 증가/손실(82,000,000)+기초의 현금(50,000,000) |

## 사례 13-3 무모한 도전과 성공 - 야놀자 김창하 대표

- 20살에 모텔 청소부로 시작해 2005년 자본금 5천만원으로 여행플랫폼 기업 야놀자를 창업한 총괄대표 이수진(43)은 여행/정보기술(IT) 업계의 대표적인 '흙수저' 성공사례로 꼽힌다. 초창기 야놀자는 '호텔모텔펜션'이라는 이름으로 숙박 관련 정보를 제공하는 PC용 온라인 사이트였다.

이 대표는 2010년 모텔 등 중소형 숙박 예약시스템을 만들기 위해 전국을 누볐지만, 수년간 실패를 맛봤다.

연합뉴스에 따르면 2010년대 스마트폰의 보급으로 모바일 결제 시스템이 확산하면서 상황이 바뀌었다. 이 대표가 이번이 마지막이라고 생각하고 2014년 10월 만든 숙박 당일 예약 시스템이 시장에서 호응을 얻은 것이다. 이전까지 즉석 방문(워크인) 고객만 맞던 숙박업소 업주들도 '예약만으로 객실을 채울 수 있다'는 점을 알고 야놀자에 동참하기 시작했다.

이 대표는 이듬해인 2015년에는 야놀자 앱을 출시하고 모바일 여행 시장에 도전장을 냈다. 이 대표는 이에 만족하지 않고 산하정보기술, 가람정보시스템, 씨리얼 등 객실관리 자동화 솔루션을 제공하는 IT기업을 잇달아 인수하며 숙박업소 예약을 넘어 여가산업 전반을 다루는 기업으로 성장했다.

투박한 PC 사이트로 출발한 야놀자의 2021년 현재 기업 가치는 10조원에 이르는 것으로 추정된다. 일본 소프트뱅크로부터 2조원 투자 유치에 성공한 야놀자 대표 이수진 대표는 "앞으로도 차별화된 기술력으로 글로벌 1위 호스피탈리티(Hospitality · 접객) 테크 기업이자 여행 슈퍼앱으로서 시장 변화를 이끌어 나가겠다"고 포부를 밝혔다.

출처: 세계일보(2021.7)

### 생각해보기

- 이 사례는 도전정신과 투자유치를 통해 성공한 대표적인 사례이다.
- 여러분의 주변에서 창업에 대한 아이디어와 투자유치로 성공한 사례들을 찾아보시오.

## 1.3 재무상태표(Statement of Financial Position)

### 1) 재무상태표의 개념

재무상태표(Statement of Financial Position)는 특정 시점의 기업의 재정 상태를 알 수 있게 나타낸 재무제표로서 손익계산서 및 현금흐름표를 기반으로 만들어져 기업의 자산(Assets), 부채(Liabilities), 자본(Owner's Equity)의 상태를 보여준다.

① 자산(Assets) : 기업이 영업활동을 수행하기 위하여 소유하고 있는 경제적 자원(현금, 기계, 건물 등)

② 부채(Liabilities) : 제3자로부터 현금을 빌리거나, 제품과 같은 재화 또는 용역을 제공받았지만 그 대가를 아직 지급하지 않아서 장차 갚아야 할 경제적 의무(차입금, 매입 채무 등)

③ 자본(Owners' Equity) : 기업의 소유주가 투자한 자금 및 영업활동을 통한 자금의 증가분으로서 자산에서 부채를 뺀 후에 남는 금액(자본금, 자본잉여금, 이익잉여금 등)

예를 들어, 소형 가구를 생산하는 창업 기업은 창업 당시 출자한 자본금과, 원자재 업체에게 지급해야 할 부채를 가지고 있고, 이들의 합인 자산을 현금이나 재고 형태로 가지고 있다.

이러한 재무 상태를 신중하게 파악하지 않을 경우 과다한 부채나 자본 잠식이 발생하게 되고 이는 기업의 신용에 매우 큰 영향을 미치기 때문에 자산과 부채의 현황을 분석하여 재무적 유동성, 위험 등을 평가해보는 작업은 매우 중요하다.

그러므로 일정 시점에서 기업이 현재 보유하고 있는 경제적 자원인 자본과 경제적 의무인 부채, 그리고 이들의 합인 자산에 대한 정보를 분석해 소유하고 있는 재산의 운용 상태와 자본조달 상태를 확인함으로써 재무적 건전성 및 탄력성을 파악하고, 수익률을 평가하는 데 유용한 정보를 제공한다.

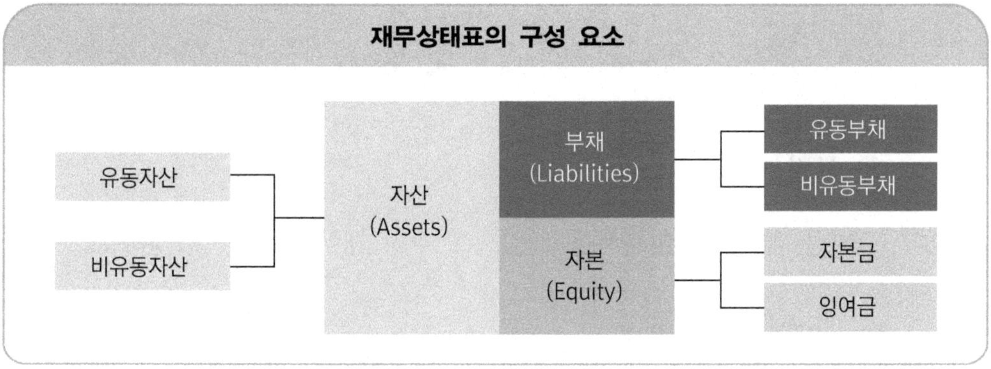


## 2) 재무상태표 추정 방법

자산의 총계를 먼저 구한 후 부채 총계와 자본 총계를 더한 값이 자산의 총계와 일치하는지를 확인한다.

**| 분석방법 |**

| 단계 | 내용 |
|---|---|
| 1. 자산 총계 분석 | 유동자산(당좌자산 + 재고자산)과 비유동자산(투자자산 + 유무형자산)을 중심으로 자산의 합을 구함 |
| 2. 부채 총계 분석 | 유동부채와 고정부채를 중심으로 부채의 합을 구함 |
| 3. 자본 총계 분석 | 자본금과 잉여금을 중심으로 자본의 총계를 구함 |
| 4. 부채와 자본 합산 | 부채와 자본을 합산한 금액이 자산의 총계와 일치하는지 확인함 |

## [실습 3] 재무상태표 추정

### 목적

자산, 부채, 자본 항목을 중심으로 추정 재무상태표를 작성하는 것이 목적이다.

### 진행방법

① 유동자산과 비유동자산을 중심으로 자산의 총계를 계산한다.
② 부채와 자본항목을 계산해보고 부채와 자본의 합이 자산과 일치하는지 확인한다.

**〈실습 3〉 재무상태표 추정**

| 구분 | | 금액 | 계산방법 |
|---|---|---|---|
| 자산 | 유동자산 | | =당좌자산(현금 및 현금등가물, 단기 금융상품)+재고자산(상품재고) |
| | 비유동자산 | | =투자자산(증권)+유형자산(토지, 건물)+무형자산(개발비) |
| | **자산총계** | | **=유동자산+비유동자산** |
| 부채 | 유동부채 | | =매입채무(외상매입금, 지급어음)+단기차입금+미지급금 등 |
| | 비유동부채 | | =사채+장기차입금(1년 이상) 등 |
| | **부채총계** | | **=유동부채+비유동부채** |
| 자본 | 자본금 | | =자본금 |
| | 잉여금 | | =자본잉여금(주가 변동, 주식처분이익)+이익잉여금(당기순이익 유보) |
| | **자본총계** | | **=자본금+잉여금** |

## [실습사례 3] 재무상태표 추정

아래의 사례는 챗봇을 활용한 컨설팅 서비스 사업을 위해 김 박사가 1차년도 재무상태표를 추정해 작성한 것이다.

**〈실습사례 3〉 재무상태표 추정 사례**

| 구분 | | 금액 | 계산방법 |
|---|---|---|---|
| 자산 | 유동자산 | 62,000,000 | =당좌자산 15,000,000+재고자산 47,000,000 |
| | 비유동자산 | 102,000,000 | =투자자산 5,000,000+유형자산 95,000,000+무형자산 2,000,000 |
| | **자산총계** | 164,000,000 | **=유동자산+비유동자산** |
| 부채 | 유동부채 | 23,000,000 | =매입채무 15,000,000+단기차입금 5,000,000+미지급금 3,000,000 |
| | 비유동부채 | 80,000,000 | =장기차입금 80,000,000 |
| | **부채총계** | 103,000,000 | **=유동부채+비유동부채** |
| 자본 | 자본금 | 50,000,000 | =자본금 50,000,000 |
| | 잉여금 | 11,000,000 | =자본잉여금 7,000,000+이익잉여금 4,000,000 |
| | **자본총계** | 61,000,000 | **=자본금+잉여금** |

## 1.4 재무비율 분석(Financial Ratio Analysis)

### 1) 재무비율 분석의 개념

재무비율 분석(Financial Ratio Analysis)이란 재무제표 항목들 간의 비율을 산출하여 기업의 재무 상태나 경영 성과를 분석하는 방법으로 안정성, 활동성, 수익성, 성장성 등 분석 목적에 따라 매우 다양하게 분석할 수 있다. 재무적 관점에서 경영 성과 및 기업의 건전성을 파악할 수 있고, 기업이 속한 산업의 평균 또는 경쟁기업들과 비교하여 자사 경쟁력의 정도를 가늠할 수 있는 지표이다.

| 구분 | 재무비율 |
|---|---|
| ① 안정성 | 기업의 단기 채무에 대한 지급능력을 평가하는 비율<br>(유동비율, 당좌비율, 부채비율, 자기자본비율, 고정비율 등) |
| ② 활동성 | 자산을 수익창출활동에 얼마나 효율적으로 이용하는가를 평가하는 비율<br>(재고자산회전율, 매출채권회전율, 고정자산회전율 등) |
| ③ 수익성 | 기업이 일정 기간 동안 수익을 얼마나 창출했는가를 평가하는 비율<br>(총자산이익률, 자기자본이익률, 매출액영업이익률 등) |
| ④ 성장성 | 기업 규모나 성과가 얼마나 성장했는가를 평가하는 비율<br>(매출액증가율, 총자산증감률, 영업이익증가율 등) |

재무비율은 두 가지 이상의 항목을 이용하여 계산하는 것으로, 어느 재무제표의 계정 과목을 이용하였느냐에 따라 재무비율 분석은 달라질 수 있고, 재무비율은 의사결정자의 이용 목적에 따라 구분된다.

## [실습 4] 재무비율분석

| 재무비율 | | 계산 방법 |
|---|---|---|
| 안전성 | 유동비율(%) | =유동자산 / 유동부채 × 100 |
| | 당좌비율(%) | =(유동자산－재고자산) / 유동부채 × 100 |
| | 부채비율(%) | =총부채 / 총자본 × 100 |
| | 자기자본비율(BIS)(%) | =(자기 자본 / 총자본) × 100 |
| | 고정비율(%) | =(고정자산 / 자기 자본) × 100 |
| 활동성 | 재고자산회전율(회) | =총매출액 / 재고자산 |
| | 총자산회전율(회) | =총매출액 / 총자산(=총자본) |
| | 매출채권회전율(회) | =총매출액 / 매출채권 |
| | 고정자산회전율(회) | =총매출액 / 비유동자산 |
| 수익성 | 총자산순이익률(%) | =당기순이익 / 총자산 × 100 |
| | 자기자본이익률(ROE)(%) | =당기순이익 / 자기 자본 × 100 |
| | 매출액영업이익률(%) | =영업이익 / 매출액 × 100 |
| 성장성 | 매출액증가율(%) | =(당기 매출액－전기 매출액) / 전기 매출액 × 100 |
| | 순이익증가율(%) | =(당기 순이익－전기 순이익) / 전기 순이익 × 100 |
| | 총자산증가율(%) | =(당기 총자산－전기 총자산) / 전기 총자산 × 100 |
| | 영업이익증가율(%) | =(당기 영업이익－전기 영업이익) / 전기 영업이익 × 100 |

## 2. 경제성 분석

### 2.1 손익분기점(Break-Even Point) 분석

#### 1) 손익분기점 분석의 개념

손익분기점 분석(Break-Even Point Analysis)이란 매출액과 총비용이 일치하는 점, 즉 이익이 '0'이 되는 기점을 찾아서 매출액, 비용, 이익 간의 관계를 분석하는 것으로서 매출액이 손익분기점 이하인 경우에는 기업의 손실을, 그 이상인 경우에는 이익을 의미한다.

BEP 분석을 위해서는 매출액과 함께 총비용을 매출액의 변동에 관계없이 일정하게 발생하는 고정비(급여, 임차료 등)와 매출액의 변동에 비례하여 발생하는 변동비(재료비, 경비 등)로 구분하여 이익을 산출해야 한다. 예를 들어, 음식점 창업에 투자된 비용이 1억원일 때, 몇 명 정도의 손님이 방문해야 투자비용을 넘어 수익이 발생하는지를 찾아내는 경우이다.

제품 생산 및 판매에 들어가는 비용과 매출액의 관계를 알지 못한 상태에서는 수익 달성 시점이 적절한지, 가격전략이 타당한지, 비용 구조가 합리적인지 등을 알 수 없고 손익분기점의 위치에 따라 수익성의 정도가 평가되기 때문에 손익분기점의 달성 시점을 찾아내는 것은 매우 중요하다. 그러므로 제품 생산 및 판매에 드는 고정비와 변동비를 통해 총비용을 계산하고 가격과 판매량에 따른 매출액의 변화를 분석하여 어느 시점에 손익분기점을 통과하는지를 분석해보아야 한다.

**손익분기점 분석**

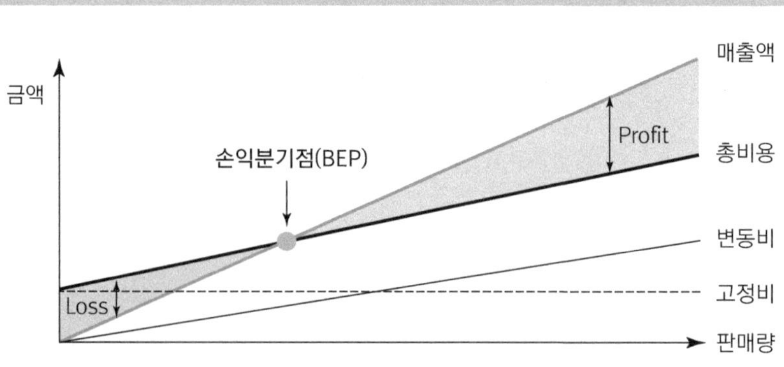

## 2) 손익분기점 분석방법

제품과 서비스의 가격과 판매량에 따른 매출액에서 고정비와 변동비의 합인 총비용을 뺀 값으로 이익을 구한 후, 이익이 0이 되는 지점을 찾아서 손익분기점을 찾아낸다.

**| 분석방법 |**

| 단계 | 내용 |
|---|---|
| 1. 매출액 분석 | 제품의 가격과 판매량 변화에 따른 매출액의 변화를 분석함 |
| 2. 비용 분석 | 제품의 생산 및 판매에 들어가는 고정비와 변동비를 더하여 총비용을 계산함 |
| 3. 이익 분석 | 매출액에서 비용을 뺀 금액을 계산하여 제품 판매에 따른 이익을 구함 |
| 4. 손익분기점 분석 | 이익이 0이 되는 지점을 찾아서 손익분기점을 찾아내고 손익분기점의 적정성을 진단함 |

## [실습 5] 손익분기점 분석

### ◎ 목적

매출액에서 총비용을 뺀 이익을 구한 값을 토대로 손익분기점을 찾아내는 것이 목적이다.

### ◎ 진행방법

① 매출액 계산 : 제품의 가격정보를 기반으로 판매량과 가격을 곱하여 판매량 변화에 따른 매출액을 구한다. (TR＝P*Q)

② 총비용 계산 : 고정비 항목과 변동비 구성항목을 구분한 후 고정비에 단위당 변동비와 판매량을 곱한 값을 더한다. (TC＝FC＋V*Q)

③ 이익 계산 : 매출액에서 비용을 뺀 금액을 계산하여 판매에 따른 이익을 구한다. (P＝TR－TC)

④ BEP 분석 : 매출액과 총비용을 뺀 값이 0이 되는 지점을 찾아서 BEP를 찾아내고 BEP 적정성을 진단한다. (BEP＝FC/(P－V))

여기서 TR＝Total Revenue　P＝Selling Price　Q＝Number of Units Sold
TC＝Total Cost　FC＝Fixed Cost　V＝Variable Cost

〈실습 5〉 손익분기점 분석

| 가격 | 고정비 | 재료비 | 인건비 | 제조경비 |
|---|---|---|---|---|
| | | | | |

| 판매량 | 매출액 | 고정비 | 변동비 | 총비용 | 이익<br>(매출액－총비용) |
|---|---|---|---|---|---|
| | | | | | |
| | | | | | |
| | | | | | |
| | | | | | |
| | | | | | |

## [실습사례 5] 손익분기점 분석

아래의 사례는 챗봇을 활용한 컨설팅 서비스 사업을 위해 김 박사가 매출액과 총비용을 기반으로 손익분기점을 찾아낸 것이다(여기서 변동비는 재료비, 인건비, 제조경비로 간주한다).

**〈실습사례 5〉 손익분기점 분석 사례**

| 가격 | 고정비 | 재료비 | 인건비 | 제조경비 |
|---|---|---|---|---|
| 25,000 | 5,300,000 | 15,000 | 5,000 | 3,000 |

| 판매량 | 매출액<br>(가격×판매량) | 고정비 | 변동비<br>(변동비×판매량) | 총비용<br>(고정비+변동비) | 이익<br>(매출액−총비용) |
|---|---|---|---|---|---|
| 2,000 | **50,000,000** | 5,350,000 | 46,000,000 | **51,350,000** | −1,350,000 |
| 2,250 | **56,250,000** | 5,350,000 | 51,750,000 | **57,100,000** | −850,000 |
| 2,500 | **62,500,000** | 5,350,000 | 57,500,000 | **62,850,000** | −350,000 |
| **2,750** | **68,750,000** | **5,350,000** | **63,250,000** | **68,600,000** | **150,000** |
| 3,000 | **75,000,000** | 5,350,000 | 69,000,000 | **74,350,000** | 650,000 |
| 3,250 | **81,250,000** | 5,350,000 | 74,750,000 | **80,100,000** | 1,150,000 |
| 3,500 | **87,500,000** | 5,350,000 | 80,500,000 | **85,850,000** | 1,650,000 |

## 2.2 투자수익률(NPV, IRR) 분석

### 1) 투자수익률 분석의 개념

투자수익률 분석은 창업에 투자한 총금액에 대하여 얻을 수 있는 이익을 계산하여 투자의 경제성을 분석하는 기법으로서, 창업자가 창업에 투자하지 않고 금융상품이나 다른 부분에 투자한 것보다 경제성이 있는지를 분석하는 방법이다.

투자수익률 분석방법은 순현재가치(NPV: Net Present Value) 분석과 내부수익률(IRR: Internal Rate of Return) 분석 등 두 가지 방법이 널리 활용되고 있다.

① 순현재가치(NPV) 분석은 투자로 인해 발생할 수 있는 미래의 현금흐름을 적절한 할인율(미래의 가치를 현재의 가치와 같게 하는 비율)을 이용해 현재가치를 구하고 그것을 기준으로 경제성을 평가하는 방법이다.
일반적으로 NPV > 0이면 프로젝트 타당성이 있다고 결정하는데, 구체적인 결정 기준은 아래와 같다.

- 독립적인 투자안의 경우, NPV > 0이면 채택
- 상호배타적인 투자안의 경우, NPV > 0이면서 NPV가 가장 큰 투자안을 채택
- 투자안에 순위를 부여하는 경우, NPV가 큰 순서대로 우선순위에 두고 채택

예를 들어, 미래에 기대되는 소득의 현재가치가 1억원이고, 투자로 지출된 비용의 합계가 1억 2천만원일 때 이 투자안은 경제성이 떨어지는 것이다.
순현재가치(NPV) 분석은 현금흐름과 시간에 따른 돈의 가치를 고려하기 때문에 다른 평가방법에 비하여 합리적인 경제성 평가 방법으로 활용되고 있다. 동일한 현금흐름이라도 할인율이 높을수록 순현재가치(NPV)가 작아지는 특성을 활용하여 프로젝트의 위험 정도에 따라 적절한 할인율을 넣어서 계산해볼 수 있기 때문에 위험과 수익의 상충관계(trade-off)를 비교할 수 있다.

② 내부수익률(IRR) 분석은 투자 시 미래에 예상되는 현금유입의 현재가치와 현금유출의 현재가치를 동일하게 하는 할인율을 구하고 그 값과 기대수익률을 비교해 투자의 경제성을 평가하는 방법이다. 예를 들어, 투자안 A에 대한 내부수익률이 20%이고, 투자안 B가 15%일 때 B안보다 A안이 더 경제성이 있다고 본다.

일반적으로 IRR > k(자본 조달 비용, 이자율, 요구수익률)이면 프로젝트의 타당성이 있다고 결정하는데, 구체적인 결정 기준은 아래와 같다.

- 독립적인 투자안의 경우, IRR > k이면 채택
- 상호배타적인 투자안의 경우, IRR > k이면서 IRR이 가장 큰 투자안을 채택
- 투자안에 순위를 부여하는 경우, IRR이 큰 순서대로 우선순위에 두고 채택

내부수익률(IRR) 분석은 투자안의 NPV＝0이 되는 할인율을 의미하며, NPV와 함께 프로젝트 경제성을 평가하는 대표적인 기법이다. 예상 현금흐름과 자본비용을 통해서 투자안 자체에 내포된 수익률을 직관적으로 알 수 있는 분석방법이다.

두 투자수익률 분석을 통해 투자 의사결정은 창업 기업의 미래를 위해 매우 중요한 일임과 동시에 매우 위험한 의사결정이기 때문에 투자가 과연 경제성이 있는지, 여러 대안 중에서 어떤 투자안이 더 투자가치가 큰지를 평가해보아야 한다.

**NPV와 IRR의 적용 과정**

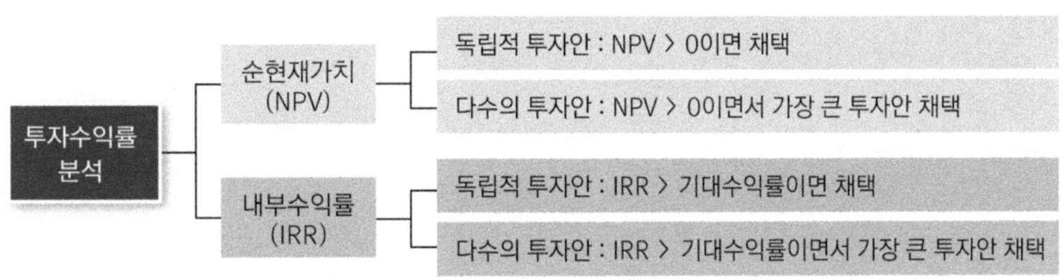

### 2) 투자수익률 분석방법

초기 투자비용과 자본비용을 결정하고 순현재가치법과 내부수익률법을 통해 투자의 경제성을 분석한다.

**| 분석방법 |**

| 단계 | 내용 |
| --- | --- |
| 1. 투자비용과 자본 조달 비용 결정 | 초기 투자비용을 결정하고 투자비용을 조달할 자본비용, 즉 이자율을 결정함 |
| 2. NPV와 IRR 계산 | Excel 프로그램을 활용하여 NPV와 IRR을 계산함 |
| 3. 투자안의 수익률 분석 | NPV가 투자금액보다 큰지, IRR이 기대수익률보다 큰지를 판단하여 투자안의 수익률을 분석함 |

## [실습 6] 투자수익률 분석(NPV와 IRR 분석)

### ◯ 목적

NPV와 IRR을 계산하여 두 개의 투자안 중에서 경제성이 더 높은 투자안을 찾아내는 것이 목적이다.

### ◯ 진행방법

① 각 투자안의 자본비용과 초기 투자비용을 결정한다.

② 각 연도별로 현금의 유입 및 유출을 정리한 후 Excel 함수를 활용하여 NPV와 IRR을 계산한다.

**〈실습 6〉 NPV와 IRR 분석**

| 기간 | 투자안 A | 투자안 B |
|---|---|---|
| 자본비용 | | |
| 1차년도 | | |
| 2차년도 | | |
| 3차년도 | | |
| 4차년도 | | |
| 5차년도 | | |
| 6차년도 | | |
| **NPV** | | |
| **IRR** | | |

## [실습사례 6] 투자수익률 분석(NPV와 IRR 분석)

아래의 사례는 챗봇을 활용한 컨설팅 서비스 사업을 위해 김 박사가 두 가지 투자 대안에 대하여 NPV와 IRR을 계산한 후 비교하여 경제성이 더 높은 투자안을 찾아낸 것이다.

**〈실습사례 6〉 NPV와 IRR 분석 사례**

| 기간 | 투자안A | 투자안B |
|---|---|---|
| 자본비용 | 0.1 | 0.1 |
| 1차년도 | −50,000,000 | −80,000,000 |
| 2차년도 | 8,000,000 | 20,000,000 |
| 3차년도 | 15,000,000 | 25,000,000 |
| 4차년도 | 25,000,000 | 33,000,000 |
| 5차년도 | 30,000,000 | 50,000,000 |
| 6차년도 | 33,000,000 | 57,000,000 |
| **NPV** | **26,757,363** | **48,345,047** |
| **IRR** | **26%** | **29%** |

# Ⅲ 종합 실습: 경제성 분석

## ◎ 경제성 분석 목적

재무제표, 손익분기점, 투자수익률 분석을 통해 창업 초기 경영활동에 대한 경제성을 분석하는 것이 목적이다.

## ◎ 진행방법

① 손익계산서, 현금흐름표, 재무상태표를 구성하는 각 항목을 중심으로 2차년도까지 추정하여 작성한다.
② 손익분기점을 찾아 손익분기점 분석을 실시하고, 투자금에 대한 NPV와 IRR을 구하여 투자의 수익률을 분석한다.

〈종합 실습〉 경제성 분석

<table>
<tr><th colspan="2">분석</th><th>주요 항목</th><th>1차년도</th><th>2차년도</th></tr>
<tr><td rowspan="10">재무제표<br>분석</td><td rowspan="4">추정<br>손익</td><td>매출액</td><td></td><td></td></tr>
<tr><td>매출원가</td><td></td><td></td></tr>
<tr><td>판매 및 일반 관리비</td><td></td><td></td></tr>
<tr><td>영업이익</td><td></td><td></td></tr>
<tr><td rowspan="3">추정<br>현금흐름</td><td>기초현금</td><td></td><td></td></tr>
<tr><td>현금증가/손실</td><td></td><td></td></tr>
<tr><td>기말현금</td><td></td><td></td></tr>
<tr><td rowspan="3">추정<br>재무상태</td><td>자산</td><td></td><td></td></tr>
<tr><td>부채</td><td></td><td></td></tr>
<tr><td>자본</td><td></td><td></td></tr>
<tr><td colspan="2">손익분기점 분석</td><td>손익분기점</td><td colspan="2"></td></tr>
<tr><td colspan="2" rowspan="2">투자수익률 분석</td><td>NPV</td><td colspan="2"></td></tr>
<tr><td>IRR</td><td colspan="2"></td></tr>
</table>

## [종합 실습사례] 경제성 분석

아래의 사례는 컨설팅 서비스를 제공하는 김 박사가 경제성 분석을 위해 재무제표 분석, 손익분기점 분석, 투자의 수익률을 분석한 것이다.

**〈종합 실습사례〉 경제성 분석 사례**

<table>
<tr><th colspan="2">분석</th><th>주요 항목</th><th>1차년도</th><th>2차년도</th></tr>
<tr><td rowspan="9">재무제표<br>분석</td><td rowspan="4">추정<br>손익</td><td>매출액</td><td>600,000,000</td><td>720,000,000</td></tr>
<tr><td>매출원가</td><td>280,000,000</td><td>336,000,000</td></tr>
<tr><td>판매 및 일반 관리비</td><td>70,000,000</td><td>84,000,000</td></tr>
<tr><td>영업이익</td><td>255,000,000</td><td>300,000,000</td></tr>
<tr><td rowspan="2">추정<br>현금흐름</td><td>현금증가/손실</td><td>443,000,000</td><td>531,600,000</td></tr>
<tr><td>기말현금</td><td>493,000,000</td><td>591,600,000</td></tr>
<tr><td rowspan="3">추정<br>재무상태</td><td>자산</td><td>367,000,000</td><td>440,400,000</td></tr>
<tr><td>부채</td><td>125,000,000</td><td>150,000,000</td></tr>
<tr><td>자본</td><td>242,000,000</td><td>290,400,000</td></tr>
<tr><td colspan="2">손익분기점 분석</td><td>손익분기점</td><td colspan="2">매출액 150,000,000 달성 시점</td></tr>
<tr><td colspan="2" rowspan="2">투자수익률 분석</td><td>NPV</td><td colspan="2">76,744,182</td></tr>
<tr><td>IRR</td><td colspan="2">34%</td></tr>
</table>

# Ⅳ 창업과 창의성: TRIZ 40가지 발명원리를 활용하여 아이디어를 만들어보자(Part 2)

앞 장에서 TRIZ 40가지 발명원리 중 20가지를 먼저 소개했다. 이번엔 나머지 20가지 방법을 소개한다. Part 1의 20가지 방법과 마찬가지로 하나씩 본인이 만들고자 하는 주제에 대입하여 아이디어를 도출해보도록 하자. 단기간에 많은 아이디어를 뽑아낼 수 있을 것이다.

## ■ TRIZ 40가지 발명원리 Part 2 템플릿

| 40가지 원리 | 설 명 |
|---|---|
| 21. 급히 통과 | 나쁜 것은 빨리 지나가게 해보자. |
| 22. 전화위복 | 나쁜 걸 좋은 것으로 바꿔보자. |
| 23. 피드백 | 피드백 시스템을 도입한다. |
| 24. 매개체 | 직접 하지 않고 중간 매개물을 이용한다. |
| 25. 셀프서비스 | 스스로 기능이 수행되게 한다. |
| 26. 복사 | 복잡하고 비싼 것 대신 간단한 것을 복사하여 사용해보자. |
| 27. 값싸고 짧은 수명 | 한 번만 쓰고 버린다. |
| 28. 기계 시스템 대체 | 기계 대신 다른 원리를 이용하는 시스템으로 대체한다.(ex. 열, 진동 ) |
| 29. 공기 및 유압 사용 | 공기나 유압을 이용해보자. |
| 30. 유연한 얇은 막 | 유연한 막과 얇은 필름을 이용해보자. |
| 31. 다공성 물질 | 구멍이 많은 물질을 이용해보자. |
| 32. 색깔 변형 | 색깔 변형 등 광학적 성질을 이용해보자. |
| 33. 동질성 | 같은 재료들을 이용해보자. |
| 34. 폐기 및 재생 | 다 사용한 것은 버리거나 복구해보자. |
| 35. 속성 변화 | 물질의 속성을 바꿔보자. |
| 36. 상전이 | 상전이 현상이 가져오는 물리적 현상을 활용해보자. |

| 40가지 원리 | 설 명 |
|---|---|
| 37. 열팽창 | 열을 높이거나 줄여보자. |
| 38. 산화제 | 반응의 속도를 증가시켜 보자. |
| 39. 불활성 환경 | 비활성 가스를 활용해보자. |
| 40. 복합 재료 | 여러 가지 성분을 조합한 복합 재료를 이용해보자. |

부록 1

# 창업 트렌드 분석

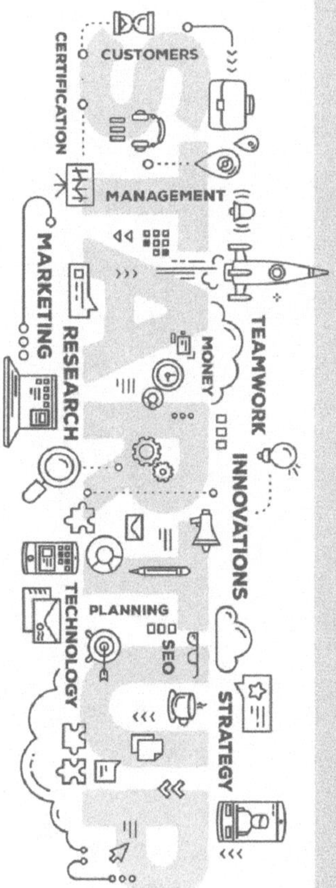
STARTUP
CUSTOMERS
CERTIFICATION
MANAGEMENT
MARKETING
RESEARCH
MONEY
TEAMWORK
INNOVATIONS
PLANNING
SEO
TECHNOLOGY
STRATEGY

많은 국가들이 경기침체가 장기화가 되면서 창업을 새로운 생존전략으로 주목하면서 창업에 많은 지원을 하고 있다. 우리나라 또한 창조경제의 실현을 위해 국정과제로 창업벤처 활성화를 통한 일자리 창출을 제시하기도 했다.

이렇게 국가들이 창업에 주목을 하는 것은 창업을 통해 일자리 창출 효과와 새로운 성장동력의 원천으로 경제 성장에 기여하는 바가 크기 때문이다.

미국의 Top 10 내 3개의 기업이 스타트업에서 성장한 기업이다. IT 분야의 Top 10 내 5개의 기업도, 구글, 페이스북, 알리바바, 텐센트 등 모두 스타트업에서 출발해서 지금은 ICT 산업을 주도하고 있는 대표기업들이다.

국내에서도 네이버나 다음카카오도 스타트업으로 시작해서 지금 현재는 국내를 대표하는 IT 기업으로 성장하였다.

**| 시대별 창업기업의 역할 변천 |**

| 창업기업의 역할 | 제조부품 공급사 | 경제구조조정·벤처혁신의 주체 | 온라인·모바일 시대 새로운 서비스 제공자 | 4차 산업혁명 주역 청년 일자리 원천 |
|---|---|---|---|---|
| 주요 연관단어 | 제조업<br>소재<br>부품 제조<br>시설투자<br>공장입지<br>창업지원<br>법인세 감면<br>규제완화 | 벤처기업<br>인터넷<br>디지털<br>글로벌<br>네트워크<br>실업자<br>불황<br>구조조정 | 모바일<br>스마트폰<br>인터넷<br>글로벌<br>엔젤투자<br>모태펀드<br>창조경제<br>융합 창업 | 4차 산업혁명<br>플랫폼<br>인공지능<br>공유경제<br>사물인터넷<br>펀딩<br>투자유치<br>청년 |
| 시기 | 1991~1997 | 1998~2008 | 2009~2015 | 2016~2020 |

## 사례 A-1 코로나로 학원 · 여행 창업 줄고…인테리어 · 쇼핑몰 창업은 늘어

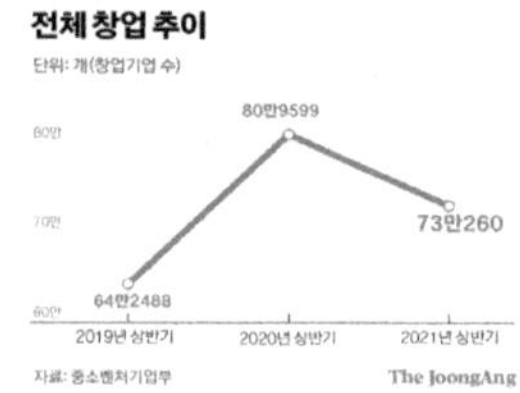


### 1. 코로나 바이러스 사태의 창업 시장

- 올해 상반기 온라인 · 비대면 관련 창업이 큰 폭으로 늘어난 반면, 제조업이나 여행업 등의 창업은 큰 폭으로 줄어든 것으로 나타났다. 신종 코로나바이러스 감염증(코로나 19) 사태의 여파가 창업 시장에도 미쳤기 때문이다.

### 2. 운수 · 배달 등 비대면 업종 창업 활발

- 업종별로도 희비가 갈렸다. 정보통신업 등 기술기반 창업이 상반기 최초로 12만 개를 돌파한 12만 2,444건에 달했다. 온라인쇼핑 활성화 등에 힘입어 도 · 소매업 역시 전년 동기보다 창업 수가 18.3%가 증가한 22만 921건에 이르렀다. 배달업 및 플랫폼 기반 운송업이 증가하면서 소화물운송업이나 택시운송업 등의 창업도 늘었다. 덕분에 올 상반기 운수 · 창고업 창업 수는 3만 3,955건(10.4% 증가)에 달했다.

  집안에 머무는 시간이 길어지면서 인테리어 공사 등이 늘어난 덕에 건설업 창업도 지난해 상반기보다 12.9% 늘어난 3만 8,463건에 이르렀다. 또 지난해 상반기 사회적 거리두기와 외출 자제 등의 영향으로 줄어들었던 숙박 · 음식점업과 개인 서비스업 창업도 각각 1.8%, 9.1%가 증가한 것으로 나타났다.

### 3. 여행업 · 콜센터 창업은 여전히 감소세

- 반면 제조업 창업은 지난해 상반기보다 1.7% 줄어든 2만 4,974건에 그쳤다. 여행업과 행사대행업, 콜센터 등을 포함한 사업시설관리업 창업은 22.4%가 줄어든 1만 5,277건으로 나타났다.

출처: 중앙일보(2021.8)

## 1. 1인 창업 증가

최근 창업시장을 보면 1인 창업이 많이 생기고 그에 따른 관심도 높아지고 있다. 요즘인 1인 창업뿐만 아니라 무인 시스템 창업도 늘어나고 있는 추세인데, 이는 창업이 더 이상 투자형 창업보다는 생계형 창업이 대세라는 것을 뜻하기도 한다.

이렇게 1인 창업이 늘어나는 이유를 보면 창업자들이 대규모로 투자해서 창업을 하는 것보다는 소규모 투자로 창업을 할 수 있는 아이템을 찾고 있기 때문이다. 이는 이제 더 이상 우리가 창업을 하면 무조건 성공을 한다는 이런 생각보다는 현실적으로 지금 내가 가능한 자금 안에서만 투자를 하려는 성향이 강한 것이다. 그렇기 때문에 자연스럽게 투자 리스크가 적은 아이템을 선택하다 보니 1인 창업이나 무인 시스템 창업이 증가하고 있다.

또 다른 이유로는 시스템이 간편하기에 여성과 주부의 창업으로 주목을 받고 있는 것도 이유가 될 것이다. 요즘 높아지는 임대료와 인건비로 인해 1인 창업이 장점으로 작용해 투잡이나 주부들이 많이 늘어나고 있기 때문이다. 앞으로도 1인 창업은 꾸준히 증가할 것으로 예상된다.

## 2. 고객의 변화

시대가 변한만큼 고객도 변했다. MZ세대, 밀레니얼 세대는 기존의 우리가 알고 있던 세대와는 많이 다르다. 이제 고객은 MZ세대가 주를 이루기 때문에 우리는 MZ세대의 니즈에 맞는 창업을 해야 성공을 할 수 있다. 기존의 고객들이 가격을 많이 따졌다면 요즘은 가격을 중요하게 생각하지 않는다. 요즘 용어로 '나심비'라는 말이 있다. 이는 나의 심리+가성비의 합성어로 자기만족을 위해서는 품질이나 가격이 상관없다는 신조어이다. 이는 가성비에서 한 단계 더 나아간 개념으로 자기만족을 중요하게 생각하는 최근 트렌드라고 볼 수 있다. 이처럼 이제 고객은 더 이상 가격을 중요하게 생각하지 않는다. 배달이나 택배를 보더라도 이제 저렴한 것이 많이 팔리지 않고, 무료배송만 찾는 고객은 없어졌다. 내가 돈을 더 지불하더라도 빨리 받고자 하는 게 요즘 고객의 추세라고 볼 수 있다.

또한 충성도도 변화하였는데 이제 고객들은 자신이 사는 제품이 환경이나 어떤 영향에도 긍정적인 측면이 있는 제품을 구매하고 있다. 자신이 사는 제품이 환경보호를 하는 제품이거나, 기부가 되거나 하는 식의 제품을 선호하고 구매를 한다.

이렇게 점점 고객의 변화에 맞춰서 창업 아이템을 선정을 해야 하고 어떻게 적용할 것인지 고려를 해야 한다.

## 3. 소비트렌드 변화

코로나가 장기화됨에 따라서 우리의 일상생활이 많이 달라졌다. 그러면서 자연스럽게 소비트렌드도 변화하였다. 코로나가 바꾼 8가지 소비트렌드를 보면 다음과 같다.

**| 코로나시대 8대 소비키워드 |**

＊소비자 1,000명을 대상 코로나시대 소비행태 변화와 시사점 조사

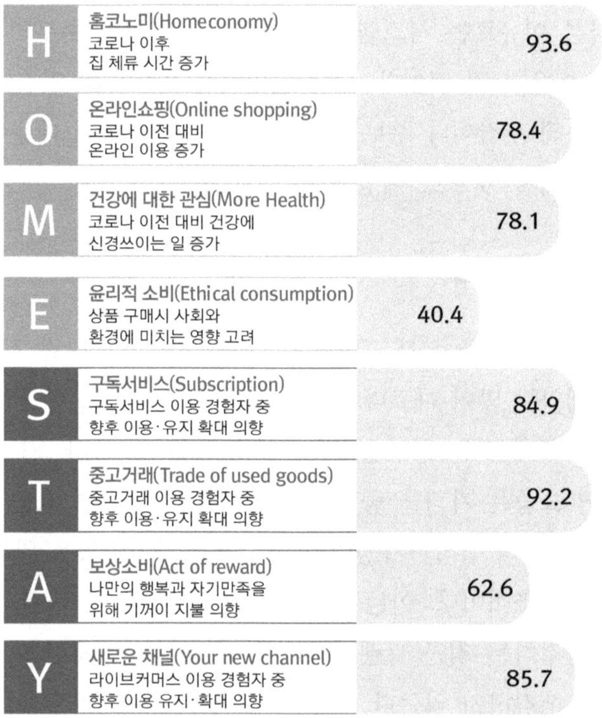


출처: 중앙일보(2021.6)

코로나로 인해 외출이 자제되고 집에 있는 시간이 증가함에 따라서 온라인 쇼핑이나 건강에 신경쓰는 일이 증가하였고, 구독 서비스와 중고거래가 증가한 것을 볼

수 있다.

이런 코로나 시대에 주 고객층의 변화에 따라 창업에도 많은 변화를 보이고 있다. 이런 새로운 트렌드를 알아보면 다음과 같다.

## 1) 언택트 시대

코로나 19로 인해서 재택근무와 교육, 쇼핑에도 많은 변화가 생겼다. 회사에서는 재택근무를 함에 따라서 Zoom과 Teams, 슬랙 등 비대면으로 할 수 있는 서비스들이 호황을 맞이했다.

그리고 학교에서는 온라인 수업으로 대체하면서 비대면 교육에 대비한 서비스를 제공하는 기업들이 늘어나고 있다.

이 중에서 식품 분야가 가장 큰 변화를 맞이했고, 창업시장에도 가장 큰 영향을 미쳤다고 볼 수 있다. 코로나 19 이후에 온라인 쇼핑에서 식품으로 밀키트(Meal Kit)와 가정간편식(HMR)이 큰 성장률을 보이고 있다. 아래 그림을 보면 외출을 자제하고 있기 때문에 외식비는 감소하고 집에서 식사를 해결하면서, 간편하게 만들어서 먹을 수 있는 밀키트 시장과 가정간편식(HMR) 시장이 크게 성장한 것을 볼 수 있다. 그리고 쿠팡과 마켓컬리 등은 저녁에 주문하면 새벽에 받을 수 있는 새벽배송을

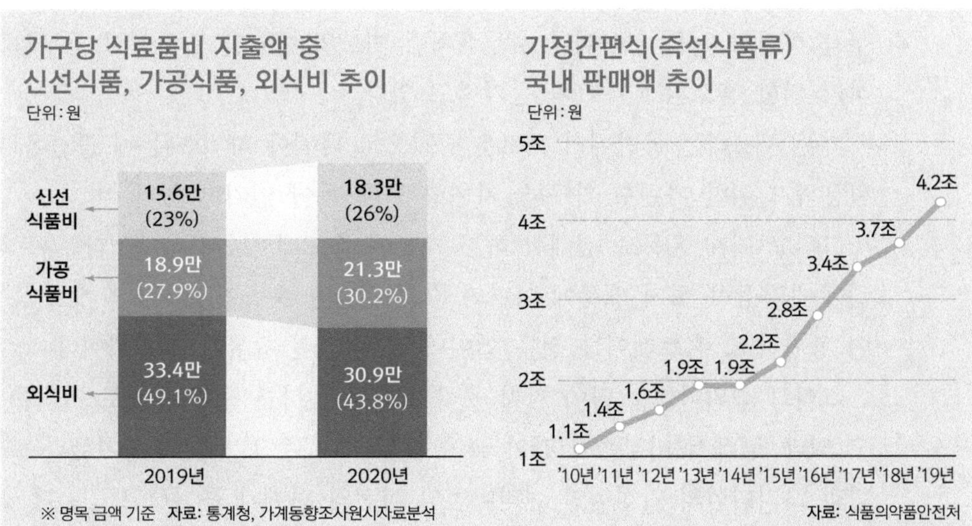


출처: 뉴스웨이(2021.8)

통해서 고객들이 더욱 편하게 식품을 배송받을 수 있게 하였다. 그렇기 때문에 앞으로도 지속적으로 식품 분야에서 꾸준히 성장할 가능성이 높아 보인다. 또 최근에는 배달, 밀키트, 가정간편식이 유명 맛집과 협업하는 것도 늘어나고 있다.

식품 분야뿐만 아니라 쇼핑도 온라인 매출이 늘어나고 오프라인 매장에서는 고객들과 접촉을 최소화하기 위해서 서빙 로봇이나 사이렌 오더 등으로 비대면 서비스를 강화하고 있다. 이에 따라서 기업들은 고객들과의 소통을 하기 위해서 SNS를 활용하거나 메신저 등 온라인을 통해서 소통을 확대하고 있다.

미국은 '아마존 고(Amazon Go)'라는 무인점포를 운영하고 있고 우리나라에서는 일부 편의점 매장과 무인점포들이 늘어나고 있다.

### 2) 홈코노미

홈코노미는 홈(Home)+이코노미(Economy)의 합성어이다. 즉, 집이 주거공간뿐만 아니라 휴식, 취미, 레저 등 모든 것을 집에서 소비하고 해결하는 것을 의미한다.

홈코노미의 단어가 대두되고 있는 이유가 코로나로 인해 집에서 많은 시간을 보내는 사람들이 증가하기도 했지만 1인 가구도 증가한 것도 큰 이유 중 하나이다.

1인 가구의 특징 중 하나가 혼자 집에서 휴식과 취미 등 혼자서 집에서 모든 것을 즐기기 때문에 홈코노미가 새로운 키워드로 떠오른 것이다.

새로운 인테리어 트렌드로 홈퍼니싱이 뜨고 있다. 온라인으로 교육을 받고 재택근무를 하면서 집을 교실이나 사무실처럼 별도의 공간을 만들어서 공부와 일에 집중하기 위한 홈오피스 수요가 증가하고 있다.

기존 사용하는 공간에서 새로운 공간으로 나눠야 하기 때문에 공간을 효율적으로 활용하기 위한 가변형 가구나, 가변형 벽체 등이 인기가 있다.

그리고 이제 운동도 집에서 하기 때문에 홈트레이닝이 유행이다. 홈트레이닝으로 집에서 운동을 하기 때문에 아령과 같은 간단한 운동기구나 요가매트 등 관련 상품이 증가하고, 홈트레이닝 전문 앱이나 운동 관련 유튜브도 인기이다.

그리고 해외여행을 많이 가지 못하기 때문에 다른 소비 형태로 가전을 많이 바꾸고 있다. 집에서 머무는 시간이 늘어나면서 TV 수요가 많이 증가했다. 그리고 편리함과 프리미엄의 합성어인 편리미엄의 가전의 판매가 증가하고 있는데 식기세척기, 로봇 청소기, 에어프라이어 등이 많은 판매를 기록하고 있다.

마지막으로 엔터테인먼트 시장이 있다. 집에서 머무는 시간이 늘어나면서 무제한으로 드라마나 영화를 시청하는 OTT서비스 가입자가 크게 증가했다. 그리고 모임이 줄고, PC방 이용이 금지되면서 집에서 게임을 할 수 있는 닌텐도 스위치나 풀스의 수요도 증가한 것을 볼 수 있다.

### 3) MZ세대

앞에서도 잠깐 설명했지만 이제 주 고객은 MZ세대이다. 이제 창업에 성공하기 위해서는 MZ세대들의 특징을 잘 알아야 한다.

MZ세대들은 디지털 환경에서 자랐다. 그렇기 때문에 정보기술에 능통한 세대이다. 글보다는 영상으로 모든 것을 검색하고 해결한다. 어렸을 때부터 유튜브 등 영상매체를 접하고 틱톡의 숏폼 영상을 제작하고 공유하면서 온라인 영상은 MZ세대의 하나의 놀이문화라고 볼 수 있다.

그리고 FLEX가 유행을 하기 시작했다. 미국의 힙합문화에서 부나 귀중품을 과시한다는 의미로 사용되던 FLEX가 최근에는 MZ세대의 소비시장에 유행을 하기 시작했다. MZ세대는 FLEX를 하기 위해서 아르바이트를 하고 용돈을 모아 명품을 사고 그것을 자신의 SNS에 과시하는 것이 그들만의 트렌드로 자리 잡고 있다. 주요 백화점에서 10, 20대의 명품소비가 해마다 늘고 있다.

또 MZ세대 사이에서는 중고가 아니라 N차 신상이라고 한다. MZ세대들은 바로 거래할 수 있는 당근마켓이 쿠팡보다 사용빈도가 훨씬 높다.

우리는 당근마켓에 내가 쓰지 않는 중고물건을 파는 곳이라고 생각하고 이용하지만 MZ세대들은 중고물품을 팔고 사는 곳이 아니라 취향을 공유하고, 새로운 재테크를 하는 곳으로 자리를 잡았다. 내가 가지고 있는 것이 상품이 아니라 더 높은 가격으로 다시 판매할 수 있는 재테크 수단으로 인식하고 구매의 새로운 동기로 삼게 된다. 중고시장이면 더 싼 가격으로 판매한다고 생각하지만 명품이나 한정판의 물품은 MZ세대에서는 큰 소유욕을 불러일으키며 새로운 재테크의 수단으로 활용하고 있다.

마지막으로 라이브 커머스이다. MZ세대는 TV보다 핸드폰, 패드 등 모바일 기기에 더 익숙하기 때문에 홈쇼핑보다 라이브 커머스로 인한 시장이 더 각광받고 있다. 라이브 커머스는 구매자들과 채팅을 통해서 실시간으로 소통하고 구매와 판매가 이루어진다. MZ세대에 맞춰 많은 유통업체들이 이미 라이브 커머스를 하고 있거나 준비하고 있다.

### 4) 메타버스

MZ세대들의 유행 중 부캐 만들기가 있다. 부캐는 원래 사용했던 캐릭터 외에 부가적으로 새롭게 만든 캐릭터를 부캐릭터라고 한다. 이렇게 새로운 아바타를 만들어서 가상세계에서 현실세계와 똑같은 활동이 가능하다. MZ세대는 이렇게 자신과 닮은 아바타를 만들어서 가상세계에서 현실에서 하고 싶었던 일들을 마음껏 한다. 가상세계에서 내가 좋아하는 연예인 콘서트를 참석하기도 하고, 현실에서 사지 못한 명품도 마음껏 구매할 수 있다.

이런 메타버스는 가상, 추상을 의미하는 메타(Meta)와 현실세계를 의미하는 유니버스(Universe)의 합성어이다. 메타버스는 2000년대 중반에 이와 비슷한 개념인 3D 웹 서비스를 통해 이미 시작되었지만 살짝 유행 정도로 그쳤다. 그러다가 코로나 19가 대유행이 됨에 따라 다시 디지털 공간을 기반으로 가상세계에서의 이용 경험이 증가하면서 메타버스에 대한 논의가 촉발됐다.

왜 이렇게 메타버스는 MZ세대들이 열광을 할까? MZ세대는 우리가 흔히들 '디지털 세대'라고도 한다. 디지털에 익숙한 세대가 코로나 19로 비대면 일상이 계속되다 보니 가상세계에서 다양한 공간을 돌아다니고 다양한 사람과 만나서 소통하면서 내면의 가치를 실현한다.

현실에서는 많은 한계가 있지만 가상세계에서는 자기가 하고 싶은 대로 할 수 있다. 자신의 자아실현에 대한 욕구가 강한 MZ세대는 이런 공간에서 자신의 또 다른 자아를 아바타로 만들어서 실현하면서 만족과 재미를 느끼고 있다. 3차원의 가상세계에서 친구도 사귀고, 취미활동도 하고 집도 마련하면서 대리만족을 느끼는 것이다.

### 5) 정기구독

정기구독을 하면 신문배달, 우유배달을 하던 시대는 지났다. 이제 정기구독은 매우 다양해졌다. 코로나가 장기화가 되고 언택트에 익숙해지면서 우리의 소비 습관도 변했다고 볼 수 있다.

이제 정기구독은 우리 생활에서 쉽게 접하고 다양해졌다. 간단하게는 우리가 쇼핑몰에서 일정한 금액을 결제하고 빠른 배송을 받는다거나, 음악 스트리밍이나 드라마를 자유롭게 보는 디지털 영상 콘텐츠가 주로 이용하는 것이었다.

하지만 점점 다양해진 정기구독으로 이제는 꽃 배달, 세탁 서비스, 육아 놀잇감, 이유식, 청소 등 정말 다양해졌다. 이뿐만 아니라 식품업계도 정기구독 서비스를 하려고 준비하고 있다.

기존 기업들에서도 많은 정기구독 서비스를 하고 있다. 주변에서 보면 정기구독으로 우리가 자주 이용하는 카페, 빵집, 햄버거 등이 정기구독권을 내고 있다. 따라서 이제 창업을 할 때도 정기구독으로 지속적인 서비스를 제공할 수 있는지도 생각해볼 필요가 있다.

부록 2

# 창업 관련 유용한 사이트

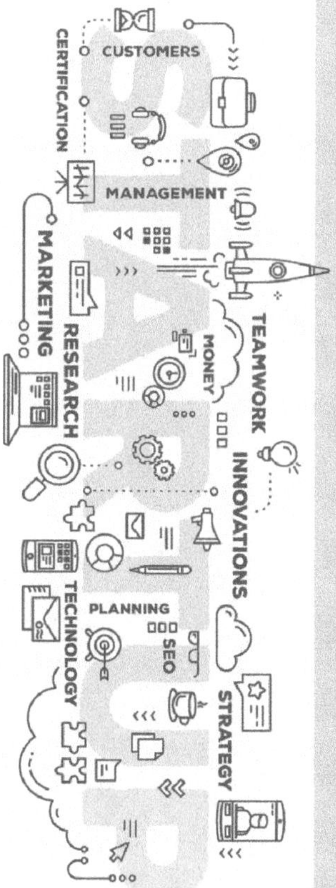

### 1. K-START UP(https://www.k-startup.go.kr/main.do)

- 창업 관련 사업 소개 및 공고, 알림 마당, 역량 진단 및 교육 서비스

### 2. 한국고용정보원 HRD-Net(www.hrd.go.kr/)

- 직종별, 지역별 채용 정보
- 구직자, 근로자, 기업 요구에 맞는 직업개발능력훈련 정보－국민내일배움카드, 청년 취업아카데미, 일학습병행 등
- 원격(인터넷, 우편) 훈련과정 제공
- 국가자격, 공인민간자격 정보 및 시험일정 제공

### 3. 한국여성인력개발센터연합 여성인력개발센터(www.vocation.or.kr/)

- 무료 프로그램, 국비 프로그램 운영
- 여성 관련 지원정책정보와 고용, 취업 관련 사이트 제공

### 4. 한국산업인력공단 Q-Net(www.q-net.or.kr/man001.do?imYn=Y&gSite=Q)

- 국가 기술자격/전문자격 소개 및 시험일정 안내
- 원서접수, 합격자/답안 발표
- 자격증 신청 등

### 5. 한국고용정보원 사이버진로교육센터(www.work.go.kr/cyberedu/main.do)

- 직업, 진로정보서 PDF 파일 열람
- 자기 이해 및 직업세계 이해를 위한 직업카드 다운로드
- 전 생애 경력개발과 관리 중요성 안내, 직업심리검사, 교육 및 취업지원 프로그램, 훈련 및 창업정보, 고용정책 관련 주요 현황 및 이슈 등에 대한 정보－정보지(웹진 '커리어Info') 구독신청 시 이메일 발송 제공

### 6. 경기도 일자리재단 경기도일자리플랫폼 잡아바(www.jobaba.net/main/main.do/)

- 경기도 기업, 공공기관 등의 일자리 정보, 취업지원 정책, 창업지원 정책 등의 정보
- 창업 · 취업에 필요한 교육훈련 제공
- 박람회, 공모전, 콘테스트 등 다양한 대외활동 정보
- 4차 산업혁명 기업관, 건설분야 기업관 등 경기도 내 테마 기업관 정보 제공
- 사전진단 서비스, 취업역량진단 서비스, 자기소개서 컨설팅, 인적성/NCS, AI면접 컨설팅 등의 취업역량강화 프로그램 운영

### 7. 한국사회복지협의회 복지넷(www.bokji.net/)

- 사회복지 관련 시설 채용공고 정보
- 사회복지 관련 직무역량 강화 행사 일정 정보 안내
- 자료실을 통한 자기소개서 Tip
- 사회복지실습 모집, 자원봉사 모집 정보 제공

### 8. ㈜케이지에듀원 ITBANK(www.kgitbank1.com/)

- 국제공인시험 응시에 대한 자체 시험센터 운영
- IT 관련 국가기간전략산업직종 정보 제공 및 상담
- IT 관련 온라인 강의 제공

### 9. 전자공시시스템(http://dart.fss.or.kr/), 벤처확인종합관리시스템(https://www.smes.go.kr)

- 경쟁사의 매출, 사업 현황을 검색

### 10. 와디즈(www.wadiz.kr), 텀블벅(tumblbug.com), 크라우디(www.ycrowdy.com)

- 비슷한 아이템 시장, 새로운 아이디어나 트렌드를 파악할 수 있는 국내 펀딩 사이트

### 11. 플래텀(https://platum.kr/), 스타트업투데이(https://www.startuptoday.kr/), 벤처스퀘어(https://www.venturesquare.net/), 스타트업엔(http://www.startupn.kr/)

- 스타트업의 업계 동향이나 정책 지원 사업 등의 정보

## 12. 창조경제혁신센터(https://ccei.creativekorea.or.kr)

- 창업 역량 강화를 위한 지원과 관련 기관, 프로그램 연계
- 전국 19개의 창조경제혁신센터가 있음(서울, 인천, 경기, 강원, 충북, 충남, 세종, 대전, 경북, 대구, 포항, 울산, 부산, 경남, 전북, 광주, 전남, 빛가람, 제주)

# 찾아보기

## ▨ 저자 소개

### 김상수

[학력]
고려대학교 산업공학 학사
조지아 주립대학교 경영학 석사, 박사

[주요 경력]
現) 한양대학교 경영학부 교수
現) ㈜B2L Soft CTO
前) 한국정보시스템학회 부회장
前) 2011 한양대학교 창업지원 준비 단장
前) 경기 테크노파크 ECRC 센터장

[전공분야]
경영 시뮬레이션, 전략적 의사결정
창조적 혁신과 창의적 문제해결 방법론, 창업과 신사업 기획

[주요 저서]
전략적 의사결정 방법론, 비즈니스 시뮬레이션 게임 Biz-Master,
창의적 문제해결과 의사결정, 위기를 기회로 바꾸는 문제해결 노하우,
Creative Thinker를 위한 아이디어 발상법, 창조경영의 원리와 추진 전략,
엑셀을 활용한 경영자료분석과 의사결정 등

[주요 프로젝트]
경영 시뮬레이션 개발(Biz-CEO, Biz-Manager, Biz-MBA, Biz-champion)
맞춤형 경영 시뮬레이션 개발(삼성전자 SDMS, 포스코 PBS, SK 이노베이션 정유 SBBS, SK 이노베이션 전기차배터리 SKBS, HSG HMS, 홈앤서비스 HSBS)
창의적 문제해결 포털 사이트 Biz-Solver 개발
기타 프로젝트(한국남동발전 창조혁신 컨설팅, 현대해상 포털 전략 구축, 철강 산업 수요 예측 등)

### 김형선

[학력]
한양대학교 서울캠퍼스 기계공학 학사
한국산업기술대학교 산업기술경영대학원 석사
한양대학교 일반대학원 경영컨설팅학과 박사 과정

[전공분야]
창조적 혁신과 창의적 문제해결 방법론, 창업과 신사업 기획

[주요 저서]
10년 후의 내 모습을 상상하라

[자격 사항]
Matriz TRIZ LEVEL 3/품질경영기사/6시그마 Green Belt/창의학습지도사

[수상 내역]
2016 현대자동차그룹사 문제 해결 방법론 적용 사례 최우수상
2018 현대자동차 IDEA FESTIVAL '수소자동차 활용 아이디어' 우수상
2019 현대자동차 IDEA FESTIVAL '히든램프 활용 아이디어' 우수상
2020 한국트리즈협회 전국 TRIZ 경연대회 대상

[주요 경력]
2013~현재 대기업 연구소 책임연구원

[주요 프로젝트]
2020 창업역량진단 챗봇 개발

**심종규**

[학력]
한양대학교 ERICA 컴퓨터공학 학사
한양대학교 일반대학원 경영컨설팅학과 석사 과정

[전공분야]
창의적 문제해결과 의사결정, 경영 시뮬레이션 교육 방법론

[자격 사항]
창업보육전문매니저/창업지도사/안심창업지도사

[수상 내역]
2018 안산 시의회 창업 문화 확산 유공 표창

[주요 경력]
2016~2020 한양대학교 ERICA 산학협력단 연구원
2020~현재 ㈜비투엘소프트 책임연구원

[주요 프로젝트]
2020 삼성전자 R&D리더 전략적 의사결정 시뮬레이션 SDMS 프로젝트
2020 SK브로드밴드 홈앤서비스 지점장 경영 시뮬레이션 HNSBS 프로젝트
2020 사원 및 초급관리자 대상 기업 경영 시뮬레이션 Biz-Manager 프로젝트

**김지은**

[학력]
동국대학교(서울) 경영학 학사
고려대학교(서울) 경영전문대학원 석사

[전공분야]
전략 및 사업 개발

[주요 경력]
2016~2020 아이큐비아(IQVIA) 시장 조사 및 컨설팅
2020~현재 메드트로닉코리아(유) 전략 기획 및 사업 개발

**박근혜**

[학력]
남서울대학교 호텔경영학 학사
아주대학교 경영전문대학원 석사

[전공분야]
코칭, 협상

[자격 사항]
KAC/협상가 1급/NLP master practitioner

# 창업을 위한 사업계획서 작성 가이드

인　　쇄　2022년 2월 24일
발　　행　2022년 3월　3일

저　　자　김상수 · 김형선 · 심종규 · 김지은 · 박근혜
펴 낸 이　김광범
펴 낸 곳　도서출판 시대가치

출판등록　2017년 3월 23일 제2018-000088호
주　　소　서울특별시 마포구 토정로 222, 422-1호(한국출판콘텐츠센터)
전　　화　02)3152-2620 / 팩스 02)6442-2621
이 메 일　timepub2017@gmail.com

ISBN 979-11-89607-60-9 93320

가격 28,000원